당신의 삶을 파티로 물들여라

스타일리시
파티 플래닝

당신의 삶을 파티로 물들여라
스타일리시 **파티 플래닝**

초판 1쇄 인쇄 | 2013년 8월 3일
초판 1쇄 발행 | 2013년 8월 16일

지은이 | 신일한
펴낸이 | 박영철
펴낸곳 | 도서출판 오늘의책
기 획 | (주)엔터스코리아 작가세상
편 집 | (주)엔터스코리아
디자인 | *design* **Bbook**

주소 | 121-894 서울 마포구 잔다리로7길 12 (서교동)
전화 | 02-322-4595~6 **팩스** | 02-322-4598
이메일 | tobooks@naver.com
블로그 | blog.naver.com/tobooks

등록번호 | 제10-1293호(1996년 5월 25일)
ISBN | 978-89-7718-345-2 13690

값은 뒤표지에 있습니다.
잘못된 책은 구입하신 서점에서 바꿔드립니다.

* 이 도서의 국립중앙도서관 출판시도서목록(CIP)은 서지정보유통지원시스템 홈페이지(http://seoji.nl.go.kr)와 국가자료공동목록시스템(http://www.nl.go.kr/kolisnet)에서 이용하실 수 있습니다.(CIP제어번호: CIP2013013049)

스타일리시 파티 플래닝 / 지은이: 신일한.
— 서울 : 오늘의책, 2013 p. ; cm

ISBN 978-89-7718-345-2 13690 : ₩25,000

파티 플래너[party planner]
594.9-KDC5
642.8-DDC21 CIP2013013049

당신의 삶을 파티로 물들여라

스타일리시 파티 플래닝

신일한 지음

오늘의책

CONTENTS

CHAPTER 06 AT THE PARTY, END&AND

CHAPTER 07 PARTY CASE

CHAPTER 08 PARTY PEOPLE INTERVIEW

INTRO

어렸을 적 저는 생일파티를 꼭 북적이게 하고 싶은 소년이었습니다. 별달리 인기도 많지 않았고, 생일이 1월이었던 것 때문에 방학 중 친구들끼리 연락을 하기도 힘들었던 이유로 항상 생일에 친구들과 거창하게 모여서 노는 것과는 거리가 멀었죠. 그러던 중 PC통신이라는 편리한 도구가 생겨남과 동시에 여러 친구들이 생겨났고 고등학교 때에는 생일 파티에 친구들 40~50명을 불러모아서 놀았던 기억도 납니다.

최근 들어 많은 분들로부터 '파티를 어떻게 하면 되나요?'라는 질문들을 받고 있습니다만 저는 파티는 사람들끼리 모여서 즐기는 것이라고 생각을 합니다. 사실 지금도 파티에 관련된 일을 하고 있지만 일로서 하는 것보다 많은 다양한 분들을 만날 수 있는 하나의 즐거운 시간이라고 생각을 하며 일을 해나가고 있습니다. 이 명제에서 출발을 하게 된다면 절대 파티는 어려운 것이 아니죠. 하지만 TV, 영화 등의 매체에서 무조건 화려하고 번쩍거리는 단편적인 모습을 보여준 것이 많은 분들이 파티를 지나치게 비용이 많이 들고 어려운 것이라는 인식을 심어주지 않았나 생각해봅니다.

불과 10여 년 전만 해도 티켓다방, 일일호프 등 대학가를 물들이던 추억의 단어들은 현재 대학가에서 찾아보기 힘들게 되었습니다. 그만큼 대학 생활을 즐길 수 있는 여유가 사라진 것도 있겠지만 현실적으로 부족한 것이 조금이라도 있더라도 다같이 힘을 합쳐 무엇인가 재미있는 것을 만들어 보려고 했던 그 때의 시대상과 달리 현재에는 너무 모든 것이 갖춰져 있기 때문에 '더 크고 화려하고 대단한 것을 만들어야 된다' 고 생각되는 것 같습니다.

인간사회에서 사람들이 함께 모여서 시간을 보내는 것은 항상 즐겁고 유익한 것으로 받아들여집니다. 아무리 사회가 힘들더라도 명절에 흩어진 가족, 친척들을 방문해 음식을 나누며 이야기를 나눈다는 것은 전세계 공통이니까요. 파티는 거창하지 않아도 좋습니다. 음식, 술,

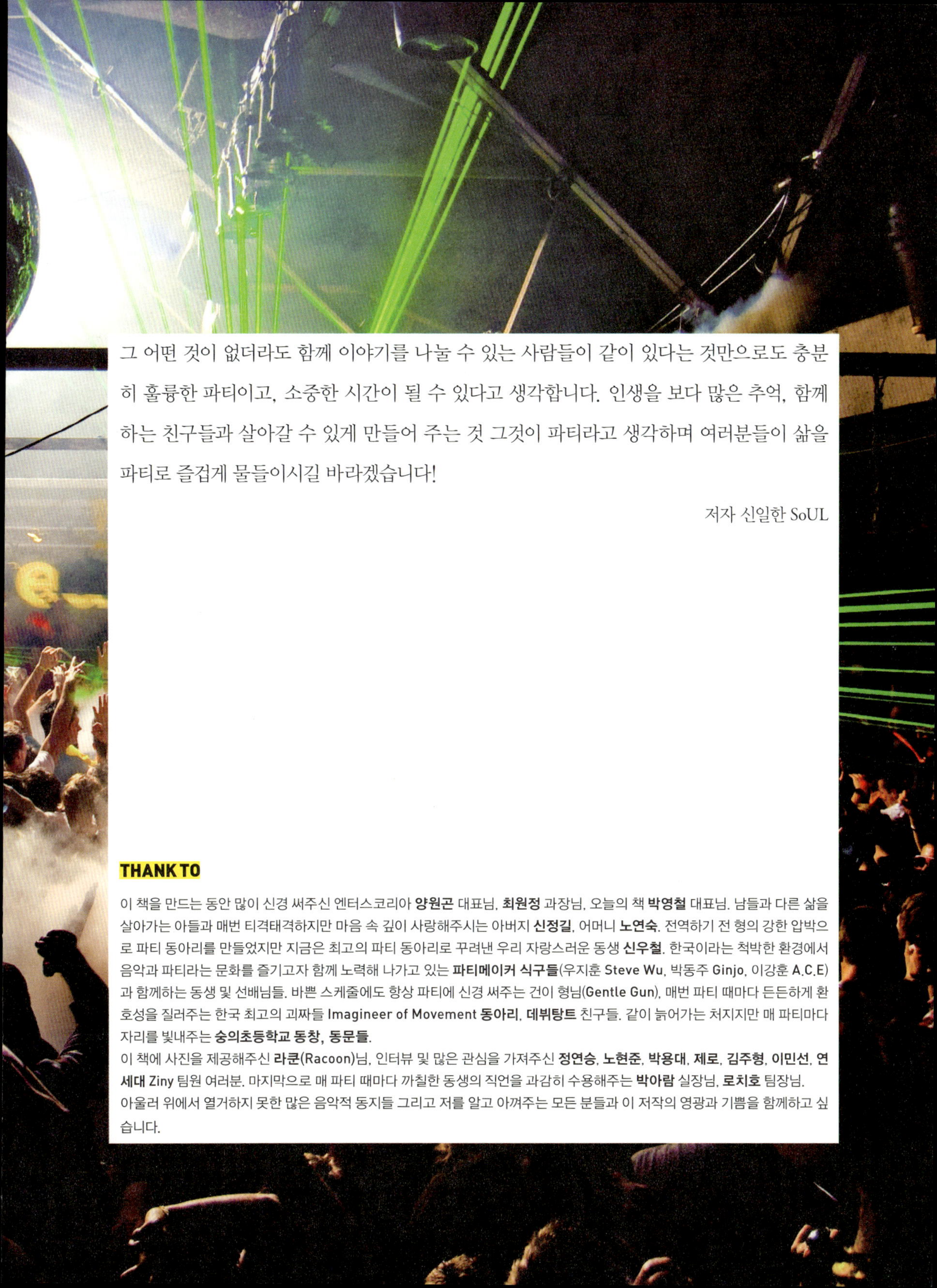

그 어떤 것이 없더라도 함께 이야기를 나눌 수 있는 사람들이 같이 있다는 것만으로도 충분히 훌륭한 파티이고, 소중한 시간이 될 수 있다고 생각합니다. 인생을 보다 많은 추억, 함께하는 친구들과 살아갈 수 있게 만들어 주는 것 그것이 파티라고 생각하며 여러분들이 삶을 파티로 즐겁게 물들이시길 바라겠습니다!

저자 신일한 SoUL

THANK TO

이 책을 만드는 동안 많이 신경 써주신 엔터스코리아 **양원곤** 대표님, **최원정** 과장님, 오늘의 책 **박영철** 대표님. 남들과 다른 삶을 살아가는 아들과 매번 티격태격하지만 마음 속 깊이 사랑해주시는 아버지 **신정길**, 어머니 **노연숙**. 전역하기 전 형의 강한 압박으로 파티 동아리를 만들었지만 지금은 최고의 파티 동아리로 꾸려낸 우리 자랑스러운 동생 **신우철**. 한국이라는 척박한 환경에서 음악과 파티라는 문화를 즐기고자 함께 노력해 나가고 있는 **파티메이커 식구들**(우지훈 Steve Wu, 박동주 Ginjo, 이강훈 A.C.E)과 함께하는 동생 및 선배님들. 바쁜 스케줄에도 항상 파티에 신경 써주는 건이 형님(Gentle Gun), 매번 파티 때마다 든든하게 환호성을 질러주는 한국 최고의 괴짜들 Imagineer of Movement **동아리**, **데뷔탕트** 친구들. 같이 늙어가는 처지지만 매 파티마다 자리를 빛내주는 **숭의초등학교 동창, 동문들**.
이 책에 사진을 제공해주신 **라쿤**(Racoon)님, 인터뷰 및 많은 관심을 가져주신 **정연승**, **노현준**, **박용대**, **제로**, **김주형**, **이민선**, **연세대** Ziny 팀원 여러분. 마지막으로 매 파티 때마다 까칠한 동생의 직언을 과감히 수용해주는 **박아람** 실장님, **로치호** 팀장님.
아울러 위에서 열거하지 못한 많은 음악적 동지들 그리고 저를 알고 아껴주는 모든 분들과 이 저작의 영광과 기쁨을 함께하고 싶습니다.

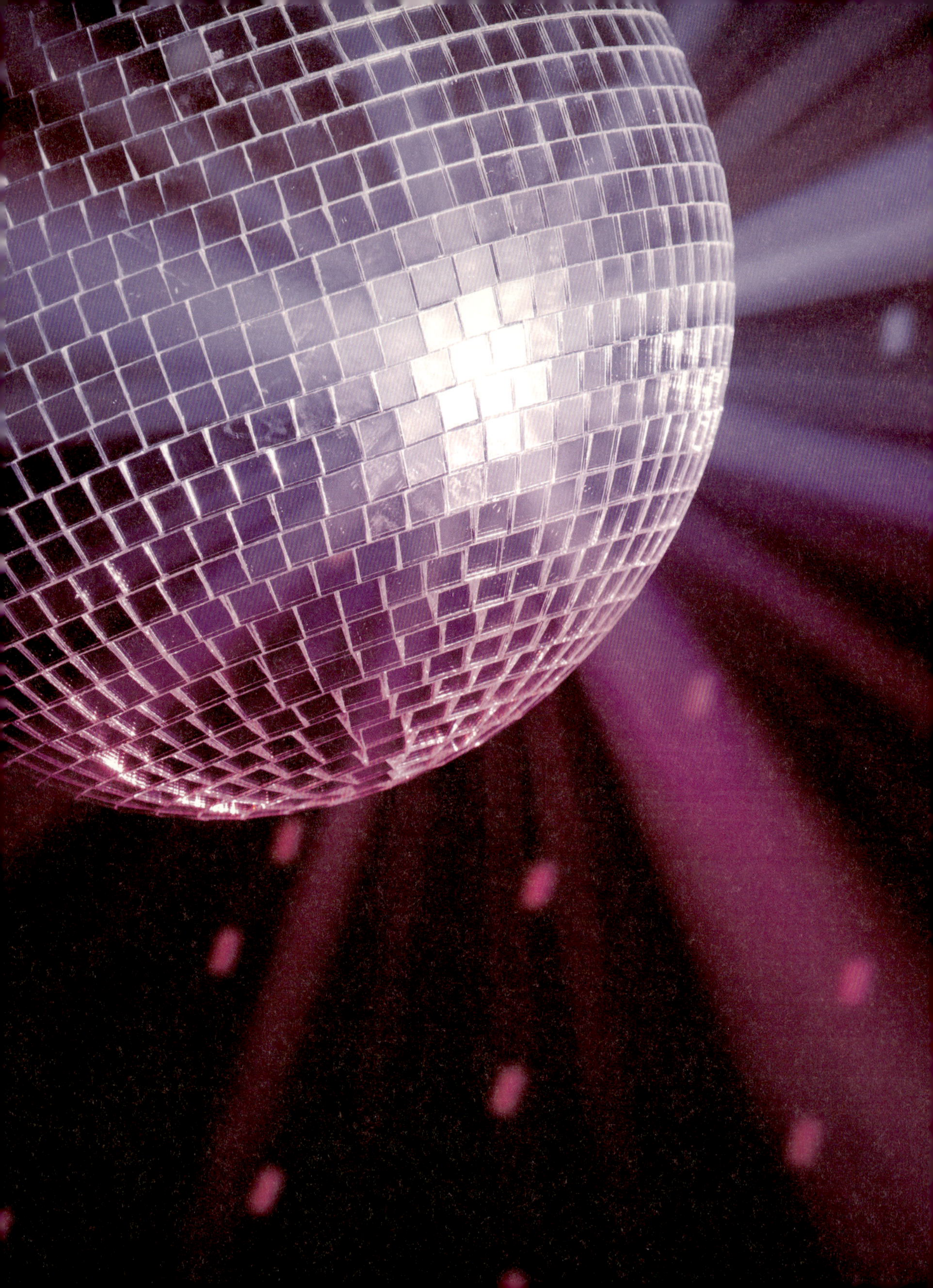

CHAPTER 01

ABOUT PARTY, PARTY LIFE

당신의 삶을 파티로 물들여라!

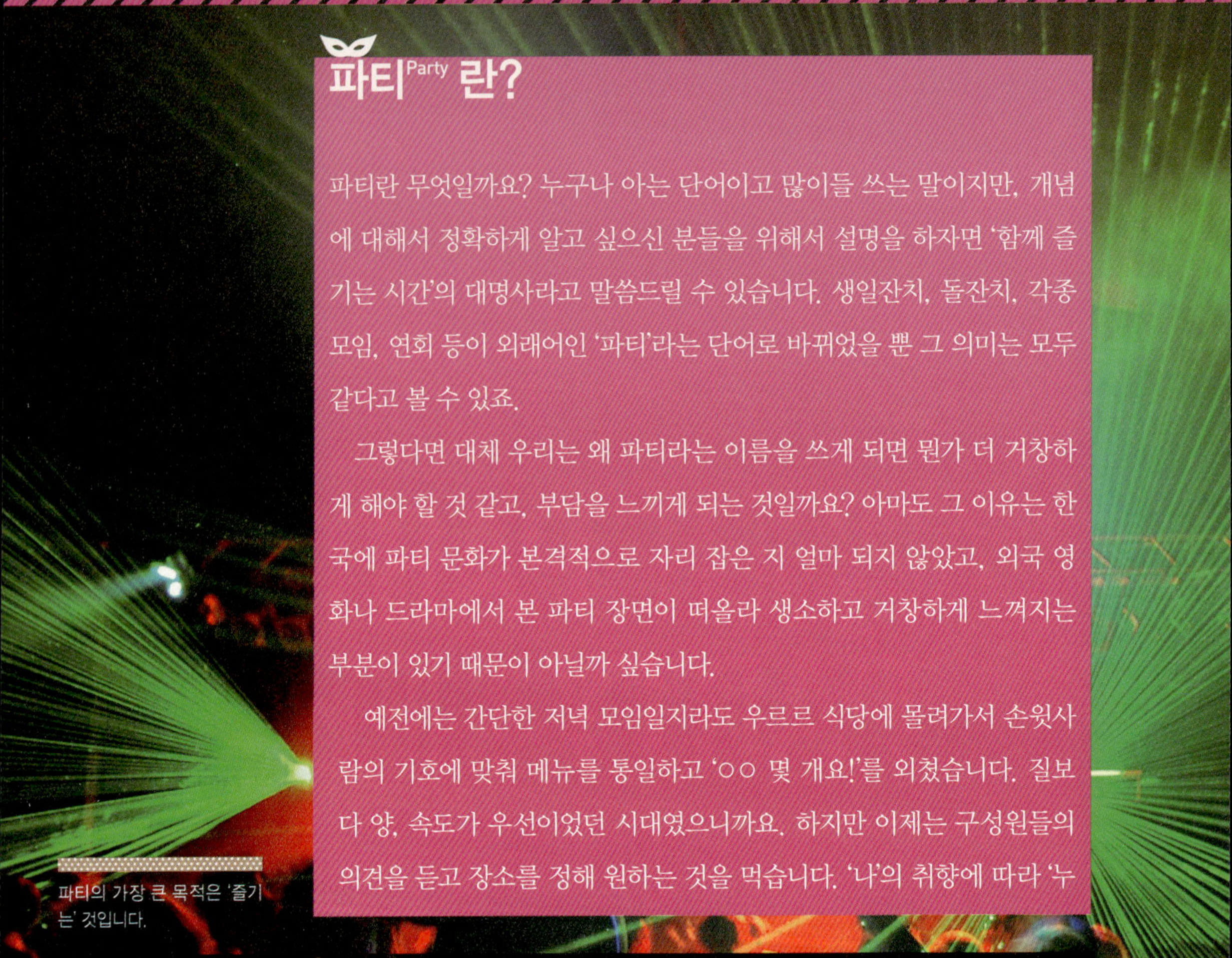

파티의 가장 큰 목적은 '즐기는' 것입니다.

파티Party 란?

파티란 무엇일까요? 누구나 아는 단어이고 많이들 쓰는 말이지만, 개념에 대해서 정확하게 알고 싶으신 분들을 위해서 설명을 하자면 '함께 즐기는 시간'의 대명사라고 말씀드릴 수 있습니다. 생일잔치, 돌잔치, 각종 모임, 연회 등이 외래어인 '파티'라는 단어로 바뀌었을 뿐 그 의미는 모두 같다고 볼 수 있죠.

그렇다면 대체 우리는 왜 파티라는 이름을 쓰게 되면 뭔가 더 거창하게 해야 할 것 같고, 부담을 느끼게 되는 것일까요? 아마도 그 이유는 한국에 파티 문화가 본격적으로 자리 잡은 지 얼마 되지 않았고, 외국 영화나 드라마에서 본 파티 장면이 떠올라 생소하고 거창하게 느껴지는 부분이 있기 때문이 아닐까 싶습니다.

예전에는 간단한 저녁 모임일지라도 우르르 식당에 몰려가서 손윗사람의 기호에 맞춰 메뉴를 통일하고 'ㅇㅇ 몇 개요!'를 외쳤습니다. 질보다 양, 속도가 우선이었던 시대였으니까요. 하지만 이제는 구성원들의 의견을 듣고 장소를 정해 원하는 것을 먹습니다. '나'의 취향에 따라 '누

릴 수 있는 자유'의 가치를 추구하는 사람들을 이해해주는 분위기이죠.

이러한 분위기를 반영하듯 신사동 가로수길, 이태원, 홍대 등을 포함해 전국적으로 패션, 파티, 화려한 나이트 라이프가 조금씩 퍼져나가고 있으며, 클럽에서 시작된 댄스파티의 열풍은 각지의 대학교 축제로 퍼져나갑니다. 이제는 우리나라에서도 세계적인 댄스 페스티벌인 울트라 뮤직 페스티벌USA, 센세이션 페스티벌NL, 글로벌 게더링UK을 개최하는 등 수많은 파티들이 열립니다. 또한 개인적으로도 생일 파티부터 시작해 결혼식 애프터파티(피로연), 베이비 샤워(출산 전 임산부 파티), 집들이 파티 등 다양한 주제들로 파티를 즐기고 있습니다.

자, 그렇다면 파티란 구체적으로 어떤 것인지 그간 쌓아뒀던 여러분들의 궁금증을 하나씩 풀어가며 천천히 알아보도록 하겠습니다.

'파티'는 많은 사람과 함께 즐기거나 무엇을 기념하는 시간 또는 모임을 지칭하는 단어입니다. 종류도 그 주제와 모임의 성격에 따라 많이 달라지기 때문에 '과연 이것이 같은 파티라고 이야기할 수 있나?' 싶을 만큼 독창적인 부분들도 있습니다. 이런 상대적인 분류는 파티의 기본 요소에 따라 나뉜 것입니다.

먼저 파티의 기본적인 요소는 다음과 같습니다.

사람, 장소, 시간, 콘셉트(주제)

사람

파티에서 가장 중요한 것을 꼽자면 바로 사람입니다. 기본적으로 사람이 없으면 파티를 하는 이유가 없어지겠죠? 아니, 파티라고 부를 수도 없을 것입니다. 그럴 듯한 장소, 아주 특별한 날이 아니어도 정말 오랜만에 얼굴을 맞대고 이야기를 하는 것만으로도 기분이 좋아지는 사람들 간의 만남 역시 파티라고 할 수 있으니까요.

'사람'이 없다면 아무리 완벽한 파티라도 아무 소용이 없겠죠. 사람을 모으는 것은 파티의 기본입니다.

물론 지인들과의 모임만으로 파티의 성격을 단정 짓기는 아직 이릅니다! 앞에서 잠시 이야기한 것처럼 지인들만 참석하는 파티라면 준비를 많이 안 해도 사람들의 참석과 만남만으로 파티의 즐거움을 느낄 수 있습니다. 하지만 이와 다르게 파티에 참석하는 사람들이 지인의 친구들을 포함하는지 혹은 불특정 다수인지 등 어떤 사람들과 함께 파티를 즐길 것인지와 규모에 따라 파티의 성격과 프로그램이 달라지기도 합니다. 또한 파티에 참석하는 사람들의 모집 단위에 따라 시간 제약도 생깁니다. 대학생이나 20대 초반이 주가 되는 파티에서는 시간 제약이 많지 않아 상대적으로 쉽게 날짜와 시간을 조율하고 파티를 주최할 수 있습니다만, 직장인들은 주말 저녁이 아니라면 참석 자체가 어려울 수 있으니까요. 명심하세요, 파티를 주최하는 데 있어서 사람만큼 중요한 것은 없습니다!

장소

파티가 열리는 구체적인 장소는 조촐한 파티에서는 크게 신경 쓰지 않아도 되지만 참석하는 사람들의 수가 많거나 특정 주제를 잡고 대규모로 진행한다면 사람들의 동선 파악과 별도의 프로그램이 필요하게 되는 등 검토 사항이 늘어납니다. 그만큼 필요충분조건을 만족시키는 장소의 구체적인 선정이 파티의 성공을 좌지우지할 수 있기 때문에 막상 기막힌 파티의 기획과 구상을 모두 마쳤다고 하더라도 최적의 장소를 구하는 것은 하늘의 별 따기처럼 어려운 경우가 많습니다.

반대로 정말로 기막힌 장소를 발견했을 때 '아, 이곳에서 친구들이랑 이

렇게 놀면 정말 좋겠구나!'라고 생각해서 파티를 추진해보는 것도 하나의 방법이겠죠!

파티에 딱 맞는 장소를 구하는 것도 무척 어려운 일입니다. 프라이빗룸, 야외 수영장, 카페나 레스토랑, 일반 주택 등 다양한 장소에서 파티를 열 수 있죠. 최근에는 클럽이 가장 핫한 파티 장소로 뜨고 있습니다. 장소마다 특색이 있고 걸맞은 분위기와 프로그램이 있으니 반드시 체크하세요.

시간

시간 역시 파티의 성격을 보여주는 요소입니다. 그리고 파티를 성공적으로 치르기 위해 중요한 요소이기도 하죠. 생일이나 오픈 파티, 결혼식, 할로윈 파티, 각종 기념일 파티는 당일에 하는 것보다 여러 사람이 함께 모이기 좋은 주말이나 업무를 마친 저녁 시간으로 설정하는 것이 기본입니다. 하지

파티 시간을 고민 없이 정하다가는 초대 인원이 턱없이 부족할 수도 있습니다. 참석자들의 일과를 고려하면서도 장소 구하기 쉬운 시간을 선택하는 것이 관건!

만, 사람들 대부분이 역시 비슷한 생각을 가지고 움직이기 때문에 모두가 가능한 시간대에 파티를 주최한다는 것은 곧 나 이외에 다른 누군가도 그 시간대에 파티를 하려고 준비 중이라는 것을 의미합니다. 그렇기 때문에 수요와 공급의 법칙에 따라 가격은 당연히 올라가게 됩니다. 예산이 넉넉하지 않다면 시간을 모두에게 맞춰서 진행하는 것이 어려울 수 있습니다. 따라서 '시간 = 돈' 이라는 귀중한 교훈을 마음속에 담고 파티의 현실적인 베스트 플랜을 완성하는 파티 시간을 설정해야 합니다!

콘셉트(주제)

개인적으로 주최하는 파티가 위의 3가지 요소에서 시작한다면, 기업이나 공식적인 규모의 파티의 경우 콘셉트 즉 주제에 따라 세부 사항을 결정해야 합니다. 예를 들자면 가게 오픈 파티를 주최할 경우 지인들에게 홍보를 하는 것 역시 중요하지만, 최대한 많은 사람에게 매장을 노출시키는 것이 더 중요하기 때문에 콘셉트를 어떻게 잡느냐에 따라 사람들을 초대하는 '모객'의 포인트가 달라집니다. 그러다 보니 신제품, 브랜드 런칭 파티 같은 기업의 공개적인 행사는 많은 사람의 이목을 집중시키기 위해 가장 트렌디한 장소에서 주최를 하는 것이 일반적입니다. 마지막으로 할로윈 파티, 연말 파티 등은 날짜, 즉 시간(시기)과 관련해 콘셉트가 정해지고 그에 따라 장소와 모객 방법, 파티를 어떻게 진행할지가 정해집니다.

런칭 파티는 브랜드나 신제품을 알리는 것이 목적이기에 화려하고 트렌디하게 준비하는 것이 관건입니다.

패션쇼와 파티가 결합된 행사는 콘셉트가 확실한 만큼 참석자들과 시간도 성격에 맞게 설정해야 합니다.

파티의 장점

'파티가 일상에 들어온다고 해도 당장 나에게 도움 되지 않을 것 같고, 사는 것만으로도 바빠 죽겠는데 괜히 쓸데없이 일을 벌이는 게 아닐까?'

이런 생각이 드는 분들도 있을 것이라고 생각합니다. 물론 처음 파티를 준비하는 분들에게는 그 과정이 쉽지 않아 일처럼 느껴질 수도 있습니다. 하지만 더 많은 사람들이 파티에 매력을 느끼고, 이 문화를 즐기고자 하는 것은 파티가 그 노력을 보상하고도 남을 '특별한 무엇'을 남기기 때문이 아닐까요? 그래서 그 '특별한 무엇'에 대해 간단하게 설명을 해보고자 합니다!

일상의 활력소

파티에서 얻을 수 있는 가장 큰 효과는 바로 반복하는 일상에 쉼표를 찍을 수 있는 삶의 여유입니다. 주 5일제가 시행되고, 점차 다양한 여가 문화가 형성되고 있습니다. 특히 파티는 여러 사람과 함께하는 문화이기 때문에 이야기를 나누고, 맛있는 음식과 향기로운 술을 함께 즐긴 여운은 기분 좋

파티 안에서 우리는 지인들과 더욱 친해지고, 낯선 사람들과는 새로운 관계를 맺을 수 있습니다. 그리고 그 모든 과정은 신나고 즐겁기만 하죠!

은 여행처럼 기억에 오래 남습니다.

'파티를 주최하는 일'을 '일'처럼 하면 말 그대로 '일'이지만, '취미'처럼 파티를 접하게 되면 그 안에서 다양한 경험을 할 수 있습니다. 그리고 처음 발을 들여놓는 것은 어려울지 몰라도 익숙해지면 에너지드링크처럼 삶의 기운을 '업!'시켜 줄 수 있는 그런 활력소가 될 것입니다!

유대감 강화

파티를 하면서 많은 사람이 긍정적으로 느끼는 부분은 바로 가족, 혹은 친구들 간의 기분 좋은 만남입니다. 서로 바쁘게 살다 보면 어쩌다 마주쳐도 '시간 나면 보자'라는 기약 없는 약속만 하고 헤어지는 경우가 많습니다. 파티라는 하나의 '거리'를 활용해 평소 보기 힘들었던 친구들, 지인들과 함께 시간을 보내보는 것은 어떨까요? 각자 사회생활 패턴이 달라 긴 시간을 함께하는 것은 어렵겠지만, 잠시나마 서로의 안부를 묻고 즐거운 시간을 보낼 수 있다는 그 하나만으로도 충분히 멋진 파티이고, 서로가 끈끈한 정을 확인할 수 있을 것입니다!

폭 넓은 인간관계 형성

한국에서는 아직 소셜 파티가 일반적이지는 않지만 서구권에서는 자신의 집에 친구들이나 주변 지인들을 초대해 함께 즐기는 파티들이 굉장히 많습니다. 이 때 파티에 초대받은 사람들은 파티 주최자Host와 친분이 깊지 않더라도 간단한 인사를 나누고 이야기를 나누는 것이 기본적인 예의입니다. 파티에서 멍하니 있는 것은 초대받은 파티가 자신과 맞지 않는다는 제스처로 보일 수 있기 때문이죠. 여러 사람과 이야기를 하다보면 자신과 100% 맞지는 않더라도 다양한 분야의 많은 사람들과 만날 수 있겠죠? 세계적으로 유명한 파티광 '패리스 힐튼'은 미국의 한 버라이어티 프로그램에서 자신은 파티걸이 아니라 비즈니스 우먼이라면서 비즈니스의 연장선상에 있는 파티의 중요성을 보여주기도 했습니다. (물론 힐튼의 파티가 모두 비즈니스적이었던 것은 아니죠.) 한국에서도 점차 대형 클럽이나 라운지 같은 베뉴venue(장소, 공간)들이 생기면서 트렌드를 중시하는 브랜드들의 런칭 파티나 영화·드라마 등의 크랭크인 파티, 종방 파티 등이 열리고, 비즈니스적인 만남도 클럽이나 파티에서 이루어지는 경우가 크게 늘었습니다.

파티의 종류

1990년대 후반, 우리나라에도 외국계 기업이나 유학생들이 새로운 문화를 선보이면서 파티 문화가 널리 알려지고, 이후 기업에서 주최하는 파티 외에도 동아리 단위는 물론 친구들끼리의 모임 등 개인적으로 작은 사이즈의 파티를 주최하며 즐기는 분위기가 퍼져갔습니다. 이렇게 파티의 행위 자체를 문화적인 부분으로 인식하는 것을 넘어 '한번쯤 해보자'라는 수준까지 발전했죠. 하지만 외국처럼 어렸을 때부터 파티 문화를 접하며 자란 세대가 아닌 한국 사람들은 파티 분위기를 100% 이해하고 즐기는 부분이 다소 부족하다고 생각됩니다. 파티를 대단하고 거창하게 준비해야 하는 것으로 생각하는 분들이 많거든요. 물론 철두철미하게 준비하여 주최하는 것이 좋을 수 있습니다만, 그러면 파티가 보여주기식 행사가 될 가능성이 있고, 파티 주최를 손 많이 가는 피곤한 일로 바라보게 될 가능성이 높습니다. 그래서 이번 챕터를 통해 파티에 관한 여러 가지 형식과 스타일 등을 하나씩 소개해보고자 합니다. 미리 말씀을 드리자면 꼭 다음과 같은 형식에 얽매일 필요는 없습니다. 서로 다른 콘셉트를 믹스해서 즐겨도 되고, 부족하면 부족한 대로 가능한 선에서 새로운 아이디어를 접목해 파티를 즐기는 것이 제일입니다! 자, 그럼 파티에 대해서 하나씩 알아볼까요?

식사

자연스러운 만남이나 이야기를 풀어나가는 최고의 방법은 커피나 차, 혹은 가볍게 술을 마시거나 함께 식사를 하는 것입니다. 데이트를 신청하는 가장 익숙한 문장도 '커피 한 잔 할까요'이니까요! 이처럼 같은 공간에서 무엇인가를 함께 먹거나 마시는 행위는 우리에게 소속감을 주어 삶을 살아가는 데 가장 기본적인 사회적 욕구를 충족시켜 주므로 그 의미가 크다고 볼 수가 있습니다. 그래서 파티의 시작 역시 처음에는 식사를 함께 하는 데서 출발하였다고 생각합니다. 가족, 씨족, 마을 단위의 여러 사람들이 함께 살았던 먼 옛날부터 현재까지 시대의 변화에 따라 삶의 형태가 많이 바뀌긴 했지만 사람이 살아가는 그 모습 자체는 크게 달라진 것이 없듯이 말이죠! 파티를 통해 멀어졌던 사람들과 함께 맛있는 음식을 나누며 잠시 잊고 지냈던 정을 나눠보는 것은 어떨까요?

칵테일 파티

공식적인 회의, 컨퍼런스 등의 모임 이후에 간단하게 칵테일을 마시며 담소를 나누는 것을 지칭합니다. 칵테일 혹은 샴페인이 나오는 것이 일반적이며 술을 너무 많이 마시지 않으면서 주변 사람들과 관련된 이야기를 나누는 것이 포인트입니다. 한국에서는 아직 일반적이지는 않지만 외국에서는 이러한 칵테일 파티에서 서로 인사를 하며 명함을 교환하거나 관련 지인을 추천해 주는 등 중요한 비즈니스가 이루어지는 경우가 많습니다. 보통 칵테일이라고 하면 바텐더가 멋들어지게 만들어주는 것을 생각하실 수 있겠지만 수많은 사람들이 있는 현장에서 직접 만들어 주는 데에는 한계가 있기 때문에 주로 보드카와 주스를 사용한 기본 칵테일 메뉴를 놓는 것이 일반적입니다. 그 외에 자주 쓰이는 파티 칵테일로는 마티니, 상그리아, 모히토 등이 있습니다. 그리고 파티의 중요성에 따라 그 날의 파티에서만 맛볼 수 있는 칵테일을 따로 공개해 바텐더가 주문을 받기도 합니다. 그리고 꼭 칵테일이 아니더라도 최근에는 샴페인을 비롯해 스파클링 와인, 와인 등과 같은 주류와 함께 파티를 즐기기도 하니 형식에 얽매일 필요는 없습니다!

칵테일 파티는 메인 행사 뒤에 열리기 때문에 간단하게 즐기는 것이 보통입니다. 참석자들은 칵테일을 즐기며 여유롭게 대화를 나눕니다.

추천 콘텐츠 & 프로그램 : 음악(클래식, 재즈, 라운지, 시끄럽지 않은 댄스뮤직), 디제이

추천 스타일링 : 케이터링

추천 주류 : 샴페인과 스파클링 와인, 아그와, 보드카, 데킬라, 예거마이스터, 칵테일, 펀치

인원 단위 : 프라이빗, 소셜 파티, 오픈 파티, 클럽 파티

추천 장소(베뉴) : 집, 바, 라운지, 카페, 학교, 모텔, 부티크 호텔, 레지던스, 파티 전문 공간, 펜션

나른해지는 오후에 차를 마시면 몸과 마음이 깨어나는 기분이 듭니다. 차의 종류에 따라 어울리는 디저트도 달라집니다.

티 파티

말 그대로 차Tea를 함께 마시며 이야기를 나누는 파티입니다. 주로 차분한 주제로 이야기를 나눌 때 행해집니다. 본래 티 파티는 영국 귀부인들의 사교 모임에서 비롯되었으나 차를 마시는 문화 역시 중국을 비롯해 한국, 일본에서 다도라는 문화로 전래된 만큼 그 시초는 동양권이 먼저가 아닐까 합니다! 차를 마시는 특성상 테이블에 앉아서 진행하는 것이 보편적이며 시끌벅적하지 않고 조용한 분위기에서 이루어지는 것이 보통입니다. 굳이 파티의 이름을 거창하게 쓰지 않더라도 분위기 좋고 한적한 카페에서 친구들이나 동호회 혹은 주변 지인들과 함께 차와 맛있는 디저트를 함께하며 이야기 나누는 것 역시 티 파티로 볼 수 있습니다. 어렵게 생각하지 마세요!

추천 콘텐츠 & 프로그램 : 음악(클래식, 재즈, 라운지)

추천 스타일링 : 케이터링

추천 주류 : 티tea

인원 단위 : 프라이빗, 소셜 파티

추천 장소(베뉴) : 집, 바, 라운지, 카페, 학교, 부티크 호텔, 레지던스, 파티 전문 공간, 펜션

디너 파티

저녁 식사를 함께하는 파티를 이야기합니다. 일과를 마친 후 갖는 디너 파티의 경우, 직장인들이 쉴 시간을 양보한 만큼 큰 의미를 가집니다. 중요한 자리나 약속, 이벤트를 할 때 가장 먼저 고려하는 시간대 역시 저녁이라는 것을 떠올려 본다면 그 의미가 더욱 와 닿을 것입니다. 그러다 보니 정찬의 형식으로 된 파티도 많지만 집에서 직접 준비한 요리를 가지고 자유로운 분위기에서 오순도순 즐기는 파티도 많습니다. 식사를 함께 준비하는 파티라면 요리를 돕는 준비 자체가 일이 아닌 파티의 일부분으로 즐길 수 있는 좋은 경험입니다. 단순하게 초대를 받아 참석하게 된다면 파티의 시작 시간보다 조금 늦게 방문하는 것이 예의입니다. 파티를 준비하다 보면 생각보다 늦어질 수 있기 때문이죠.

추천 콘텐츠 & 프로그램 : 음악(라운지, 클래식, 재즈)
추천 스타일링 : 간단한 데코레이션
추천 주류 : 샴페인과 스파클링 와인, 칵테일, 와인
인원 단위 : 프라이빗, 소셜 파티
추천 장소(베뉴) : 집, 비스트로 레스토랑, 라운지, 호텔

디너 파티는 식사를 함께하는 만큼 준비할 것도 많습니다. 초대를 받았다면 사전에 연락을 해보고 일찍 가서 호스트를 도와주는 것도 좋습니다.

바비큐 파티

주로 친구들이나 가족 단위의 친근한 관계에서 많이 열리는 파티입니다. 영화나 드라마에서 돼지나 소의 부위를 그릴에 통째로 구워 여러 사람이 함께 즐기는 미국식 바비큐(Barbecue) 파티 장면을 보신 적이 있을 겁니다. 그래서 이 장면에 익숙한 분들은 한국에서는 바비큐 파티가 어렵다고 생각하지만, 집에서 삼겹살을 구워 먹는 것도 바비큐 파티에 해당합니다. 쉽게 생각해서 고기를 함께 구워 먹는 파티로 생각하시면 됩니다! 지금이야 먹을 것이 풍족하고 언제 어느 때나 고기를 먹을 수 있어 그 의미가 덜해졌지만 먹을 것이 귀했던 옛날에는 고기를 먹는다는 것이 곧 특별함을 뜻했기 때문에 함께 고기를 먹는 의미가 남달랐습니다. 그러니 함께 고기를 먹는 것이 큰 파티였지요. (우리 조상들이 멧돼지를 사냥해 구워서 함께 나눠 먹으며 흥겨워 했던 것이 바비큐 파티의 조상쯤 되겠습니다!)

최근 우리나라에서도 캠핑이나 아웃도어 피크닉을 즐기는 인구가 늘어나면서 집에서 하는 데 어려움이 많았던 바비큐 파티를 비교적 간편

최근에는 야외에 나가 바비큐 파티를 하는 일이 꽤 많습니다. 보통 캠핑장이나 여행지의 펜션 들에는 바비큐 도구가 준비되어 있으니 참고.

하게 즐길 수 있는 환경이 되었습니다. 또한 케이터링이나 야외 뷔페와 같은 전문 업체들이 바비큐 파티를 위한 전문 출장 서비스를 제공하기 때문에 야외에서 모임이나 파티를 계획하는 분들이라면 한번쯤 바비큐 파티를 즐겨보시길 권합니다.

추천 콘텐츠 & 프로그램 : 음악(모든 장르 가능)
추천 스타일링 : 케이터링
추천 주류 : 샴페인과 스파클링 와인, 맥주, 아그와, 보드카, 데킬라, 예거마이스터, 펀치
인원 단위 : 프라이빗, 소셜 파티
추천 장소(베뉴) : 집, 바, 라운지, 카페, 파티 전문 공간, 펜션

포틀럭(Pot-luck) 파티

파티의 주최자Host는 메인 요리와 파티의 전반적인 부분(장소, 음악, 데코레이션 등)을 준비하고, 초대받은 사람들이 술이나 간단한 사이드 요리를 준비해서 모이는 것을 말합니다. 간편하고 비용이 많이 들지 않기 때문에 주최하는 사람이나 참석하는 사람 모두 부담 없이 즐길 수 있어 선호도가 높습

포틀럭 파티는 각자 음식을 준비해 오기 때문에 상대적으로 호스트의 부담이 적죠. 아이들도 부모님의 도움을 받아 친구들과 포틀럭 파티를 열 수 있습니다.

니다. 20대 이후에 독립해서 자신의 공간을 가지는 외국과 달리 한국에서는 결혼 전까지 부모님과 함께 사는 경우가 많고, 거주 형태 역시 소음에 민감한 아파트나 빌라 등 연립주택의 형태가 많기 때문에 완전히 외국 같은 분위기를 내는 것은 어렵겠지만, 최근 증가한 파티 전문 공간이나 게스트하우스 등을 이용해 다 같이 포틀럭 파티를 주최하는 것도 하나의 방법입니다. 이때 파티에 쓰이는 컵, 숟가락, 포크, 젓가락, 휴지 등과 같은 기본적인 용품의 구입은 주변 대형마트를 이용하거나 인터넷에서 주문을 하면 쉽고 편리하게 준비할 수 있습니다!

추천 콘텐츠 & 프로그램 : 음악(댄스뮤직, 팝) 디제이

추천 스타일링 : 각종 데코레이션, 포토월

추천 주류 : 샴페인과 스파클링 와인, 맥주, 아그와, 보드카, 데킬라, 예거마이스터, 칵테일, 펀치

인원 단위 : 프라이빗, 소셜 파티, 오픈 파티, 클럽 파티

추천 장소(베뉴) : 집, 바, 라운지, 카페, 학교, 모텔, 부티크 호텔, 레지던스, 파티 전문 공간, 펜션

정찬 파티

호텔이나 레스토랑에서 하는 결혼식을 가보신 분들은 아시겠지만 뷔페가 아닐 경우 메뉴가 정해져서 코스로 나오는 경우가 많습니다. 이런 식사를 정식 혹은 정찬이라고 합니다. 영어로는 a Formal dinner, 즉 정성을 차린

식사라는 뜻입니다. 정찬 파티는 그만큼 격식을 따지는 모임이나 연령대, 행사에서 선호하는 파티 형식입니다. 정찬 파티에서도 가장 격식을 차리는 경우 초대장을 통해 먼저 참석 여부를 묻기 때문에 만약 파티에 참석이 어렵다면 주최자에게 미리 연락을 해 자신의 자리를 다른 사람에게 양보하는 것이 예의입니다. 또 지정된 좌석이 있는 경우가 많으므로 참석했을 때에는 테이블의 표시를 보고 자신의 자리에 앉으면 됩니다.

주최를 하게 된다면 참가자의 테이블과 좌석의 배치를 고려해야 합니다. 한번 파티가 시작되면 테이블에 앉아 있는 시간이 상당히 길기 때문에 연령과 관심사, 직장에서의 직급 차이, 업계에서의 이해관계 등 초청된 사람들의 여러 가지 상황을 살펴봐야 합니다. 자리 배치에 대한 한 가지 팁을 드리자면 축구 경기나 야구 경기에서 감독들이 선수 배치를 하듯이 잘 어울리는 조합을 적절히 고려해 배치를 하려고 노력하면 좋은 결과를 얻을 수 있습니다!

정찬 파티는 같은 테이블에 앉은 사람들과 오랜 시간 함께 있게 되므로 의사소통이 편한 사람들을 모아 자리를 배치하면 분위기가 좋아집니다. 격식 있는 자리이므로 식탁 예절을 미리 복습해 가면 좋겠죠.

추천 콘텐츠 & 프로그램 : 음악(라운지, 클래식, 재즈)

추천 스타일링 : 각종 데고레이션, 포토월

추천 주류 : 샴페인과 스파클링 와인, 칵테일, 와인

인원 단위 : 프라이빗, 소셜 파티

추천 장소(베뉴) : 호텔 및 전문 연회장

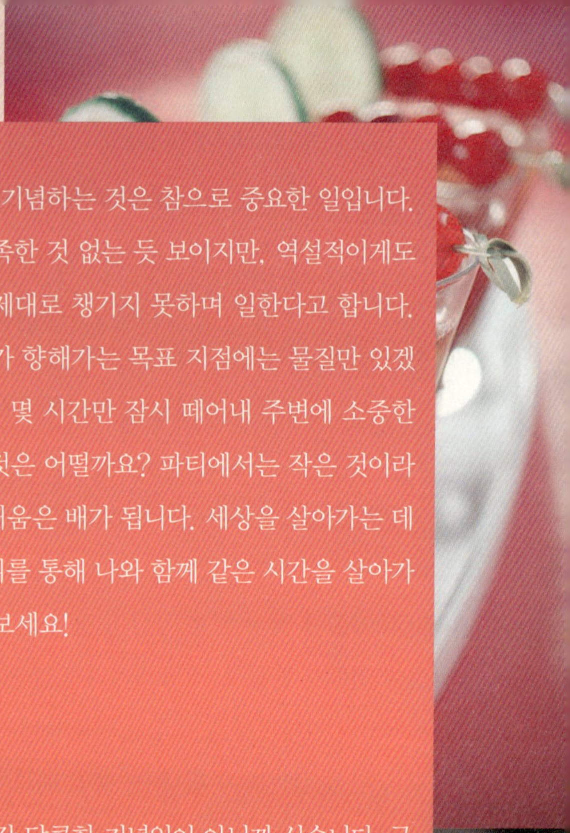

특정일

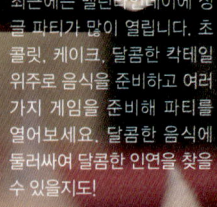

인생에 있어 어떤 특정한 날을 기념하는 것은 참으로 중요한 일입니다. 세상은 갈수록 편리해지고 부족한 것 없는 듯 보이지만, 역설적이게도 현대인들은 자신의 생일조차 제대로 챙기지 못하며 일한다고 합니다. 이런 이야기를 들으면 이 시대가 향해가는 목표 지점에는 물질만 있겠다는 생각마저 듭니다. 하루의 몇 시간만 잠시 떼어내 주변에 소중한 사람들의 기념일을 챙겨보는 것은 어떨까요? 파티에서는 작은 것이라도 함께 나누면 커지고, 그 즐거움은 배가 됩니다. 세상을 살아가는 데 있어 가장 큰 힘인 지인들. 파티를 통해 나와 함께 같은 시간을 살아가는 사람들과의 추억을 만들어 보세요!

최근에는 밸런타인데이에 싱글 파티가 많이 열립니다. 초콜릿, 케이크, 달콤한 칵테일 위주로 음식을 준비하고 여러 가지 게임을 준비해 파티를 열어보세요. 달콤한 음식에 둘러싸여 달콤한 인연을 찾을 수 있을지도!

밸런타인데이

파티가 아니더라도 일 년 중 가장 달콤한 기념일이 아닐까 싶습니다. 굳이 자세한 설명을 안 해도 모든 분들이 알고 계신 것처럼 여자가 사랑하는 남자에게 초콜릿을 주는 날로 알려져 있죠. 최근에는 남녀 구분

없이 초콜릿을 주고받기도 합니다. 밸런타인데이 하면 커플만을 위한 부러운 이벤트 파티의 날로 생각할 수도 있지만, 싱글들의 파티를 주최하여 서로의 변치 않는 우정을 확인하거나 새로운 이성을 탐색하는 분들이 많이 늘어나고 있습니다! 꼭 커플들만 이 날을 즐기라는 법은 없으니까요!

추천 콘텐츠 & 프로그램 : 음악(재즈, 클래식, 라운지), 라이브 공연(세션, 보컬)
디제이추천 스타일링 : 각종 데코레이션, 케이터링
추천 주류 : 샴페인과 스파클링 와인, 맥주, 칵테일, 펀치
인원 단위 : 프라이빗, 소셜 파티
추천 장소(베뉴) : 집, 바, 라운지, 카페, 모텔, 부티크 호텔, 레지던스, 파티 전문 공간

할로윈 파티

최근 몇 년 전부터는 한국에서도 인기가 많은 기념일 파티입니다. 원래 미국 문화였던 할로윈데이는 10월 31일 저녁 때 어린아이들이 무서운 분장을 하고 집집마다 돌아다니면서 "Trick or Treat?"(과자나 사탕을 주시지 않으면 장난칩니다!)라고 말하며 바구니에 사탕이나 과자를 받는 것이 일반적입니다. 그 외에 어린아이들이 아니어도 서로 코스튬을 하며 돌아다니거나 모여서 파티를 즐기는 것이 점차 보편화되어 하나의 축제처럼 자리를 잡았습니다. 할로윈을 나타내는 대표적인 아이콘은 노란 호박Pumpkin을 활용한 잭 오 랜턴Jack-O-Lantern입니다. 데코레이션에 많이 쓰이기도 하고 코스튬에 활용하기도 합니다.

할로윈 파티의 키워드는 코스튬입니다. 초대 손님들이 할로윈 코스튬을 하도록 드레스 코드를 정합니다. 코스튬을 확실히 준비해 온 참가자에게는 회비나 입장료를 할인해줄 수도 있습니다. 음식과 데코레이션도 할로윈 아이템으로 장식하면 최고의 할로윈 파티를 열 수 있습니다.

한국에서도 10월 마지막 주 주말에 홍대나 이태원의 클럽에서 외국인들이 할로윈 파티를 즐기는 것이 조금씩 알려지면서, 젊은이들이 많이 참여하는 기념일 파티로 자리매김하였습니다. 그리고 10월이 되면 할로윈 데이를 기념하는 사탕이나 파티용품, 코스튬 관련 물품들이 많이 출시되는 만큼 관심 있게 재미있는 아이템들을 구매할 수 있습니다.

추천 콘텐츠 & 프로그램 : 음악(댄스뮤직), 라이브 공연(세션), 디제이, 사회자

추천 스타일링 : 각종 데코레이션, 포토월, 배너와 물품, 케이터링

추천 주류 : 샴페인과 스파클링 와인, 맥주, 아그와, 보드카, 데킬라, 예거마이스터, 칵테일, 펀치

인원 단위 : 프라이빗, 소셜 파티, 오픈 파티, 클럽 파티, 축제, 페스티벌

추천 장소(베뉴) : 집, 바, 라운지, 카페, 클럽, 감성 주점, 학교, 모텔, 부티크 호텔, 레지던스, 파티 전문 공간, 펜션

크리스마스 파티

서구 문화권에서 12월 25일은 일 년 중 가장 큰 축일이자 예수님의 탄생을 기념하는 성탄절입니다. 우리나라도 12월이 되면 캐럴이니 형형색색 불빛이니 한껏 흥겨운 분위기가 되어 크리스마스가 다가오는 것을 느낄 수 있습니다. 크리스마스 파티는 연령과 상관없이 다양한 사람들이 즐기는 만큼 그 형식이나 스타일보다도 크리스마스 분위기를 최대한 즐기는 것이 관건입니다! 그렇다면 크리스마스 분위기를 가장 잘 표현할 수 있는 것에는 어떤 것이 있을까요? 우선 트리가 있겠죠. 트리를 장식하는 예쁜 데코레이션, 산타할아버지, 루돌프 사슴코, 빨간색과 흰색의 컬러 포인트, 선물, 케이크 등과 앞서 얘기한 캐럴이 누구나 떠올릴 수 있는 것들입니다. 가족들과 집안에 트리 장식을 하고 선물과 편지를 나누며 저녁 식사를 즐기는 파티부터 산타나 루돌프처럼 크리스마스 분위기를 내는 드레스 코드로 친구들과 함께 시끌벅적하게 즐기는 싱글 파티, 연인들이나 친구들끼리 조용하게 크리스마스를 기념하며 샴페인

크리스마스 파티의 데코는 색깔만 적절히 배치해도 손쉽게 해결될 수 있습니다. 대표적인 색깔로 녹색과 빨강이 있으며, 흰색과 빨강, 은색 또는 금색과 빨강색도 좋은 조합입니다. 성탄의 의미를 되새기기 위해 촛불을 두는 곳도 많은데 파티에 아이들이 초대된다면 안전사고를 고려해 초는 켜지 않는 것이 좋습니다.

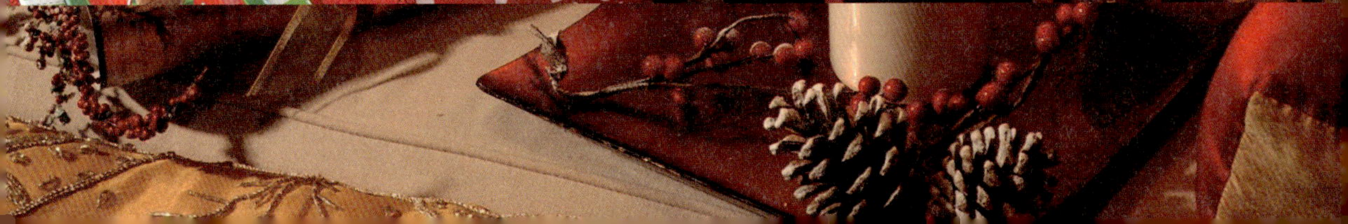

크리스마스 파티의 푸드 역시 색깔로 분위기를 살리는 것이 좋습니다. 특히 크리스마스에는 단 음식을 많이 먹게 되므로 칼로리를 고려해 배치하면 여성들의 환영을 받는 파티가 되겠죠.

과 맛있는 식사로 밤을 보내는 파티 등 모두 크리스마스를 뜻깊고 즐겁게 지낼 수 있는 멋진 파티입니다! 단, 주의할 점은 남녀노소를 막론하고 모두가 즐기는 파티인 만큼 최소 두 달 전에 파티 계획을 짜고 준비하는 것이 중요합니다! 또한 그만큼 가격도 초성수기의 프리미엄이 붙기 때문에 철저한 사전 조사로 예산 부담 없는 행복한 크리스마스 파티를 즐기시기 바랍니다.

추천 콘텐츠 & 프로그램 : 음악(캐럴, 댄스뮤직, 라운지, 재즈), 라이브 공연(세션, 보컬), 디제이, 사회자

추천 스타일링 : 각종 데코레이션, 포토월, 배너&물품, 케이터링

추천 주류 : 샴페인과 스파클링 와인, 맥주, 아그와, 보드카, 데킬라, 예거마이스터, 칵테일, 펀치

인원 단위 : 프라이빗, 소셜 파티, 오픈 파티, 클럽 파티, 축제, 페스티벌

추천 장소(베뉴) : 집, 바, 라운지, 카페, 클럽, 학교, 모텔, 부티크 호텔, 레지던스, 파티 전문 공간, 펜션

추석 & 추수감사절

동서고금을 막론하고 곡식이 열리는 가을에 한 해의 풍작을 기리며 가장 질 좋은 수확물을 준비해 조상과 신에게 감사를 전하는 것이 바로 추석과 추수감사절입니다. 주로 다양한 곡류와 과일 등으로 상을 차리고 차례를 지내는 한국의 추석과 달리 미국에서는 추수감사절에 칠면조를 먹는 것이 전통입니다. 미국의 3대 기념일인 만큼 미국인들의 칠면조 사랑 역시 각별합니다. 전 세계에서 근무하는 미국 군인들의 사기를 북돋아 주는 의미로 2011년 약 1.5억 달러(한화 약 2조 원)를 들여 칠면조를 공급했다고 하니 칠면조 사랑이 얼마나 대단한지 짐작할 수 있겠죠?

추천 콘텐츠 & 프로그램 : 음악(댄스뮤직, 라운지, 재즈), 디제이
추천 스타일링 : 각종 데코레이션, 포토월, 케이터링
추천 주류 : 샴페인과 스파클링 와인, 맥주, 칵테일, 펀치
인원 단위 : 프라이빗, 소셜 파티, 오픈 파티, 클럽 파티
추천 장소(베뉴) : 집, 바, 라운지, 카페

기념일 & 이벤트

기쁨은 나누면 배가 된다는 이야기가 있습니다. 그래서일까요, 아무리 어렵고 힘든 시대여도 기쁨과 즐거움을 나누는 자리는 늘 있었습니다. 파티는 함께 모여 일상의 소소한 즐거움을 나누는 매개체 역할을 합니다. 스마트하고 디지털한 시대, 바쁘게 사는 현대인들이 카카오톡이나 페이스북으로 이야기를 나누는 것도 좋은 일이지만, 내 친구나 지인들과 함께 아날로

그 감성 충만한 파티를 즐기며 쉼표를 찍어보는 것은 어떨까요?

생일 파티

가장 일반적인 파티로, 평소에도 많이 볼 수 있는 파티입니다. 자신의 생일을 맞아 친한 지인들과 함께 시간을 보내는 것은 삶의 커다란 기쁨 중 하나죠! 남녀노소를 따지지 않는 이벤트인 만큼 다양하게 즐길 수 있기 때문에 연령이나 성별에 따라 생일 파티의 규모나 콘셉트가 달라집니다.

연령대에 따라 세 가지로 분류해 보면, 우선 유아나 아동들의 생일 파티는 집에서 부모님이 준비해 선물을 주고받으며 맛있는 음식을 먹는 것이 보편적입니다. 그리고 청소년과 성년들은 호불호가 갈리는데요, 거창하게 준비해 함께 노는 케이스와 정말 친한 지인들끼리 모이는 프라이빗Private 파티가 있겠습니다. 마지막으로 고연령대의 생일 파티는 어른에 대한 예의와 무병장수를 기원하는 자리인 만큼 격식과 예의를 갖추는 정찬 파티가 많습니다.

어린이의 생일상에는 메인 컬러 핑크와 디저트에 신경을 쓰고, 하객이 젊은 층인 파티에는 스탠딩으로 가볍게 즐기는 생일상을 마련했다.

추천 콘텐츠 & 프로그램 : 음악(댄스뮤직), 디제이,
추천 스타일링 : 각종 데코레이션, 케이터링
추천 주류 : 샴페인과 스파클링 와인, 맥주, 아그와, 보드카, 데킬라, 예거마이스터, 칵테일, 펀치
인원 단위 : 프라이빗, 소셜 파티
추천 장소(베뉴) : 집, 바, 라운지, 카페, 학교, 모텔, 부티크 호텔, 레지던스, 파티 전문 공간, 펜션

성년의 날, 성인식 파티

일생에 단 한 번 있는 날인 이 날은 성인이 됨을 기념하는 날로, 각 나라 전통에 따라 파티를 치르기도 합니다. 성년이 됨을 축하하는 행사와 책임과 의무에 대한 자세를 심어주는 통과의례를 치르는 등 나라마다 다양한 모습으로 기념하지요. 한국에서는 만 20세가 되는 해의 5월 셋째 주 월요일을 공식적인 성년의 날로 지정했지만 특별한 행사는 없고, 지인들에게 향수나 장미꽃, 키스를 받는 것으로 축하받습니다. 라틴 아메리카에서는 15세를 기념해 성인이 됨을 기리며 드레스를 입는 전통이 있고, 부모님이 성년이 된 딸을 축하해주며 함께 춤을 추는 등 흥겹게 보낸다고 합니다. 우리도 특색 있는 즐거운 파티를 열어볼 수 있겠죠?

추천 콘텐츠 & 프로그램 : 음악(댄스뮤직), 라이브 공연(세션, 보컬), 디제이, 사회자
추천 스타일링 : 각종 데코레이션, 포토월, 배너&물품, 케이터링
추천 주류 : 샴페인과 스파클링 와인, 맥주, 아그와, 보드카, 데킬라, 예거마이스터, 칵테일
인원 단위 : 프라이빗, 소셜 파티, 오픈 파티, 클럽 파티
추천 장소(베뉴) : 카페, 클럽, 연회장

홈커밍 파티

타지에 나갔다 고향으로 돌아온 것을 기념하기 위한 파티입니다. 미국이나 서구권에서는 20살이 되면 대부분 상급 학교 진학이나 취업을 해 부모로부터 독립하는 경우가 많습니다. 이 때 고향을 떠나 타지에 정착하는 경우도 많기 때문에, 휴가나 정년퇴임 등으로 고향을 방문하면 고향에 남아있는 친구, 친척, 가족들과 함께 그 동안의 안부를 물으며 회포를 푸는 것입니다. 대개 모르는 사람보다는 친한 지인 위주로 이루어지기 때문에 프라이빗 파티Private Party로 진행되는 경우가 많으며, 종종 새로운 지역에 정착

할 때 얼굴을 익히기 위해 오픈 파티로 주최되는 경우도 있습니다.

추천 콘텐츠 & 프로그램 : 음악(클래식, 재즈, 팝), 디제이, 사회자
추천 스타일링 : 각종 데코레이션, 케이터링
추천 주류 : 샴페인과 스파클링 와인, 맥주, 칵테일, 펀치
인원 단위 : 프라이빗, 소셜 파티, 오픈 파티, 클럽 파티
추천 장소(베뉴) : 집, 바, 라운지, 카페, 학교

집들이 파티(Housewarming party)

새로 집을 얻거나 옮겼을 때 주변 친구들이나 이웃들을 초청해 친목을 다지는 파티입니다. 동서양 어떤 문화권이든 의식주를 중요하게 여기는 만큼 역사를 간직한 전통 있는 파티가 되겠죠! 한국에서는 보통 신혼이나 처음 집을 구입했을 때, 혹은 새로 독립해서 자신만의 집을 구했을 때에 집들이를 하는데 이것이 바로 집들이 파티입니다.

한국에서는 자신의 집에 외부인을 초청하는 문화가 아직 드문 만큼 가

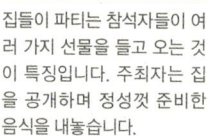

집들이 파티는 참석자들이 여러 가지 선물을 들고 오는 것이 특징입니다. 주최자는 집을 공개하며 정성껏 준비한 음식을 내놓습니다.

족이나 친지들을 초대해 즐기는 프라이빗Private이 일반적이지만 서구권에서는 새로운 환경에서 같이 부딪치게 될 사람들과의 인사나 유대 관계를 위해 오픈 파티로 주최해 이웃들과 시끌벅적하게 어울리기도 합니다. 보통 이사는 날씨가 좋은 봄과 가을에 많이 이루어지기 마련이죠. 날씨 좋은 날 이사를 마치고 주변 이웃들과 함께 파티를 즐겨보는 것은 어떨까요?

추천 콘텐츠 & 프로그램 : 음악(라운지, 클래식, 재즈, 팝, 댄스뮤직)
추천 스타일링 : 각종 데코레이션, 케이터링
추천 주류 : 샴페인과 스파클링 와인, 맥주, 아그와, 보드카, 데킬라, 예거마이스터, 칵테일, 펀치
인원 단위 : 프라이빗, 소셜 파티, 오픈 파티
추천 장소(베뉴) : 집, 모텔, 부티크 호텔, 레지던스, 파티 전문 공간, 펜션

졸업 파티(PROM)

한국에서는 졸업식 때 밀가루와 계란을 뿌리거나 교복을 찢는 등 다소 과격한 이벤트(?)가 유행하고 있습니다만, 미국에서는 평생 기념할 만한 졸업 파티를 엽니다. 바로 고등학교 졸업 파티인 프람PROM이지요. 프람이 열리기 전에 여학생들과 남학생들은 각자 파트너를 구하고, 드레스나 턱시도 차림으로 댄스파티 장소로 갑니다. 이 때 리무진을 타고 한껏 멋을 부리며 레드카펫을 밟아 입장하는 것이 일반적인 프람의 모습입니다. 파티를 빛낸 가장 아름다운 여성에게 메이퀸May Queen 혹은 프람 퀸Prom Queen이라는 영예를 줍니다. 남자도 프람 킹Prom King이라고 부르지만 별로 크게 의미를 두지는 않는 것 같습니다. 한국에서는 아직 프람이 활성화되어 있지 않지만 외국인 학교를 중심으로 매년 프람을 열고 있으며, 2006년 서울대 파티기획 동아

졸업파티는 학교 생활 중 가장 신나고 두근거리는 이벤트죠. 최근 들어 우리나라에서도 대학을 중심으로 졸업파티가 늘어나는 추세입니다.

리인 스크류바Screw Bar가 기획했던 졸업 파티를 시작으로 고려대학교 등 서울 지역 대학교에서는 졸업 파티가 점차 늘고 있습니다.

추천 콘텐츠 & 프로그램 : 음악(댄스뮤직), 라이브 공연(세션, 보컬), 디제이, 사회자
추천 스타일링 : 각종 데코레이션, 포토월, 배너와 물품, 케이터링
추천 주류 : 샴페인과 스파클링 와인, 맥주, 아그와, 보드카, 데킬라, 예거마이스터, 칵테일
인원 단위 : 프라이빗, 소셜 파티, 오픈 파티, 클럽 파티
추천 장소(베뉴) : 카페, 클럽, 연회장

베이비 샤워(출산 파티)

아이가 태어나기 전 건강한 출산을 기원하거나 아이가 태어난 것과 산모의 건강을 축하하는 자리로, 초대받은 여성들끼리 맛있는 음식(혹은 산모를 위한 건강식)을 먹으며 담소를 나누는 시간을 뜻합니다. 주로 미국이나 유럽권에서 열리던 파티입니다만, 한국에서도 점점 친한 지인들끼리 베이비 샤워를 즐기는 추세입니다.

베이비 샤워의 특징은 산모 및 아이를 생각해 간단한 출산용품, 유아용품 등을 건네주는 선물 공세Shower와 파티를 통해 서로 출산, 육아에 대한

베이비 샤워는 점차 늘어나는 추세입니다. 곧 아기를 낳을 여성을 위해 친구들이 긴장을 풀어주고 격려를 해줍니다. 임신부가 주인공이기 때문에 건강한 메뉴를 준비하는 게 좋습니다.

경험을 공유해 단순한 모임의 성격을 넘어 출산과 육아에 대한 지혜를 이어나간다는 점입니다.

추천 콘텐츠 & 프로그램 : 음악(라운지, 클래식, 재즈, 팝)
추천 스타일링 : 각종 데코레이션, 배너와 물품, 케이터링
추천 주류 : 샴페인과 스파클링 와인, 맥주, 펀치
인원 단위 : 프라이빗, 소셜 파티, 오픈 파티
추천 장소(베뉴) : 집, 모텔, 부티크 호텔, 레지던스, 파티 전문 공간, 펜션

돌잔치(baby first birthday)

아이의 첫 생일을 축하하는 자리입니다. 지금이야 의학이 많이 발전해서 첫 돌을 넘기지 못하고 사망하는 일이 거의 없습니다만, 불과 몇십 년 전까지만 하더라도 첫 돌을 넘기는 것은 가정의 큰 축복이자 기념이었습니다. 한국뿐 아니라 외국에서도 돌잔치는 'Baby First Birthday'라고 하여 아이의 첫 생일을 축하하는 동시에 앞으로도 건강하게 잘 자랄 수 있도록 축하하는 자리로, 그 성격이 동일합니다.

추천 콘텐츠 & 프로그램 : 음악(클래식, 라운지)

추천 스타일링 : 각종 데코레이션, 케이터링

추천 주류 : 일반 음료, 가벼운 샴페인

인원 단위 : 프라이빗, 소셜 파티

추천 장소(베뉴) : 집, 연회장

기획 & 목적형

1인 이상의 사람들이 모이기 위해서는 확고한 목적 즉 '거리'가 필요하게 됩니다. 대개 이러한 파티는 지인들 위주의 프라이빗 파티보다 불특정 다수를 겨냥한 오픈 파티로 콘셉트를 잡는 경우가 많습니다. 기획형 파티들은 서로 유대가 없는 사람들이 최대한 만족을 느껴야 하기 때문에 분위기 설정을 비롯한 철저한 사전 준비와 계획에 따라 진행하는 것이 일반적입니다. 또한 마케팅 방법으로서 파티의 효과를 확실하게 보여줄 수 있는 대표적인 이벤트인 만큼 여러 가지 프로그램이나 아이템, 데코레이션 등 오감을 만족시킬 수 있는 수많은 콘셉트를 찾아볼 수 있습니다. 만약 파티와 관련된 일을 직업으로 생각하고 계신 분들이라면 국내의 파티뿐 아니라 외국의 성공적인 기획 파티 사례들에 대해서도 공부를 하시면 좋은 결과를 얻으실 수 있습니다! 물론 가장 좋은 방법은 피부로 느껴보는 것이겠죠?

싱글 파티(Single Party, Single Nights)

말 그대로 커플이 아닌 싱글들끼리 모여서 친목과 우정(?)을 다지는 파티입니다. 결혼을 미루고 자신의 라이프 스타일이나 목표를 중시하는 싱글들이 점차 늘어나면서 싱글족만의 독특한 문화가 많이 생겨나고 있습니다. 특히 결혼을 하면 배우자나 배우자의 가족에서 파생된 인간관계가 늘어나는 데 비해 싱글라이프를 길게 유지할 경우 독수공방 하는 경우가 많습니다. 그래서 어쩌면 상대적으로 자신의 시간을 즐기면서도 최소한의 인간관계 유지를 위한 아이템으로 파티를 찾는 것이 아닐까 싶습니다!

싱글 파티는 싱글들 간의 친목과 우정을 돈독히 다지는 파티와 그 안에서 새로운 이성을 탐색하는 파티, 두 가지로 나눠볼 수 있습니다. 모든 것이 그렇듯 처음부터 '애인구함'이라는 목적을 전면에 내세우지는 않습니다만, 파티의 꽃은 사람인만큼 각자의 친구들을 파티에 초대해 서로 소개받는 과정에서 특별한 사이가 되기도 하겠죠. 싱글 파티이니 당연히 애인 있느냐는 질문은 할 필요 없겠고요.

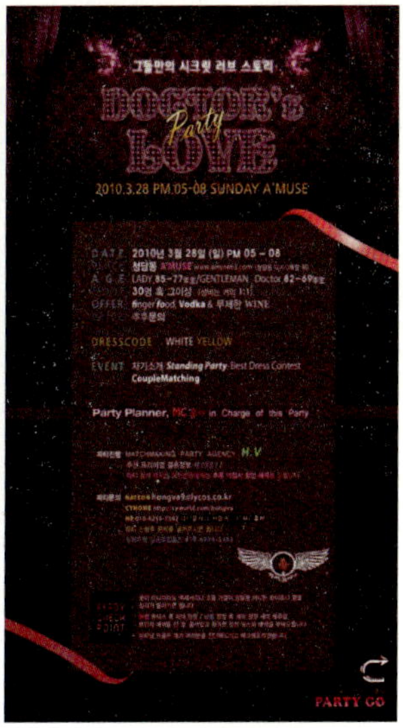

'1인 가정', '독신' 등의 말이 익숙하게 여겨질 만큼 인생을 즐기는 싱글이 많아지는 추세입니다. 싱글 파티는 참석자들끼리 서로를 소개받고 탐색하는 재미가 있죠. 파티 주최자는 혼자 온 사람도 소외되지 않도록 여러 가지 프로그램을 짜기도 합니다.

한국에서는 이러한 점을 마케팅으로 극대화시켜 친목보다는 결혼정보회사에서 여는 만남 주선 용도의 싱글 파티가 많습니다. 하지만 점차 친구들끼리 싱글 모임을 만들어 열댓 명 내외로 파티를 즐기는 문화가 늘어나고 있으니, 한번쯤 친구들끼리 소개팅이나 미팅이 아닌 싱글 파티를 주최해보는 것도 좋지 않을까요?

추천 콘텐츠 & 프로그램 : 음악(댄스뮤직, 라운지, 클래식, 재즈), 디제이, 사회자
추천 스타일링 : 각종 데코레이션, 포토월, 케이터링
추천 주류 : 샴페인과 스파클링 와인, 맥주, 아그와, 보드카, 예거마이스터, 칵테일, 펀치
인원 단위 : 프라이빗, 소셜 파티, 오픈 파티, 클럽 파티
추천 장소(베뉴) : 집, 바, 라운지, 카페, 학교, 모텔, 부티크 호텔, 레지던스, 파티 전문공간, 펜션

런칭 파티는 화려한 것이 특징입니다. 여러 사람들이 주목하도록 만드는 게 이 파티의 목적이죠. 아티스트들의 공연이나 런칭 쇼, 증정품 행사가 주요 프로그램입니다.

런칭 파티

어떠한 제품이나 브랜드, 서비스 등을 사람들에게 알리는 목적으로 여는 파티입니다. 이전에는 주로 기자들을 초대해 언론 홍보 차원에서 런칭 파티를 열었습니다. 그러다 보니 광고 대행사에서 맡아 진행하는 것들이 일반적이었죠. 하지만 지금은 대중적인 호기심이나 관심 그리고 참여로 홍보 효과를 극대화하기 위해 점차 클럽이나 라운지, 페스티벌 등을 통해 많은 사람들과 함께 즐길 수 있는 런칭 파티가 늘어나는 추세입니다.

추천 콘텐츠 & 프로그램 : 음악(댄스뮤직, 라운지, 클래식, 재즈), 라이브 공연(세션, 보컬), 디제이, 사회자

추천 스타일링 : 각종 데코레이션, 포토월, 배너와 물품, 케이터링
추천 주류 : 샴페인과 스파클링 와인, 맥주, 아그와, 보드카, 데킬라, 예거마이스터, 칵테일
인원 단위 : 프라이빗, 소셜 파티, 오픈 파티, 클럽 파티, 축제, 페스티벌
추천 장소(베뉴) : 바, 라운지, 카페, 클럽, 호텔 연회장, 파티 전문 공간, 펜션

처녀&총각 파티

어느 문화권에서나 결혼을 한다는 것은 매우 뜻깊은 일입니다. 옛날에는 성년의식을 치르는 것과 동시에 결혼식도 치렀지만, 요즘은 결혼보다 개인의 목표와 성장을 중요하게 여기는 분위기여서 결혼이 늦어지는 추세입니다. 결혼식은 평생을 함께하는 동반자를 맞이하는 중요한 자리인 만큼 결혼 일정이 잡히면서부터 가족과 친구들뿐 아니라 그동안 함께 알고 지내온 많은 사람에게 축하를 받고, 각종 파티에 참석하게 됩니다.

먼저 결혼식의 오프닝 이벤트인 처녀&총각 파티에 대해서 이야기를 해 보도록 하겠습니다. 각 시대나 문화상에 따라 결혼 전 총각 파티를 즐기는 풍습은 엇비슷하면서도 다른 모습을 보입니다. 가장 보편적인 처녀&총각 파티의 주제는 친구들을 위한 파티입니다. 우정을 배신(?)하고 결혼을 하는 친구를 용서할 수 없어 그 마지막 밤을 성대하게 보내는 것이라고 하네요. 물론 결혼과 함께 잃어버릴 것들을 채우는 약간의 이벤트와 함께 말이죠. 밤새도록 술을 마신다거나 유흥을 비롯한 성적인 예습을 한다거나 하는 것들이 대표적인 이벤트로 꼽힙니다. 마시고 죽자는 남자들과 달리 여자들은 친구들과의 유대감을 더 중시하는 성향이 있습니다. 물론 그 파티를 준비하는 친구들의 계획이 얼마나 훌륭한지에 따라 달라지겠지만요! 한국에서는 아직 이러한 파티 문화에 대해 호불호가 나뉘지만, 분명한 것은 친구들과 라운지를 빌리거나 클럽에 가서 건전하게 파티를 하는 분들이 많아지고 있다는 것입니다. 결혼식 날 축의금을 넣어주는 것도 좋지만, 정말 소중하고 오랜 친구라면 처녀&총각 파티를 화끈하게 준비해서 두고두고 남을 추

억거리를 선물해주는 것이 어떨까요?

추천 콘텐츠 & 프로그램 : 음악(댄스뮤직, 라운지), 라이브 공연(보컬)

추천 스타일링 : 각종 데코레이션, 포토월, 케이터링

추천 주류 : 샴페인과 스파클링 와인, 맥주, 아그와, 보드카, 데킬라, 예거마이스터, 칵테일

인원 단위 : 프라이빗, 소셜 파티, 오픈 파티, 클럽 파티

추천 장소(베뉴) : 집, 바, 라운지, 카페, 클럽, 모텔, 부티크 호텔, 레지던스, 파티 전문 공간, 펜션

애프터 파티

메인이 되는 공식행사 뒤에 편안한 분위기에서 참가자들 및 관련 지인들끼리 회포를 푸는 파티입니다. 쉽게 풀어 이야기하자면 뒤풀이, 쫑파티로 생각하시면 됩니다. 주로 간단한 칵테일 파티나 음악을 곁들인 댄스파티 형태로 열리는 경우가 많습니다. 한국에서서도 국제영화제, 패션쇼, 시상식, 공연 등의 문화적인 대규모 행사들이 많아지면서 다양한 스타일의 애프터 파티가 생기고 있습니다. 규모가 큰 행사들의 경우 애프터 파티가 한곳에서 이뤄지는 것이 아니라 서로 다른 장소에서 브랜드들의 협찬을 받아 독립적으로 진행되기도 합니다. 한국이 아시아 시장에서 점차 중요한 위상을 차지하면서 할리우드 스타나 세계적인 아티스트들이 내한해 애프터 파티에 참여하는 경우가 많으니 관심 있으신 분들은 파티 정보를 조사해 멋지게 참여해 보세요!

한 영화제의 애프터 파티

애프터 파티에는 공식 행사에 참여했던 셀러브리티나 관계자들이 참석해 자리를 빛내주는 경우가 많습니다.

추천 콘텐츠 & 프로그램 : 음악(댄스뮤직, 라운지), 라이브 공연(보컬), 디제이, 사회자

추천 스타일링 : 각종 데코레이션, 포토월, 배너와 물품, 케이터링

추천주류 : 샴페인과 스파클링 와인, 맥주, 아그와, 보드카, 데킬라, 예거마이스터, 칵테일, 펀치

인원단위 : 프라이빗, 소셜 파티, 오픈 파티, 클럽 파티

추천 장소(베뉴) : 바, 라운지, 카페, 클럽, 호텔 연회장, 펜션

댄스파티

클럽이나 대학교 축제, 각종 페스티벌에서 디제이 혹은 밴드들이 참가해 음악을 듣고 즐기는 것을 댄스파티라고 합니다. 많은 사람들이 함께 음악을 듣고 이야기를 나누거나 춤을 추면서 놀 수 있기에 부담 없이 파티 분위기를 즐기는 것이 가능합니다. 외국에서는 춤을 잘 추거나 못 추는 것 상관없이 음악과 분위기를 즐긴다는 문화가 널리 퍼져 있지만, 한국에서는 '춤을 못 추는데 내가 과연 춰도 되는 것인가?'라고 생각하시는 분들이 많습니다. 춤을 '팝핀 현준'이나 아이돌 그룹처럼 음악에 딱딱 맞춰서 잘 출 필요는 없습니다. 신나는 음악이 나올 때 멍 때리면서 가만히 있는 것보다는 어떻게든 움직이면서 놀다보면 그게 바로 댄스파티를 제대로 즐기는 것이니까요. 자신감을 가지고 춤을 추세요!

클럽 문화가 퍼지면서 한국 사람들도 점점 춤에 접근하기 쉬워졌습니다. 눈치 보지 않고 마음껏 몸을 움직이는 것이 댄스파티를 즐기는 방법이죠.

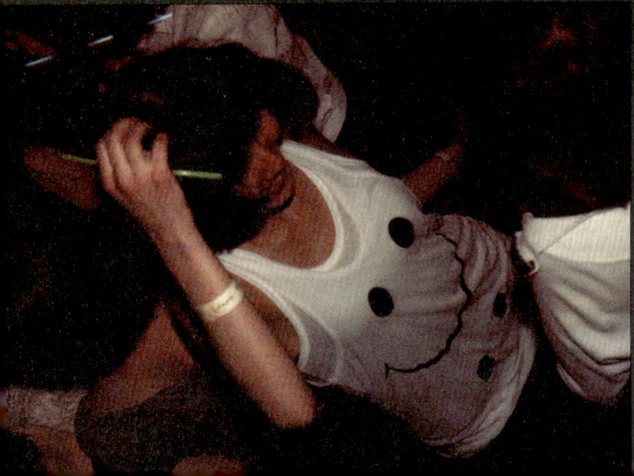

추천 콘텐츠 & 프로그램 : 음악(댄스뮤직), 라이브 공연(세션, 보컬), 디제이, 사회자

추천 스타일링 : 각종 데코레이션, 포토월, 배너와 물품, 케이터링

추천 주류 : 샴페인과 스파클링 와인, 맥주, 아그와, 보드카, 데킬라, 예거마이스터, 칵테일, 펀치

인원 단위 : 프라이빗, 소셜 파티, 오픈 파티, 클럽 파티, 축제, 페스티벌

추천 장소(베뉴) : 집, 바, 라운지, 카페, 클럽, 감성 주점, 학교, 펜션

디제이 파티

최근 몇 년 사이 가장 대중적으로 알려진 파티입니다. 강남의 대형클럽들을 시작으로 점차 퍼진 디제이 파티는 현재 전국 대학교들의 축제 및 개강·졸업 파티를 비롯해 지역 축제, 쇼케이스, 오픈 파티 등 공식적인 성격의 파티에서도 인기를 끌고 있습니다. 이와 같은 폭 넓은 관심에 힘입어 2012년에는 세계 최대의 디제이 페스티벌인 울트라 뮤직 페스티벌Ultra Music Festival이 서울 잠실구장에서 개최되었고, 디제이를 넘어 세계적인 팝스타로서 자리를 잡은 데이비드 게타David Guetta가 내한한 글로벌 게더링Global Gathering 페스티벌 역시 용인 캐리비안 베이에서 화려하게 치러졌습니다. 글로벌 게더링은 영국의 유명한 디제이 페스티벌인 만큼 디제이 문화는 파티 문화와 함께 발전하고 있음을 확인할 수 있지요.

디제이 파티는 댄스파티의 일종이지만 단순하게 음악만 틀어놓고 즐기는 것이 아닌 파티의 모든 요소들을 한데 모아서 즐길 수 있는 파티의 종합선물세트 버전입니다.

옛날에는 디제이라고 하면 나이트 클럽을 떠올리거나 기계음 같은 음악을 틀어준다는 어려운 이미지를 가지고 있었습니다. 하지만 복고 트렌드와 함께 세계적으로 대중적인 인기를 끌고 있는 팝일렉트로닉 뮤직을 콘셉트

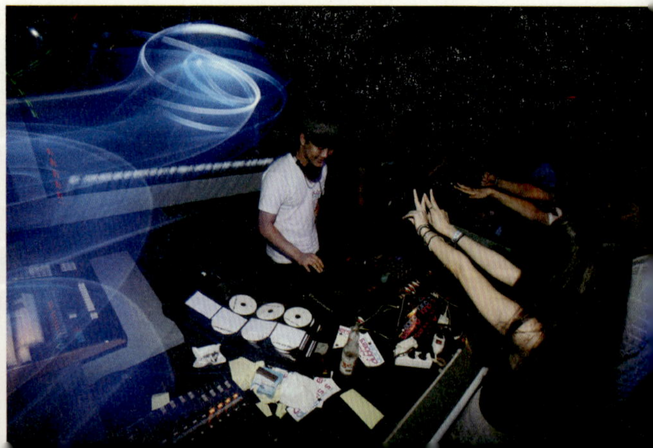

로 한 8090 스타일의 주점 '밤과 음악사이'는 '감성 주점'이라는 프랜차이즈 아이템을 만들어 내기도 했습니다. 디제이 문화가 더 이상 낯선 것이 아닌, 문화적 코드가 된 것이죠!

그렇다면 디제이 파티를 준비하려면 전문 디제이를 불러서 우주선 조종실 같은 장비와 집안이 날아갈 듯한 스피커를 설치해야 하는 것일까요? 디제이는 말 그대로 분위기에 맞는 음악을 틀어주는 역할을 하는 사람입니다. 주최자 자신이나 파티에 참가하는 사람들이 스마트폰이나 usb에 음악을 담아 와서 작은 스피커로 들으며 즐겨도 역시 훌륭한 디제이 파티이죠. 디제이 파티의 베이스는 음악인 만큼 '그 음악을 듣고 참가자들이 파티를 즐겁게 즐길 수 있는 것인가?'가 중요합니다. 여러분도 음악을 준비해서 파티의 디제이로 활약해 보세요!

추천 콘텐츠 & 프로그램 : 음악(댄스뮤직), 디제이
추천 스타일링 : 각종 데코레이션, 포토월, 배너와 물품, 케이터링
추천 주류 : 샴페인과 스파클링 와인, 맥주, 아그와, 보드카, 데킬라, 예거마이스터, 칵테일, 펀치
인원 단위 : 프라이빗, 소셜 파티, 오픈 파티, 클럽 파티, 축제, 페스티벌
추천 장소(베뉴) : 집, 바, 라운지, 카페, 클럽, 감성 주점, 학교, 모텔, 부티크 호텔, 레지던스, 파티 전문 공간, 펜션
참고 음악 & 영상 : LMFAO – Sorry For Party Rockin,
Chuckie & LMFAO – Let The Bass Kick in Miami Bitch,
슈프림팀Supreme Team – Supermagic, 크레용팝 Crayon POP – Saturday Night
2PM – Put Your Hands Up
카스 cf – 청춘문화 답사기 #07(클럽편)

풀 파티

말 그대로 수영장에서 음악이나 간단한 칵테일이나 샴페인, 맥주 등을 마시며 노는 파티를 말합니다. 주로 집에 수영장이 딸려 있는 곳이 많은 미국의 서부지역을 중심으로 발달한 파티입니다. 풀 파티는 쉽게 접할 수 있

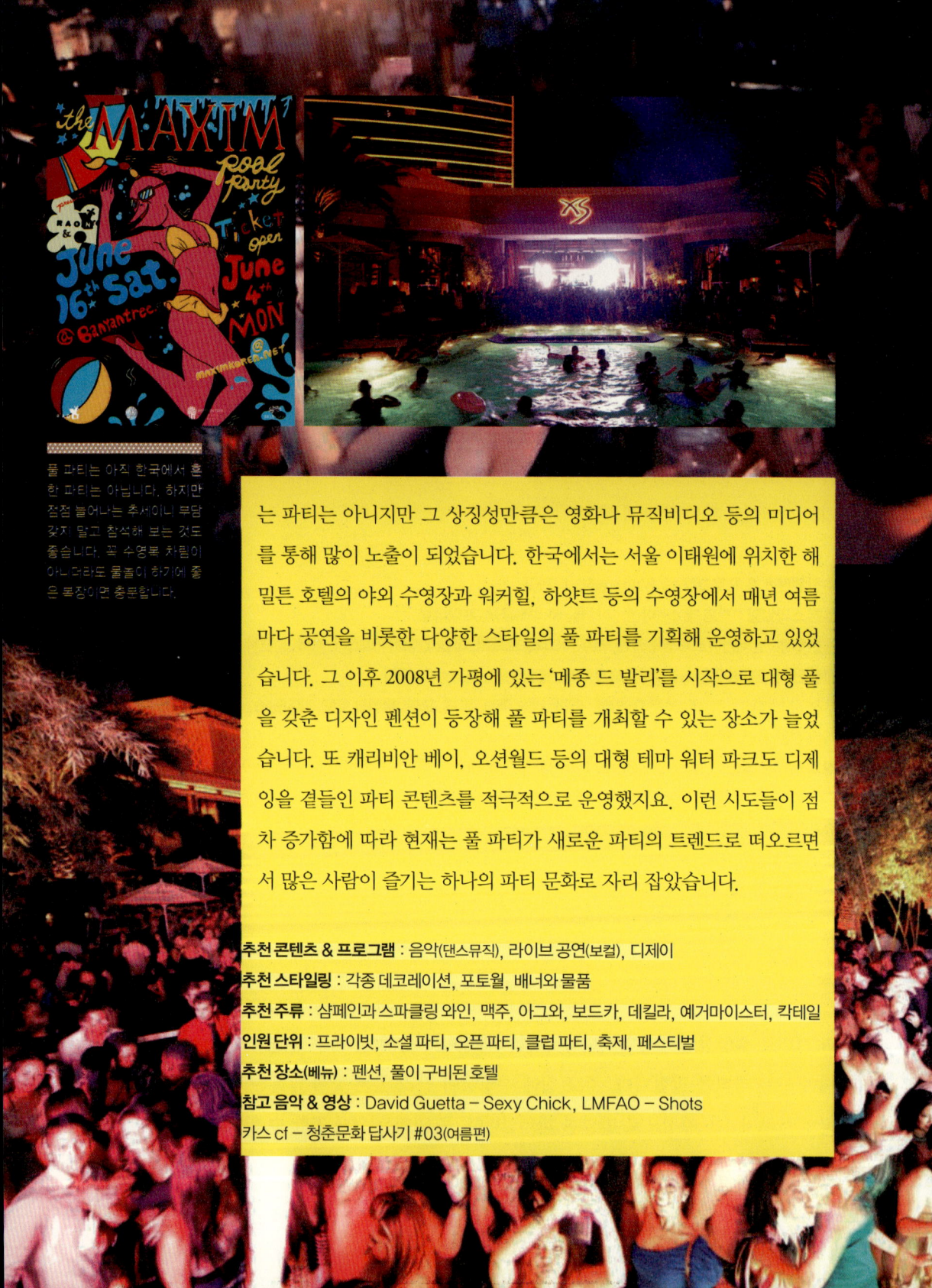

풀 파티는 아직 한국에서 흔한 파티는 아닙니다. 하지만 점점 늘어나는 추세이니 부담 갖지 말고 참석해 보는 것도 좋습니다. 꼭 수영복 차림이 아니더라도 물놀이 하기에 좋은 복장이면 충분합니다.

는 파티는 아니지만 그 상징성만큼은 영화나 뮤직비디오 등의 미디어를 통해 많이 노출이 되었습니다. 한국에서는 서울 이태원에 위치한 해밀튼 호텔의 야외 수영장과 워커힐, 하얏트 등의 수영장에서 매년 여름마다 공연을 비롯한 다양한 스타일의 풀 파티를 기획해 운영하고 있었습니다. 그 이후 2008년 가평에 있는 '메종 드 발리'를 시작으로 대형 풀을 갖춘 디자인 펜션이 등장해 풀 파티를 개최할 수 있는 장소가 늘었습니다. 또 캐리비안 베이, 오션월드 등의 대형 테마 워터 파크도 디제잉을 곁들인 파티 콘텐츠를 적극적으로 운영했지요. 이런 시도들이 점차 증가함에 따라 현재는 풀 파티가 새로운 파티의 트렌드로 떠오르면서 많은 사람이 즐기는 하나의 파티 문화로 자리 잡았습니다.

추천 콘텐츠 & 프로그램 : 음악(댄스뮤직), 라이브 공연(보컬), 디제이

추천 스타일링 : 각종 데코레이션, 포토월, 배너와 물품

추천 주류 : 샴페인과 스파클링 와인, 맥주, 아그와, 보드카, 데킬라, 예거마이스터, 칵테일

인원 단위 : 프라이빗, 소셜 파티, 오픈 파티, 클럽 파티, 축제, 페스티벌

추천 장소(베뉴) : 펜션, 풀이 구비된 호텔

참고 음악 & 영상 : David Guetta – Sexy Chick, LMFAO – Shots

카스 cf – 청춘문화 답사기 #03(여름편)

자선 모금 파티

파티를 통해 참가자들 간에 공감대를 형성하고 어려운 단체, 지역 등을 지원하기 위한 기금을 모으거나 도움을 끌어내는 것을 위한 파티입니다. 한국에서는 아직 생소하지만 서구권에서는 많은 파티가 이러한 방식으로 이루어지고 있으며 사회적 책임을 다하는 노블레스 오블리주의 대표적 활동 중 하나입니다. 최근 자선단체를 벗어나 사회활동의 하나로 인터넷 커뮤니티나 동아리에서 바자회를 열고 수익금을 기부하는 형식의 파티를 주최하고 있어 많은 관심을 끌고 있습니다.

파티를 즐기는 것도 좋지만 자선 모금 파티 같은 뜻깊은 자리에 참석해 보는 건 어떨까요?
주제가 뚜렷한 파티에서는 비슷한 성향의 사람을 만날 기회도 자연스럽게 생깁니다.

추천 콘텐츠 & 프로그램 : 음악(클래식, 재즈), 라이브 공연(세션, 보컬), 디제이, 사회자
추천 스타일링 : 각종 데코레이션, 포토월, 배너와 물품, 케이터링
추천 주류 : 샴페인과 스파클링 와인, 맥주, 보드카, 칵테일, 펀치
인원 단위 : 프라이빗, 소셜 파티,
추천 장소(베뉴) : 집, 바, 라운지, 카페, 클럽, 학교, 호텔 연회장

기업 파티

기업의 대외적인 공식 행사들을 총괄하여 지칭합니다. 세부적인 부분을 나누자면 취임식, 사옥 이전 개점, 지점 오픈, 창립 기념, 목표 달성, 서비스 성공 런칭 등으로 볼 수 있습니다. 공식적인 성격을 띠는 파티가 많기 때문에 대부분 호텔이나 특정 연회장을 빌려서 주최하는 경우가 많지만, 자체 사옥에서 조촐하게 진행하기도 합니다.

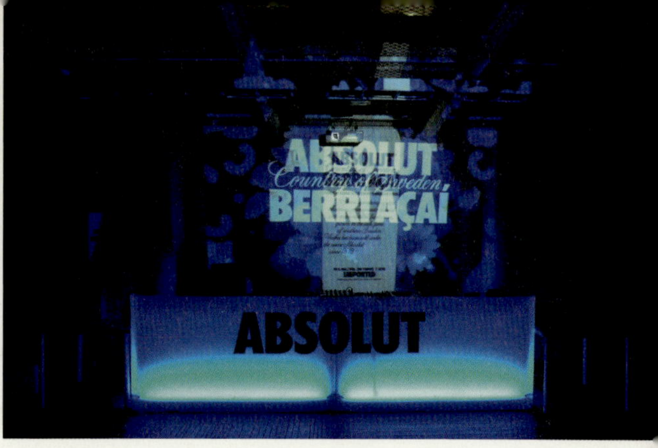

기업 파티는 주로 행사의 프로그램들이 정해져 있고 격식에 맞는 정찬 파티로 이루어집니다.

추천 콘텐츠 & 프로그램 : 음악(클래식, 재즈), 라이브 공연(세션, 보컬), 디제이, 사회자

추천 스타일링 : 각종 데코레이션, 포토월, 배너와 물품, 케이터링

추천 주류 : 샴페인과 스파클링 와인, 맥주, 보드카, 칵테일, 펀치

인원 단위 : 프라이빗, 소셜 파티,

추천 장소(베뉴) : 바, 라운지, 카페, 클럽, 호텔 연회장, 사옥 등

드레스 코드

파티하면 역시 예쁘고 화려한 옷을 빼놓을 수가 없습니다. 파티의 목적 중 하나는 일상을 벗어나 세상의 주인공이 되는 화려한 일탈입니다! 파티에서 특정한 드레스 코드 즉, 옷을 입고 오는 스타일을 지정하는 것도 참가자들 간의 연대감과 격식을 중시함과 동시에 평소 스타일보다 과감한 스타일에 도전을 하게 하는 목적 또한 있습니다. 친구들끼리 여는 작은 파티라면 드레스 코드를 반드시 지키지 않아도 괜찮습니다만, 격식을 따지는 파티에서는 이브닝 드레스나 턱시도, 혹은 수트 등으로 드레스 코드가 엄격하게 정해져 있는 경우가 많습니다. 쉽게 이야기하자면 TV에서 보는 연말 시상식이나 제작발표회에 참석하는 배우들이 옷을 그럴듯하게 빼입고 가는 것을 생각하시면 됩니다. 참석하는 자신을 돋보이게 하려는 목적도 있지만 참석하는 행사에 대한 존중을 담아 옷을 입고 가는 것이죠.

코스튬 파티

평소에 잘 입지 못했던 동화나 영화 속 캐릭터 의상, 특정 직업의 의상 등을 입고서 파티를 즐기는 것을 말합니다. 한때 한국에서 가장 유명했던 코스튬 파티는 2000년대 초반에 영화 〈엽기적인 그녀〉 속 장면을 따라 한 '나이트에 교복 입고 가기'입니다. 외국에서도 하이스쿨룩 같은 파티가 있는 만큼 옷으로 분위기를 내보는 것 역시 전 세계 공통입니다! 뭐니 뭐니 해도 코스튬으로 눈치 안 보고 가장 기분 낼 수 있는 파티는 할로윈 파티입니다. 할로윈 데이는 앞에서도 다뤘지만 코스튬이 가능한 날로, 예전엔 호박귀신이나 드라큘라, 스크림 가면 같은 악마 분장이 많았다면 최근에는 자신의 개성을 한껏 나타낼 수 있는 코스튬을 선호합니다. 또한 예전에는 파티 의상을 대여하는 시장이 작아 의상을 구하는 어려움이 있었지만 파티 문화가 점차 퍼지자 대여 업체를 찾는 사람들이 많아지고, 업체가 늘어 코스튬 파티를 즐기는 것도 어렵지 않습니다!

코스튬 파티는 참석자들의 코스튬을 보는 것 자체부터가 하나의 프로그램입니다. 여기에 디제잉, 포토월 등 특색에 맞는 콘텐츠를 짜는 것이 파티를 풍성하게 해줍니다.

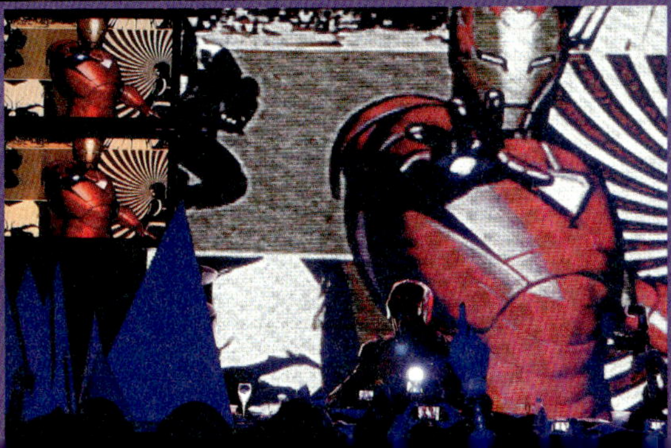

추천 콘텐츠 & 프로그램 : 음악(댄스뮤직), 디제이, 사회자

추천 스타일링 : 각종 데코레이션, 포토월, 배너와 물품(스폰서)

추천주류 : 샴페인과 스파클링 와인, 맥주, 아그와, 보드카, 데킬라, 예거마이스터, 칵테일, 펀치

인원 단위 : 프라이빗, 소셜 파티, 오픈 파티, 클럽 파티, 축제, 페스티벌

추천 장소(베뉴) : 집, 바, 라운지, 카페, 클럽, 모텔, 부티크 호텔, 레지던스, 파티 전문 공간, 펜션

파자마 파티

파자마 파티는 친구들과 즐기는 프라이빗 파티의 끝판왕이라고 부를 수 있는 파티입니다! 단어가 연상시키는 것처럼 잘 때 입는 옷인 파자마를 입고 친구들과 담소를 나누는 파티이지만, 친구들과 있는데 이야기로 밤을 지새우는 것은 뭔가 부족하겠죠? 남자들은 대체로 축구 경기를 보거나 게임을 함께하며 즐기는 경우가 많고, 여자들은 진실게임을 하거나 영화나 드라마를 함께 보며 즐기는 경우가 많습니다. 최근에는 펜션이나 부티크 호텔, 레지던스, 게스트하우스 등이 많이 생겨나면서 꼭 동성 친구가 아니어도 연인이나 혹은 친한 이성 친구들끼리 밤늦게까지 당구를 치거나 보드게임을 하고, 추억의 베개 싸움도 즐긴다고 합니다. 파자마 파티를 할 때 주의할 점은 밤늦게 이루어지는 파티인 만큼 흥에 겨워 파티가 소란이 되지 않도록 하는 것입니다. 외국에서는 밤늦게 파티를 하게 될 경우 이웃들에게 미리 양해의 부탁을 하지만 한국에서는 아직 파티 문화에 대해 인식이 좁아 자칫하면 민원신고를 받을 수 있습니다. 따라서 파자마 파티를 한다면 주변에 피해를 주지 않는 선을 지키는 것이 서로를 위해서 좋겠죠? 물론 사전에 양해를 받아 해결할 수 있다면 그 편이 제일 좋습니다!

추천 콘텐츠 & 프로그램 : 간단한 게임

추천 스타일링 : 간단한 데코레이션

추천 주류 : 샴페인과 스파클링 와인, 맥주, 아그와, 펀치

인원 단위 : 프라이빗

추천 장소(베뉴) : 집, 모텔, 부티크 호텔, 레지던스, 파티 전문 공간, 펜션

란제리 파티

여성용 속옷을 지칭하는 단어인 '란제리'는 말 그대로 속옷만 입고 참여를 하는 파티를 뜻합니다. 그만큼 섹슈얼한 느낌이 강한 파티이기 때문에 불특정 다수를 위한 파티는 아닙니다. 대개 게스트 리스트에 존재하는 한정된 사람들만 참석이 가능하고 파자마 안에 속옷을 착용하고 참석하는 것이 보통입니다. 한국에서는 문화적 성격상 주최의 어려움을 겪는 파티죠.

추천 콘텐츠 & 프로그램 : 간단한 게임
추천 스타일링 : 간단한 데코레이션
추천 주류 : 샴페인과 스파클링 와인, 맥주, 아그와, 펀치
인원 단위 : 프라이빗
추천 장소(베뉴) : 집, 모텔, 부티크 호텔, 레지던스, 파티 전문 공간, 펜션

최초의 란제리 파티는 여성 속옷을 생산하는 회사들이 프로모션 차원에서 지원하며 시작됐습니다. 현재 모델들이나 전문 직종 종사자들에게 점차 유행처럼 번져 분위기를 내는 핫한 파티 중 하나로 자리매김했습니다.

파티플래너를 필요로 하는 곳

최근 파티에 대한 관심도가 높아지면서 파티플래닝에 도전하시는 분들이 많습니다. 전문적인 학원이나 커리큘럼 과정이 많아졌지만 막상 파티플래너로 사회에 첫발을 내딛는 것은 다소 버거운 것이 사실입니다. 그렇다면 파티플래너로서 성공적인 커리어를 쌓으려면 어떻게 해야 할까요? 한국에서는 아직 파티 전문 회사보다는 때에 따라 파티를 주최하거나 형식을 빌려서 치르는 경우가 많기 때문에 기존의 전문 업체에서 커리어를 쌓으며 파티에 관련된 기획을 함께 하는 것이 좋습니다.

레스토랑, 바, 라운지

최근 개인적인 취향을 중시하는 사회적 분위기가 퍼지면서 독특한 스타일을 추구하는 라운지나 레스토랑, 바 등이 늘어나는 추세입니다. 하지만 주말이나 저녁 시간을 제외하면 업장이 항상 붐비는 것은 아니기 때문에 여유로운 시간을 활용하는 방안으로 파티를 기획하거나 파티를 유치함으로

아직 한국은 드물지만 외국에서는 매니저가 단골들을 관리하면서 지역에서의 커뮤니티를 형성하고 파티를 통해 업장의 분위기를 연출하는 것이 일반적입니다.

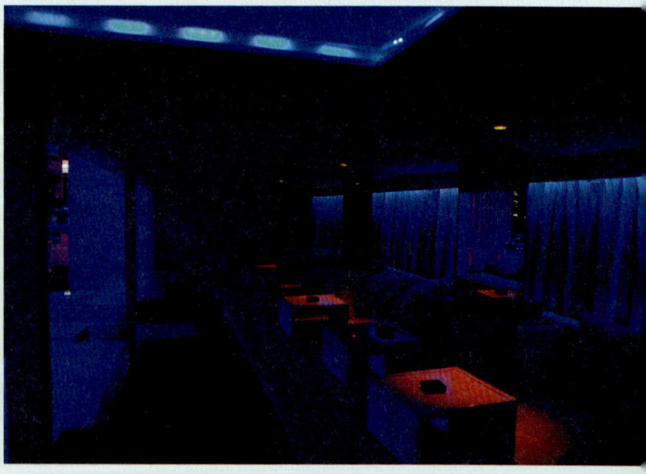

써 업장의 가치를 높일 수 있습니다.

결혼 정보 회사 & 웨딩플래너

파티는 특정한 날을 기념하기도 하며 낯선 사람들을 서로 소개시켜 주거나 자연스럽게 이야기를 나누기에 좋습니다. 앞서 말했듯이 결혼 정보 회사들에서 기존의 딱딱한 형식의 미팅이나 소개팅 대신 파티 형식의 싱글 모임을 주최하는 것도 이런 이유지요. 이러한 파티 문화를 전격적으로 도입한 선두주자로는 '클럽프랜즈'가 있습니다. 이어서 최근 각광받는 직업 중 하나인 웨딩플래너 역시 파티 준비와 다소 겹치는 부분이 있어 많은 분들이 파티플래너를 준비하며 더불어 도전하는 경우가 많습니다. 또한 결혼식을 치르며 처녀&총각 파티, 식후 애프터 파티 등을 원하는 고객들 역시 점차 늘어나면서 파티플래닝에 대한 요구 역시 늘어나는 추세입니다.

이벤트 기획사

파티에 관한 이해력이 가장 높은 업종이라고 생각합니다. 이벤트 대행 역시 파티와 일맥상통하는 부분이 많고, 클라이언트의 니즈Needs를 정확히

이벤트 기획사는 각종 공연이나 쇼를 기획하고 대행하는 업체입니다. 파티플래닝과 비슷한 면이 많은 만큼 좋은 경험이 될 것입니다.

파악하고 이벤트를 준비하는 과정이 파티플래닝을 하는 데 많은 도움이 되리라 생각합니다. 또한 이벤트 기획사 역시 파티 형식의 이벤트를 요구하는 클라이언트가 늘면서 관련 인력을 필요로 하므로 회사와 개인의 성장에 모두 Win-Win 할 수 있는 좋은 만남이 될 것입니다.

광고&홍보대행사

최근 들어 외국계 기업들이 한국에 직접 진출하고 트렌드를 중시하는 패션, 자동차, 주류 등의 브랜드 프로모션이 증가함에 따라 직접적으로 제품이나 브랜드의 홍보를 위한 파티를 주최하는 케이스가 증가하고 있습니다. 이를 수행하는 대행사에서는 이전에는 자체적으로 주최를 했었던 경우가 많았습니다만 점차 시장이 커지고 대중과의 눈높이를 맞추기 위한 프로모션의 필요성이 증가함에 따라 최근에는 이벤트 기획사나 프리랜서 파티플래너들과 협업하는 추세입니다. 파티플래닝뿐 아니라 마케팅, 기획 등에 관련된 지식이 더해져야 하기 때문에 일은 고되지만 자신의 힘으로 많은 부분들을 파악하며 진행하므로 커리어뿐 아니라 사회적 인맥 형성이나 업계의 동향 파악 등 많은 부분에서 도움이 됩니다.

파티를 직업으로 하려면?

현재 여러 종류의 전문 직업학교와 파티 관련 과정들이 존재하지만 대부분 푸드 스타일링, 케이터링, 데코레이션 등의 커리큘럼들로 이루어진 것들이 많아 기획만을 전문적으로 하는 파티플래너를 생각하는 분들에게는 다소 맞지 않는 부분이 많습니다. 파티만을 의뢰하는 것에 대한 대중적 인식이 널리 퍼지지 않았고, 또한 파티를 주최하고자 하는 사람들 역시 파티플래너, 혹은 파티플래닝 회사의 연결고리를 찾는 게 쉽지 않거나, 막상 찾는다 해도 수임료가 적게 나오는 소규모 파티보다는 대형 이벤트 위주를 선호하는 업체가 많아 소비자와의 거리감이 있었습니다.

따라서 현재 한국의 실정에서는 위에서 다룬 것과 마찬가지로 파티 자체만을 기획하는 것으로 파티플래너라는 직업을 유지하기는 쉽지 않은 것이 사실입니다. 하지만 분명 파티를 즐기는 인구가 점차 늘어나고 개인의 라이프 스타일을 중요시하는 사회적 분위기가 지속된다면 분명 직업으로서 파티플래너의 비전은 밝다고 이야기할 수 있습니다.

모든 사회생활의 시작은 직접 몸으로 부딪혀서 느끼는 것인 만큼 머리로 생각만 하는 것보다 일단 주변 지인들을 모아 가능한 선에서 파티를 주최해 보세요! 생각지도 못했던 많은 경험들이 파티의 이미지를 더 강화시켜 주거나 깨트릴 수도 있습니다. 하지만 어쨌든 점차 구체적인 이미지로 변하는 것들이 당신의 꿈에 더 다가가게 해줄 것이라 확신합니다. 또한 파티가 회를 거듭할수록 참가한 사람들이 당신의 든든한 지지자가 되어줍니다.

파티의 기초적인 부분들을 습득하고 파티플래너로서 발돋움하는 것도 중요하지만 파티의 본질적인 부분은 역시 '사람'이기 때문에 진짜 '파티'를 주최하고 싶다면 파티를 필요로 하는 사람들에게 자신이 파티를 주최하고 있다는 것을 알려야 합니다. 동시에 파티를 필요로 하는 미래의 클라이언트들에게 파티의 실질적인 효과에 대해 설명할 수 있는, 특색 있는 파티를 만드시길 바랍니다!

CHAPTER 02

START THE PARTY

파티의 밑그림을 그려라!

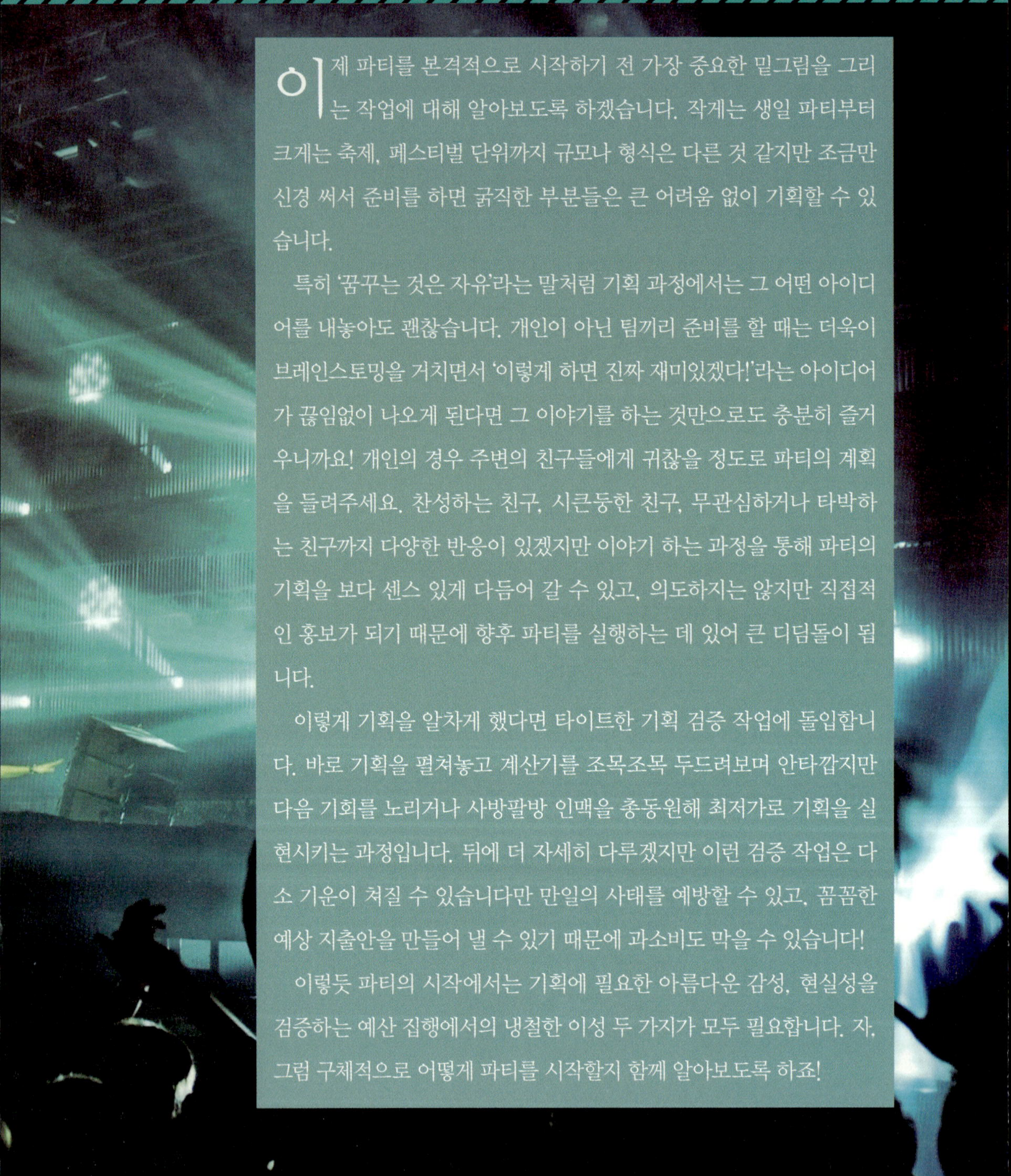

이제 파티를 본격적으로 시작하기 전 가장 중요한 밑그림을 그리는 작업에 대해 알아보도록 하겠습니다. 작게는 생일 파티부터 크게는 축제, 페스티벌 단위까지 규모나 형식은 다른 것 같지만 조금만 신경 써서 준비를 하면 굵직한 부분들은 큰 어려움 없이 기획할 수 있습니다.

특히 '꿈꾸는 것은 자유'라는 말처럼 기획 과정에서는 그 어떤 아이디어를 내놓아도 괜찮습니다. 개인이 아닌 팀끼리 준비를 할 때는 더욱이 브레인스토밍을 거치면서 '이렇게 하면 진짜 재미있겠다!'라는 아이디어가 끊임없이 나오게 된다면 그 이야기를 하는 것만으로도 충분히 즐거우니까요! 개인의 경우 주변의 친구들에게 귀찮을 정도로 파티의 계획을 들려주세요. 찬성하는 친구, 시큰둥한 친구, 무관심하거나 타박하는 친구까지 다양한 반응이 있겠지만 이야기 하는 과정을 통해 파티의 기획을 보다 센스 있게 다듬어 갈 수 있고, 의도하지는 않지만 직접적인 홍보가 되기 때문에 향후 파티를 실행하는 데 있어 큰 디딤돌이 됩니다.

이렇게 기획을 알차게 했다면 타이트한 기획 검증 작업에 돌입합니다. 바로 기획을 펼쳐놓고 계산기를 조목조목 두드려보며 안타깝지만 다음 기회를 노리거나 사방팔방 인맥을 총동원해 최저가로 기획을 실현시키는 과정입니다. 뒤에 더 자세히 다루겠지만 이런 검증 작업은 다소 기운이 쳐질 수 있습니다만 만일의 사태를 예방할 수 있고, 꼼꼼한 예상 지출안을 만들어 낼 수 있기 때문에 과소비도 막을 수 있습니다!

이렇듯 파티의 시작에서는 기획에 필요한 아름다운 감성, 현실성을 검증하는 예산 집행에서의 냉철한 이성 두 가지가 모두 필요합니다. 자, 그럼 구체적으로 어떻게 파티를 시작할지 함께 알아보도록 하죠!

기획 · 주제 잡기

파티를 시작하기 전 먼저 어떤 파티를 하고 싶은지에 대해서 정확한 콘셉트 목표를 정하는 것이 필요합니다. 막연하게 '오랜만에 친구들을 보자!'에서 '오랜만에 보는 친구들'과 함께 '언제', '어디에서', '무엇을', '어떻게' 할 것인지에 대한 접근이 필요한 것이죠. 물론 대상 역시 '오랜만에 보는 친구들'이 아니라 '같은 직장 동료'가 될 수도 있고, '친한 친구들'이 될 수도 있는 것이죠! 그리고 마지막으로 '왜' 같은 경우가 바로 우리가 파티를 위해 설정하는 거리가 되겠습니다.

곰곰이 보면 위의 챕터 1에서 파티를 공부했던 것들이 떠오르실 겁니다.

Who '누가' = 파티에 참여하는 사람들
When '언제' = 파티의 날짜
Where '어디서' = 파티의 장소 (베뉴)
What '무엇을' = 파티, 파티의 콘텐츠, 프로그램
How '어떻게' = 파티의 기획, 홍보, 진행
Why '왜' = 파티의 거리

이제 다시 감이 잡히시나요?

앞에서는 파티의 종류를 통해 속성으로 이해를 했다면 이번 챕터는 여러분의 파티를 만들기 위한 준비 과정의 시작점입니다. 글씨만 봐도 엄청나게 많고 이걸 어떻게 다 공부해서 파티를 하지라고 생각하시는 분도 있습니다. 하지만 앞서 말씀드렸던 것처럼 축제, 페스티벌 단위까지 준비할 수 있도록 구성이 돼 있기 때문에 쭉 훑어보면서 상황에 따라 필요한 부분들에 대해 뷔페에서 먹고 싶은 음식 고르듯이 쏙쏙 골라 보아도 무방합니다. 물론 꼭 당장 필요하지 않더라도 여러 가지 부분들을 공부해 파악하고 있으면 파티의 기획을 짜는 데 있어서 큰 도움이 되니 꼭 나중에라도 챙겨서 보도록 하세요!

진행 플랜·사전 조사

대충 파티의 윤곽이 잡혔다면 보다 세부적으로 파티를 어떻게 구성을 해서 진행할지에 관한 사전 조사 과정이 필요합니다.

그림을 그릴 때 대강의 레이아웃을 잡아놓고 선을 조금씩 다듬어 가는 과정이라고 생각하시면 됩니다. 이 과정에서는 '최종으로 이렇게 하자!'라고 정해놓는 것보다 여러 의견들을 종합해 보다 즐겁게 파티를 만들 수 있는 '슈퍼 울트라 아이디어'가 나올 수 있도록 함께 머리를 싸매는 것이 필요합니다. 책에서 제가 여러분들께 조언을 해드릴 수 있는 부분은 가장 일반적이면서 많은 분들이 처음 파티를 시작했을 때 시행착오를 겪지 않고 갈 수 있는 안전한 방법이지 '슈퍼 울트라 아이디어'가 아니기 때문입니다. 또한 아무리 좋은 아이디어가 있더라도 타인, 타 집단의 아이디어로 파티를 즐기는 것보다 비록 어설프더라도 파티를 준비하는 구성원들끼리 함께 머리를 싸매서 만든 것이 나중엔 더 즐겁고 추억을 만들어 줄 수 있는 파티가 됩니다. 자신감을 가지세요!

콘텐츠, 프로그램(음악 및 공연)

넓은 의미로 보면 파티를 진행하는 데 꼭 시끌벅적한 분위기가 필요한 것만은 아닙니다. 하지만 즐겁고 신나는 파티는 당연히 소란스러워질 수밖에 없겠죠? 그만큼 파티에서의 침묵과 엄숙함은 서로 어울리지 않습니다. 그런 이유로 파티 주최자는 파티에서 서로가 어떻게 하면 웃고 즐길 수 있을

까에 대해 철저한 준비를 해야 합니다. 처음에는 물론 이해가 잘 안 가는 것이 당연하다고 생각합니다. 그래서 대표적으로 많은 분들이 어렵지 않게 준비하고 즐길 수 있는 것들로 설명을 하겠습니다. 물론 꼭 이 챕터에서 다루는 것들 외에도 좋은 아이디어가 떠오른다면 부딪쳐보세요! 거창하지 않아도 함께 모인 사람들끼리 즐거운 시간을 보내는 것이 제일이니까요!

음악

인류의 문명이 시작된 이래 시대를 막론하고 부족, 마을 단위를 비롯해 크

파티뿐 아니라 이벤트 및 공식 행사 등에서 구성된 프로그램의 경우 음악이 차지하는 비중은 압도적입니다.

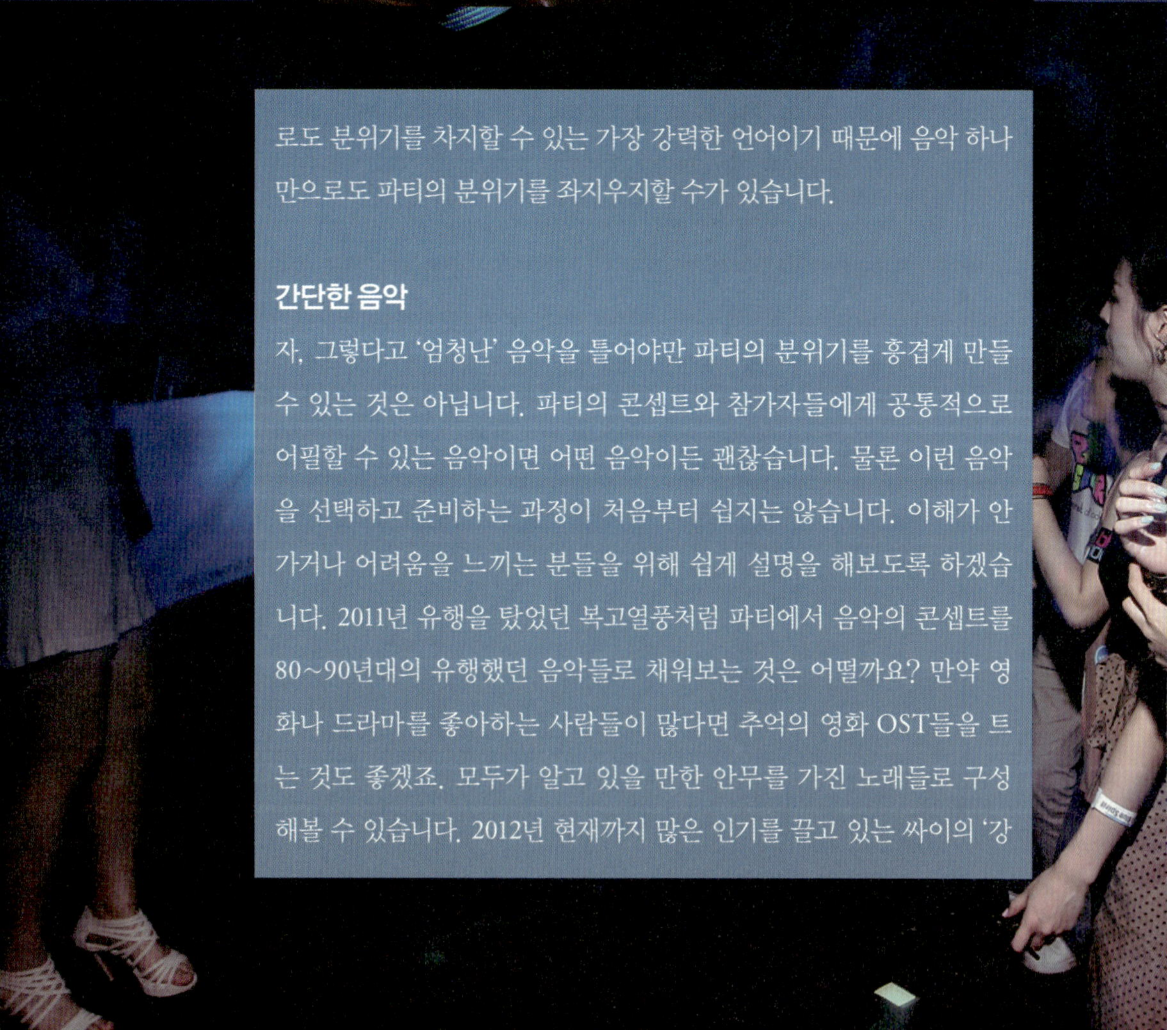

로도 분위기를 차지할 수 있는 가장 강력한 언어이기 때문에 음악 하나만으로도 파티의 분위기를 좌지우지할 수가 있습니다.

간단한 음악

자, 그렇다고 '엄청난' 음악을 틀어야만 파티의 분위기를 흥겹게 만들 수 있는 것은 아닙니다. 파티의 콘셉트와 참가자들에게 공통적으로 어필할 수 있는 음악이면 어떤 음악이든 괜찮습니다. 물론 이런 음악을 선택하고 준비하는 과정이 처음부터 쉽지는 않습니다. 이해가 안 가거나 어려움을 느끼는 분들을 위해 쉽게 설명을 해보도록 하겠습니다. 2011년 유행을 탔었던 복고열풍처럼 파티에서 음악의 콘셉트를 80~90년대의 유행했던 음악들로 채워보는 것은 어떨까요? 만약 영화나 드라마를 좋아하는 사람들이 많다면 추억의 영화 OST들을 트는 것도 좋겠죠. 모두가 알고 있을 만한 안무를 가진 노래들로 구성해볼 수 있습니다. 2012년 현재까지 많은 인기를 끌고 있는 싸이의 '강

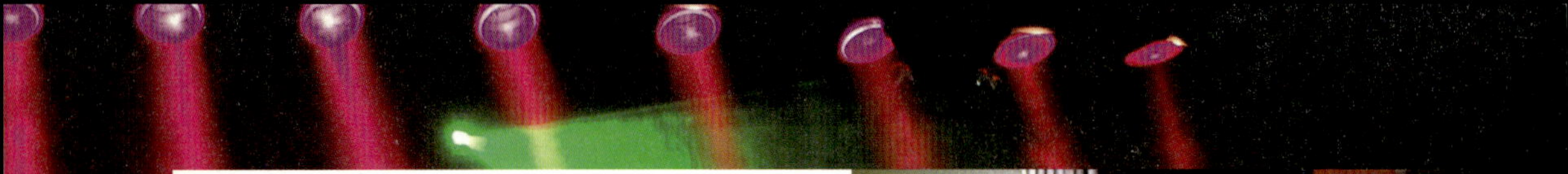

남스타일' 같은 노래가 파티 중간에 나온다고 생각해보세요! 모두가 말춤 추면서 신나게 즐기는 모습이 그려지지 않나요? (웃음) 이러한 것처럼 음악을 고르면서 파티의 분위기가 어떻게 바뀔지 머릿속으로 즐겁게 그리면 절대 어려운 작업이 아닙니다. 도전해 보세요!

음악을 고를 땐 파티 참여자들의 취향과 나이를 반드시 고려해야 합니다. 그것이 어렵다면 누구나 즐길 수 있는 최신 유행곡을 선택하는 것도 좋습니다.

라이브 공연은 정찬이나 런칭 파티와 같이 프로그램을 정해놓고 가는 공식적인 파티에 잘 어울립니다.

라이브 공연(밴드, 세션 및 보컬)

라이브 공연은 말 그대로 라이브Live로 생생한 연주를 들려줄 수 있는 밴드나 세션, 혹은 보컬 등을 이야기합니다. 보통 라이브 공연 하면 락과 같은 시끄러운 음악을 떠올리기 쉽지만 누재즈Nu-Jazz, 뉴에이지New Age와 같은 스타일도 좋습니다. 잔잔하거나 멋들어지게 흥을 돋우는 음악을 바로 눈 앞에서 느낄 수 있기 때문에 좋은 효과를 얻을 수 있습니다. 또한 아날로그의 향수가 묻어나는 만큼 20대의 젊은 세대보다는 20대 후반에서 그 이상의 연령대에서 좋은 반응을 얻어낼 수 있습니다.

유럽이나 미국을 비롯한 서구권에서는 '파티' 하면 빠질 수 없는 존재가 바로 디제이입니다. 디제이 혼자서도 순식간에 파티 전체의 분위기를 바꿀 수 있기 때문입니다.

디제이

한국에서는 2005년 가량부터 점차 증가하기 시작한 대형클럽의 시대적인 흐름에 힘입어 최근에서야 디제이에 관련된 파티가 사회적인 관심을 받고 있습니다. 이미 서구권에서는 파티의 꽃이라고 하죠. 디제이가 파티의 꽃인 이유는 말 그대로 디스크 자키Disc Jockey 즉 여러 가지 음악을 골라 사람들을 즐겁게 할 수 있기 때문입니다. 보컬이나 밴드들의 경우는 기본적으로 레퍼토리가 정해져 있는 경우가 많고, 다양한 장르를 소화하는 것이 쉽지 않습니다. 하지만 디제이의 경우 사전에 파티 콘셉트를 설명하고, 그에 맞는 음악을 요청해 준비를 하면 단 한 명의 디제이만으로도 수 많은 노래들을 파티의 분위기에 맞추거나 이끄는 것이 가능합니다. 더군다나 디제이의 장비 역시 나날이 발전해 옛날엔 턴테이블과 LP를 무겁게 챙겨와서 세팅을 했었다면 지금은 디지털화 되어 결혼식 애프터 파티나, 대학교 야외 파티 등에서도 빠르고 가볍게 세팅을 준비해 음악을 플레이 할 수 있으므로 언제 어디서나 음악과 함께할 수 있는 파티의 환경을 더욱 손쉽게 구성할 수 있습니다.

사회자

사회자는 공식적인 파티나, 프로그램 큐시트가 정해져 있는 파티의 경우 참가자들의 주의를 집중시키고, 파티를 원활하게 진행시키는 역할을 합니다. 파티를 주최하는 진행자를 대표하는 위치에 있기 때문에 사회자는 매우 중요합니다. 하지만 파티에서는 파티에 참가한 게스트들이 주인공이기 때문에 사회를 보는 데 있어서 토크쇼 같은 느낌이 아닌 분위기가 처지지 않게 자연스러운 흐름이 이어지도록 신경 써야 합니다. 이는 사전에 정확한 큐시트와 프로그램이 준비되어 있어야 가능합니다. 또한 파티 당일 사회자와 관련 스텝들 간의 정확한 큐시트와 큐사인 등의 커뮤니케이션으로 차질이 생기지 않도록 해야 합니다. 부득이한 돌발 상황이 생기더라도 스텝들과 사회자가 당황해 우왕좌왕하는 느낌을 주면 파티의 분위기는 급격하게 다운되기 때문입니다.

사회자는 파티의 분위기를 형성하는 데 아주 중요한 역할을 하지만, 파티의 주인공은 어디까지나 게스트들이라는 것을 잊으면 안 됩니다.

스타일링

스타일링은 스타일리시하게 파티를 시각적으로 꾸미는 것을 이야기합니다. 말 그대로 파티의 장소를 예쁘게 단장하는 작업입니다. 간단하게는 풍선, 촛불, 파티용품 들과 같은 데코레이션부터 시작해 포토월, 배너, 꽃 등의 디스플레이 업 그리고 스타일링이 된 파티 푸드까지 다양한 부분에서 연출이 가능합니다. 주로 브랜드나 제품을 홍보하기 위한 런칭 파티나 격식을 차리는 정찬 파티, 오픈 파티와 같은 파티에서 나타내고자 하는 컬러를 사용해 보다 스타일리시한 이미지를 전달하기 위해 노력합니다.

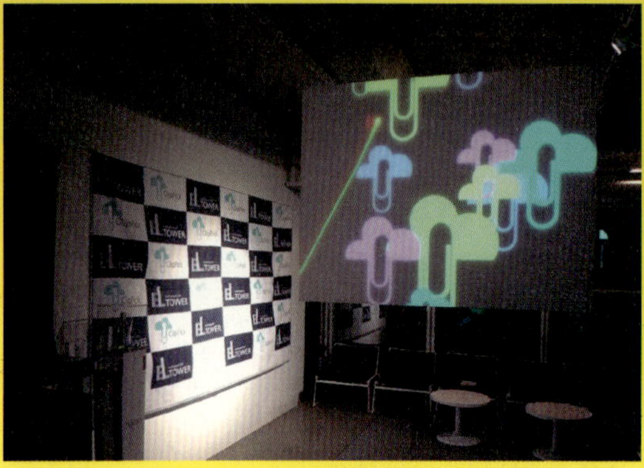

포토월

참가자들이 파티 참석을 기념할 수 있는 포토존입니다. 영화나 드라마 시상식에서 보면 배우들이 레드카펫을 밟고 포토존에서 사진을 찍는 모습을 많이 보셨을 겁니다. 그 뒤에 벽처럼 설치되어 있는 것이 바로 포토월Photo Wall 입니다. 포토월은 파티에 참가한 사람들끼리 사진을 서로 찍으면서 파티에 참석한 분위기를 내기 좋을 뿐 아니라 입구에 설치할 경우 파티의 분위기를 전달할 수 있어 사람들을 들뜨게 할 수 있습니다. 포토월의 설치는 공간만 있다면 매우 간편합니다. 가장 많이 쓰이는 방법으로는 현수막과 같은 소재의 천에 프린트를 하는 방법이 있고, 재질에 따라 인쇄의 해상도Dpi가 달라져 사진에 찍혔을 때의 선명도가 다르게 보여지는 특징이 있습니다. 조금 더 신경을 쓴다면 천 재질이 아닌 배너와 같이 플라스틱 재질에 인쇄를 하고 포토월 자체의 조명을 설치합니다.

배너 & 물품

두 가지 모두 스폰서를 받거나 파티의 성격이 홍보를 위한 목적이 강할 때 주로 사용됩니다. 홍보 배너나 물품 모두 스폰서 업체 측에서 홍보대행사를 통하거나 자사의 전담 직원이 가이드를 지정해주기 때문에 큰 걱정은 안 해도 됩니다. 반대로 파티를 준비하는 업체의 담당자 분들의 경우 배너의 제작은 포토월과 마찬가지로 실사출력 업체를 통해 맡기거나 홍보에이전시를 통해 맡기면 됩니다. 파티를 주최하는 입장에서 신경을 써줘야 하는 부분은 배너나 물품을 어느 곳에 둘지 결정하는 것입니다. 뒤에 베뉴의 조사 부분에서 다루겠지만 먼저 동선을 파악해 공간 활용 계획을 세우면서 디스플레이를 어느 곳에 해야 홍보 효과가 극대화될 것인지 정확한 가이드를 정해야 합니다.

포토월을 제작하고, 따로 사진을 찍어주는 전담 포토그래퍼까지 배치한다면 파티의 분위기를 한껏 업 시킬 수 있을 뿐 아니라 그럴듯한 장면을 많이 연출할 수 있습니다.

홍보 물품은 보통 사람들의 이목이 집중되는 공간에 두게 되고, 배너는 통행에 지장을 주지 않으면서 홍보 효과가 크게 느껴지는 부분에 설치합니다.

주류

파티에서 빠질 수 없는 것이 바로 술입니다. 지나친 음주는 건강에 해롭지만 적당한 음주는 긴장을 풀어주고 화기애애한 분위기를 조성하는 데 큰 역할을 합니다. 그렇다면 파티 주류는 어떻게 구성하는 것이 좋을까요? 먼저 파티의 예산에 맞춰 기획에 맞는 주류를 구매해야 합니다. 참가자의 연령대가 낮고 가볍게 즐길 수 있는 캐주얼한 파티의 경우 맥주나 펀치 등이 좋습니다. 참가자들의 연령이 상대적으로 높고, 무게가 있는 파티에서는 샴페인이나 칵테일을 많이 사용하죠. 이 때 글라스의 선택 또한 파티를 빛낼 수 있는 좋은 아이템이니 신경 쓰는 편이 좋습니다. 물론 꼭 술을 마셔야만 즐거운 파티가 되는 것은 아닙니다. 개인의 기호에 따라 술을 마시지 않거나 사정에 따라 술을 마시지 못할 수도 있으니까요. 목마르지 않게, 유쾌하게 무엇인가를 마시면서 파티를 즐길 수 있다는 것이 중요하니 형식에 크게 얽매이지 않아도 괜찮습니다. 그럼 각 주류별 특징을 알아보도록 하겠습니다.

샴페인, 스파클링 와인

'파티' 하면 가장 먼저 떠오르는 음료! 바로 샴페인입니다. 불과 몇 년 전까지만 해도 스파클링 와인을 모두 샴페인이라고 불렀지만, 샴페인은 프랑스의 상파뉴Champagne 지역에서 생산된 스파클링 와인만을 지칭한다는 점도 알아두세요. 2007년부터 클럽이나 파티에서 다양한 프로모션으로 펼쳤고, 그에 따라 우리나라에서는 모엣&샹동, 멈, 돔 페리뇽, 페리에주에, 뵈브 클리코 같은 샴페인들이 인기를 끌고 있습니다. 샴페인은 탄산 즉 기포가 들어 있어 같은 알코올 도수라도 취하는 속도가 더디기 때문에 파티에 가장 잘 어울리는 음료입니다. 병의 디자인이 예쁜 것은 두말할 것도 없겠죠. 샴페인은 차게 해서 마셔야 기포가 오래 머물러 있기 때문에 얼음이 담긴 버킷을 준비하는 것이 좋습니다. 이렇게 파티의 기분을 낼 수 있는 최고의 주류로 꼽히는 샴페인이지만, 대량으로 구매한다면 가격이 만만치 않습니다. 많은 양이 필요할 때는 스파클링 와인을 이용하면 저렴한 가격대로도 비슷한 분위기를 낼 수 있습니다.

대표적인 샴페인으로 꼽히는 모엣 & 샹동Moet & Chandon에 대해 자세히 다뤄보도록 하겠습니다.

모엣&샹동은 한국에서도 각종 시상식 및 공식 파티 등에 독점 공급 및 공식 샴페인으로 사용되고 있으며, 샴페인을 뛰어넘어 프로페셔널, 스타일리시 그리고 트렌디한 라이프스타일의 이미지를 대변해주는 최고의 아이콘입니다.

모엣&샹동

모엣&샹동은 고전적인 스타일 아이콘이자 역사적으로 뛰어나게 창의적이고, 패셔너블한 라이프스타일을 대변하는 대표적인 샴페인입니다. 260년의 역사를 자랑하는 모엣&샹동은 18세기 중반부터 유럽의 정치, 예술, 사교의 중심지 역할을 담당한 프랑스에서 널리 사랑받았습니다. 대표적인 일화로는 19세기 초 1801년 나폴레옹과 그의 모친이 장 레미 모엣으로부터 '로제' 100병을 구입한 것입니다. 그 이후로도 전통을 이어 현재까지도 도빌Deauvill 미국 영화제, 골든 글로브 시상식, 칸 영

화제 등의 굵직한 주요 영화 행사, 개봉 행사는 물론 스타일의 중심지인 뉴욕, 런던, 홍콩 등지에서 열린 주요 패션 행사 및 파티에서 역시 모엣&샹동이 자리 잡고 있습니다.

'밀러타임'이라는 말이 있을 정도로 세계적으로 '밀러'가 가지고 있는 이미지는 파티와 잘 어울립니다.

맥주

오랜 시간 모임과 파티에서 폭넓게 사랑받는 주류는 바로 맥주입니다. 때와 장소를 가리지 않고 빠르고 저렴하게 구매할 수 있는 것이 최대 장점이죠. 최근 들어 외국의 대표적인 맥주 브랜드들이 라이센스 생산이나 공식 수입 등을 거치면서 다양한 맥주를 간편하게 구매할 수 있습니다. 부담 없이 즐길 수 있는 만큼 병과 캔을 비롯해 페트나 생맥주까지 파티의 규모에 따라 선택할 수 있는 폭이 넓습니다.

하지만 파티에 막상 맥주를 사용하고자 하는데 어떤 맥주를 골라야 할까 고민되시는 분들도 있다면 세계 3대 맥주 중 하나인 '밀러'를 추천하고 싶습니다. 다른 맥주들과 다르게 미국의 할리우드 액션영화처럼 부드러우면서도 화끈한 맛을 보여줘 파티의 신나는 분위기와 잘 어울리는 것이 가장 큰 특징입니다.

칵테일

두 개 이상의 음료를 서로 섞어 만드는 술입니다. 대부분의 칵테일은 알코올 도수가 높지 않고, 여러 음료가 섞이면서 시각적인 효과를 내기 때문에 파티에서 사랑을 받습니다. 파티를 대표하는 칵테일로는 모히토Mojito, 마티니Martini 등이 있으며 작은 잔에 담긴 슈터shooter라는 미니 칵테일도 있

칵테일은 도수가 낮아 부담 없이 마실 수 있을 뿐 아니라 데코레이션이 화려해 시선을 사로잡기에 충분합니다.

습니다. 몇 가지만 언급했지만, 칵테일은 무엇을 섞느냐에 따라 다른 음료가 되기 때문에 그 종류가 무한합니다. 그러므로 파티의 기획 방향에 따라 간편한 칵테일부터 마케팅을 위한 칵테일까지 다양한 레시피를 준비해 사용하면 좋겠죠. 클럽 파티나 댄스파티에서 자주 쓰이는 칵테일로는 예거밤 Jaeger Bombs, 레몬 드랍Lemon Drops, 젤로샷Jello Shots 등이 있습니다. 이 세 가지 칵테일은 세계적인 팝스타이자 파티의 아이콘으로 등극한 LMFAO의 타이틀곡인 'Shots'의 가사에도 나올 만큼 전세계적으로 인기가 많습니다. 이 밖에도 레시피가 간단한 잭콕Jack-Coke이 있으며 파티의 규모가 작을 때에는 미도리 샤워Midori Shower와 같은 대중적인 칵테일을 내놓기도 합니다.

X-Rated는 리큐르 자체의 맛으로 마시기도 하지만 페리에, 소다, 보드카 등과 섞어 마셔도 잘 어울리기 때문에 별도의 복잡한 레시피 없이 캐주얼하게 즐길 수 있습니다.

엑스 레이티드 퓨전 리큐르

개인적으로 소규모의 파티를 즐기시는 분들이 많아지면서 한국에도 출시가 된 X-Rated는 여러가지 재미있는 특징들을 가진 리큐르입니다. X-Rated는 통밀을 9번 정제한 프리미엄 프렌치 보드카에 시칠리아산 오렌지와 망고, 자몽을 섞어 만든 퓨전 리큐르이며 도수가 17도로 일반적인 소주와 비슷합니다. 과일 맛이 느껴지는 상큼하고 달콤한 맛을 자랑하며 핑크빛의 화려한 색으로 파티의 분위기와 잘 어울리는 장점을 가지고 있습니다.

엑스 레이티드 퓨전 리큐르X-rated로 즐기는 칵테일

핑크 스파클링

엑스 레이티드 퓨전 리큐르 45ml(Shot 글라스 1개 분량)과 페리에 라임을 섞어주면 완성.

로즈 레이티드

단즈카 보드카(30ml), 엑스 레이티드 퓨전 리큐르(45ml), 로즈시럽(30ml), 소다(혹은 사이다)를 잘 섞어주면 됩니다.

아메리칸 허니

이름에서 느껴지듯이 꿀Honey을 베이스로 한 리큐르입니다. 위스키와 꿀의 절묘한 조합으로 2007년 최초 발매와 동시에 미국과 호주에서 매년 두 자리 수 이상의 성장을 보이며 파티에서 새롭게 주목받고 있는 트렌디한 제품입니다. 알코올 도수는 35.5도로 다소 높은 것 같지만 특유의 부드러우면서 강렬한 맛으로 그 독특함 때문에 처음 맛보는 분들도 거부감 없이 즐길 수 있는 리큐르입니다.

아메리칸 허니는 콜라, 시럽, 과일 등 기본적인 재료들과의 조합으로 훌륭한 칵테일을 만들어 낼 수 있어 파티에서 부담 없이 사용이 가능합니다.

아메리칸 허니로 즐기는 칵테일

허니 콕 Honey Coke

아메리칸 허니(45ml) + 콜라

허니 줄렙 Honey Julep

아메리칸 허니(45ml) + 2 티스푼 흑설탕 + 10g 애플 민트

허니 레몬 에이드 Honey Lemonade

아메리칸 허니(45ml) + ½개 신선한 레몬 + 2 티스푼 흑설탕

럼 – 바카디

바카디는 헤밍웨이가 죽기 전까지 마셨다는 '바카디 모히토', 쿠바의 역사적인 독립을 기념하는 '바카디 쿠바 리브레'와 같이 역사적의 한 폭을 장식함을 물론 탐크루즈 주연으로 화제를 모았던 '칵테일' 영화에도 빈번하게 등장하는 세계적인 인기를 자랑하는 술입니다.

설탕의 원료인 사탕수수에서 나온 즙을 재처리하여 만드는 술을 럼이라고 합니다. 해적 영화나 대양을 누비는 바다를 배경으로 하는 영화에서 선원들이 자주 마시는 술이 바로 이 럼입니다. 옛날부터 뱃사람들이 자주 애용해 현재까지 많은 사람들에게 사랑받고 있는 술입니다. 대표적인 럼으로는 박쥐 모양의 로고를 가진 바카디가 있습니다.

중남미의 열정적인 술을 대변하는 바카디는 한번쯤 들어봤을 법한 술이지만 제대로 아는 분들은 드뭅니다. 바카디사는 1862년 쿠바Cuba에서 세계 최초의 라이트 럼으로 탄생하여 150년 전통을 자랑하며 현재 세계 3위의 주류회사로 자리 잡고 있습니다. 시중에 판매되고 있는 바카디 제품으로는 바카디 슈페리어, 바카디 골드, 바카디 151 이렇게 세 가지 제품이 있습니다. '바카디 슈페리어'는 세계 최초의 프리미엄급 무색으로 전세계 바에서 가장 많이 사용되는 럼입니다. 주로 칵테일 베이스로 많이 쓰입니다.

바카디로 즐기는 칵테일

바카디 모히토 Bacardi Mojito

바카디 슈페리어에 민트잎, 라임, 설탕을 넣어 으깬 후 소다수와 얼음을 가득 채워 즐김.

바카디 쿠바 리브레 Bacardi Cuba Libre

바카디 슈페리어(또는 골드)와 콜라를 기호에 맞게 섞음. 라임이나 레몬을 짜서 넣으면 더욱 좋다.

바카디 오렌지 믹스 Bacardi Orange mix

바카디 슈페리어(또는 골드)와 오렌지 주스를 기호에 맞게 섞고, 라임이나 레몬 한 조각을 짜서 넣으면 완성.

바카디 골드는 럼에 비해 풍부한 맛과 향을 자랑합니다. 바카디151은 75.5도에 육박하는 엄청난 도수를 자랑하며 특별한 칵테일 제조 시 몇 방울만 사용합니다. 바 혹은 클럽, 파티 등에서 바텐더가 화려하게 불을 뿜는 불쇼Fire Show에 많이 사용됩니다.

아그와

최근 파티용 술로 새롭게 주목받고 있는 리큐르는 바로 이 '아그와'입니다. 밀림의 이미지가 느껴지는 이름처럼 약은 물론 마약의 주 원료로 쓰이는 '코카잎Coca Leaf'으로 만든 술입니다. 남미의 볼리비아에서 인증받은 코카잎을 비롯해 과라나, 인삼, 36가지 각종 천연 허브 등의 천연 자연 추출물로 우려낸 만큼 아그와 특유의 향은 차를 연상시키며 여타 술과 다르게 숙취가 적어 많은 사랑을 받고 있습니다.

아그와는 마티니, 모히토와 같은 칵테일은 물론 에너지드링크로 간단히 만들어 마실 수 있는 밤Bomb까지 모두 자연스럽게 신선한 맛을 살려 주기 때문에 파티 칵테일에 있어 좋은 결과를 얻을 수 있습니다.

아그와는 코카잎으로 만들었다는 특성 때문에 처음엔 우리나라에 반입이 안 되는 술이었지만 최근에는 환각 성분을 빼고 제작되어 국내에서도 쉽게 마실 수 있습니다.

아그와로 즐기는 칵테일

아그와 모히토 Agwa Mojito

전통적인 모히토에는 럼이 들어가지만 럼 대신 아그와를 넣고 민트잎, 라임, 설탕(혹은 시럽)을 사용해 소다수를 넣고 얼음 넣어주면 완성.

아그와 밤 Agwa Bomb

글라스에 얼음을 넣고 아그와와 에너지드링크를 알맞게 섞으면 완성.

그 외 아그와로 즐길 수 있는 칵테일들 Agwa Cocktails

마티니(Martini), 리브레(Libre), 블라스타(Blaster), 마그리타(Magrita), 볼리비안 키스(Bolivian Kiss)

보드카, 데킬라

화끈한 파티에 어울리는 술로는 40도에 육박하는 보드카, 데킬라가 있겠습니다. 알코올 도수가 무척 높지만 샷(30ml의 샷 글라스에 담겨져 나오는 잔술을 말합니다.)으로 많은 사랑을 받고 있습니다. 특히 클럽에서 선호도가 높아 가장 많이 소비되는 술이죠. 강한 술이 부담스러운 분들은 오렌지 주스나 크랜베리 주스, 토닉 워터를 함께 섞어 마시면 훌륭한 칵테일로 즐길 수 있답니다.

예거마이스터

세계적인 파티 리큐르로 사랑받고 있는 예거마이스터는 페스티벌과 대형클럽의 부흥과 함께 우리나라에서도 주목받는 파티 음료로 떠오르고 있습니다. 40도라는 꽤 높은 알코올 도수를 자랑하지만 얼기 직전의 온도로 시원하게 마시면 뒷맛이 깔끔합니다. 샷으로도 즐기지만 가장 널리 알려진 것은 에너지드링크와 섞어 마시는 예거밤 Jaeger Bombs이 있고, 콜라나 아이스티에 섞은 후 레몬을 넣는 레시피도 있습니다.

예거마이스터로 즐기는 칵테일

예거 밤 Jager Bomb

글라스에 얼음을 넣고 예거마이스터와 에너지드링크를 알맞게 섞으면 완성.

예거마이스터 쿨러 Jagermeister Cooler

글라스를 최대한 차갑게 해 얼음을 넣고 예거마이스터 60ml, 아이스티 45ml를 사이다(혹은 탄산음료)와 섞어주면 완성.

TIP

- **에너지드링크에 대해 알아보자!**

최근 파티 음료의 한 부분으로 당당히 자리잡은 에너지드링크에 대해 궁금하신 분들이 있으실 것 같아 간단히 소개하도록 하겠습니다. 에너지드링크는 자체의 맛도 좋지만 도수가 높은 술을 함께 섞어 마시면 새로운 레시피로 즐길 수 있습니다. 술이 함께하지 않는 파티도 많지만 대개 도수 높은 술을 계속 마시는 것은 다소 부담스럽기 때문에 시끌벅적한 분위기를 깨지 않고 파티를 즐기는 방법으로 에너지드링크는 하나의 파티 아이템으로 자리 잡고 있습니다.

먼저 3대 에너지드링크로 꼽히는 '레드불', '몬스터', '락스타'에 대해 알아보도록 하겠습니다.

2012년 10월 세계 최초로 대기권 유인 초음속 스카이다이빙에 성공한 '레드불 스트라토스' 프로젝트를 비롯해 F1 등의 수많은 익스트림 스포츠를 후원하는 레드불은 명실상부한 에너지드링크 시장의 대표적인 아이콘이며 전세계 에너지드링크 시장을 선도하고 있습니다. 레드불을 베이스로 하는 오리지널 칵테일 레시피가 존재하는 등 존재감이 대단합니다.

익스트림 스포츠에서 많은 지지를 얻고 있는 또 하나의 에너지드링크인 '몬스터'는 이름만큼 강렬한 맛과 이미지로 많은 사랑을 받고 있습니다. 한국에서는 2013년 첫 런칭 행사로 몬스터에너지 소속의 후니건 레이싱 디비전 팀의 켄 블락Ken Block이 한국에 초청되어 레이싱 경기의 일종인 짐카나Gymkhana 데모쇼를 선보였습니다. 이 외에도 디제이 페스티벌 등 여러 분야 스폰서를 통해 국내에서도 많은 팬을 확보해 나가고 있습니다.

락스타는 Party Like a Rock-star 라는 슬로건 하에 락 뮤직 파티, 디제잉 파티와 익스트림 컬쳐 파티의 문화를 이끌고 있습니다.

2001년 미국에서 처음 출시한 락스타는 16oz(473ml) 대형 캔을 처음으로 도입하여 호평을 받은 에너지드링크입니다. 락스타라는 이름에서 풍겨지는 이미지에 맞게 바이크의 F1으로 여겨지는 모터사이클 그랑프리Moto GP의 챔피언 Jorge Lorenzo, 최고의 모터크로스Motocross팀 Metal Mullisha, 유명한 프로 레이서 Tanner Foust 뿐 아니라 윈터, 워터 스포츠 등 광범위한 익스트림 분야를 후원하고 있습니다.

그 뒤를 이어 한국에서 쉽게 접할 수 있는 에너지드링크로는 V에너지드링크, 핫식스HotSix 그리고 리차지Recharge, 마크Mark가 있습니다. V 에너지드링크는 2013년 고저스 걸 캠페인을 통해 셀러브리티가 직접 디제이로 참여하는 프로젝트를 진행하며 프로모션을 진행해 좋은 호응을 얻고 있습니다. 핫식스는 그래피티 아티스트 산타Santa와 콜라보레이션을 통한 제품 디자인, 핫식스 라이트, 후르츠 버전을 함께 내놓으며 다양한 제품군으로 어필하고 있습니다. 리차지는 클럽과 바를 중심으로 많은 파티에서 선호하고 있습니다. 마크 에너지드링크는 바와 각종 파티에서 활동한 베테랑 바텐더 마크Mark가 직접 제작해 유통하고

V 에너지드링크는 가격 부담이 적어 대중성이 높으며 핫식스(HotSix)와 함께 국내 에너지드링크의 양대 산맥을 이루고 있습니다.

있는 제품입니다. 다양한 리큐르와 잘 어울리며 전국적으로 클럽 및 바에서 쉽게 접할 수 있습니다. 그 외에도 유기농 재료를 사용한 에너지드링크인 파우POW가 시중에 출시되어 있으며 향후 에너지드링크 시장은 점차 성장하면서 다양한 제품들이 나올 것으로 보여집니다.

- **칵테일 제품을 활용해 파티를 즐겨보자**

주류를 일일이 구입해 레시피 대로 칵테일을 만드는 것이 어쩌면 매우 불편하거나 또 하나의 일이 되는 것처럼 느껴진다면 캔맥주처럼 칵테일을 바로 구입해 파티를 즐길 수 있는 방법은 없을까요? 몇 가지 제품들을 소개해보도록 하겠습니다.

1. 바카디 모히토 캔

파티의 대표적인 칵테일로 꼽히는 모히토를 캔에 담은 제품입니다. 또한 모히토와 떼려야 뗄 수 없는 브랜드인 바카디에서 직접 제조하는 만큼 비록 캔이지만 레시피와 맛은 유명 바에서 글라스에 담겨나오는 운치를 그대로 담고 있습니다.

2. 보드카 크루저

보통 보드카라고 하면 도수 높은 술로 생각하기 쉽습니다. 보드카 크루저는 보드카의 이름을 가지고 있지만 도수가 5%로 매우 낮아 가볍게 즐기기 좋은 제품입니다. 레몬, 라즈베리, 블루베리, 멜론 등의 맛이 있어 취향에 따라 여러 가지 선택이 가능하고 가격 역시 저렴해 파티를 즐기는 데 더할 나위 없이 좋은 제품입니다.

펀치는 가벼운 음료로 널리 사랑받고 있습니다. 펀치의 레시피에 대해 더 알고 싶으면 영국의 www.alcohol-stuff.co.uk 사이트에서 펀치(Punch) 레시피를 참고하세요.

펀치

흔히 상그리아라고 하는 알코올 펀치와 과일 펀치로 분류되는 펀치는 여러 가지 과일로 다양하게 만들 수 있는 파티 드링크입니다. 만드는 과정 역시 어렵지 않습니다. 과일 펀치는 과일 주스와 생과일을 넣어 만들면 되고, 과일 펀치에 보드카, 샴페인(혹은 스파클링 와인)을 섞으면 알코올 펀치가 됩니다. 상그리아는 알코올 펀치의 한 종류이며 사람에 따라 다양한 레시피를 활용해 제조가 가능합니다. 우리나라에도 펀치와 비슷한 성격의 술이 있습니다. 바로 과일소주입니다. 이 과일소주 역시 펀치와 마찬가지로 다양한 레시피가 있습니다. 그리고 과일소주 레시피는 포털사이트에서 검색하면 바로 볼 수 있으니 한번 만들어 보세요!

인원 단위

이번에는 파티에 참여하는 인원에 따라 어떻게 계획을 짜고 움직일지에 대해 알아보도록 하겠습니다. 처음 파티 주최를 준비하다 보면 이것저것 다양한 스타일의 파티를 접목해서 불타는 파티를 즐기고 싶은 충동에 빠지기 쉽습니다. 하지만 현실적인 예산 문제와 파티에 참여 의사를 밝힌 게스트들의 참석 여부 등 막상 준비를 시작하다 보면 신경 써야 할 부분들이 한두 가지가 아닙니다. 따라서 파티를 기획하면서 주변 지인들에게 먼저 파티 주최 계획을 알려주고 참석 여부를 묻는 과정은 파티의 규모를 결정짓는 가장 중요한 기준점이 되기 때문에 매우 중요합니다.

규모를 결정할 때에는 참석 여부를 밝힌 게스트들의 인원수 × 70% 정도로 집계를 하는 것이 좋습니다. 파티 당일 날씨나 개인 사정 등 돌발 변수에 의해 참석을 못하는 케이스가 항상 생기기 마련이기 때문입니다. 간혹 정말로 생각지도 못한 변수에 의해 생각했던 것보다 훨씬 많은 인원이 오기도 합니다만, 파티 준비는 항상 최악의 시나리오를 생각하고 대비를 하는 것이 좋기 때문에 정확한 데이터를 바탕으로 규모를 잡도록 합니다!

프라이빗(0~30명 + α)

친한 친구나 가족, 지인들 위주나 미리 한정된 참가자들로 파티를 진행

프라이빗 파티는 갑작스럽게 이벤트를 준비해야 할 일이 있거나 기분 전환을 하기 위한 파티로 적합합니다.

소셜 파티는 인간관계를 중심으로 구성되는 만큼 분위기가 화기애애하고 참여자들끼리 자연스럽게 어울릴 수 있는 여지가 많습니다.

하는 규모입니다. 인원이 적기 때문에 장소 선택이 용이하며 별다른 프로그램 없이도 재미있게 즐길 수 있습니다. 지인들이 모이는 만큼 파티 비용 역시 크게 들지 않습니다. 포틀럭 파티나 홈 파티, 파자마 파티 등이 이에 해당합니다.

소셜 파티(20~50명 내외)

지인 이외에 지인의 친구들이나 주변에 관련된 사람들 등이 참가하는 규모입니다. 파티의 기획과 종류에 따라 유동적으로 조율하는 것이 가능해 간편하다고 생각할 수 있습니다. 어떻게 보면 가장 다양한 스타일의 파티를 구현하는 것이 가능하지만, 반대로 특색 없이 중구난방 되어 실패할 확률이 가장 높아 신중한 판단과 기획이 필요합니다.

오픈 & 클럽 파티(50~100명 이상)

위의 소셜 파티보다 좀 더 규모가 커진 중대형 규모의 파티를 이야기합니다. 기본적인 기획 방향은 소셜 파티와 비슷합니다. 하지만 참가를 하는 사

이런 규모의 파티는 프라이빗으로 주최하더라도 규모가 크기 때문에 참가자들 하나하나 챙겨주는 것이 다소 힘들어질 수 있습니다.

축제나 페스티벌의 규모에서는 지인을 통한 집객이 의미가 없고 홍보 채널을 설정해 참가자들을 모아야 합니다.

람 수가 늘어난 만큼 파티 당일 여러 가지 진행 면에서 돌발 변수가 나오기 쉽기 때문에 사전에 보다 철저한 준비가 필요합니다.

축제, 페스티벌(100명 이상)

단어에서 느껴지는 이미지처럼 대형 파티를 이야기합니다. 규모가 커진 만큼 홍보와 콘텐츠, 프로그램의 기획이 진정한 빛을 발해야 성공적인 파티로 이어질 수 있습니다. 주의해야 할 점은 여기저기 지출되는 비용이 많기 때문에 정확한 수익 모델을 세워놓지 않고 섣부르게 도전하면 아무리 참가자들이 즐거운 파티를 즐겼다고 하더라도 금전적인 타격을 입을 수 있습니다. 장점으로는 대외적인 인지도를 쌓을 수 있고, 함께 파티를 준비하는 팀원 간에 색다른 추억을 쌓을 수 있습니다.

장소(베뉴)

파티를 하기 위한 필수 조건 중 하나인 장소의 선정입니다. 파티를 생각하다보면 여러가지 아이디어들이 떠오르기 마련입니다. 하지만 콘셉트를 소화하기 좋은 베뉴가 있는가 하면 오히려 콘셉트는 좋지만 베뉴의 여건이 맞지 않아 추가 비용이 엄청나게 든다거나 준비해야 할 것들이 엄청나게 많아지기도 합니다. 또한 파티를 주최하는 지역별, 연령대별로 선호하거나 부담을 느끼지 않는 베뉴의 스타일이 존재합니다. 따라서 주최자는 파티와 잘 맞는 베뉴를 선택하는 과정에서 많은 조사 결과와 의견을 종합해 결정할 책임이 있습니다. 보기만 해도 파티를 하고 싶어지는 번쩍번쩍한 베뉴에서 즐기는 것도 좋지만 반대로 친구들과 오붓하게 집에서 게임하고 이야기하면서 즐기는 것도 좋습니다. 모두 어떤 것이 더 좋은 파티라고 이야기할 수는 없습니다. 자, 그럼 여러 가지 파티를 할 수 있는 베뉴들의 특징에 대해서 하나씩 알아보도록 하겠습니다.

집

집에서 파티를 연다면 음식 재료와 데코레이션에만 돈이 들어가기 때문에 큰 부담 없이 즐기는 것이 가능합니다.

파티의 시작은 역시 아늑한 보금자리인 집입니다. 한국에서는 부모님과 함께 거주하는 형태가 많아 집에서 파티 분위기를 내는 것이 쉽지 않다고 생각하실 수 있습니다. 하지만 규모가 작은 홈 파티, 파자마 파티, 포틀럭 파티 등을 주최할 때는 저렴한 비용으로 시간에 얽매이지 않고 주최하는 것이 가능합니다. 크게 신경 써야 할 부분이 있다면 저녁 늦게 파티가 이어진다면 이웃집에 피해를 줄 수 있는 소음 문제와 파티에 참석하는 사람이 많아질 경우 공간이 소화를 하기 어려워질 수 있다는 것 정도가 있겠습니다.

바, 라운지

번화가에서 어렵지 않게 찾아볼 수 있는 바, 라운지는 프라이빗은 물론 소셜 파티까지 중소형의 파티를 주최하기에 딱 알맞은 공간입니다. 90년대말에서 2000년대 초반에 흔히 일일찻집, 일일호프라고 불렸던 파티도 호프집이나 커피숍을 활용해 많이 했었죠. 현재는 다양화된 기호에 따라 인테리어도 보다 디자인을 중시하고 메뉴도 맥주에 감자튀김이 아닌 칵테일이나 핑거 푸드 들로 선택의 폭이 넓어지는 등 파티 주최측의 기획과 콘셉트를 구현하기 편리합니다.

최근에는 점차 인기를 끌고 있는 디제이 문화 덕분에 디제이 장비와 디제이를 준비해놓은 베뉴가 점차 증가하고 있어 댄스파티나 디제이 파티를 큰 무리 없이 소화할 수 있습니다.

대관비 역시 업장에 따라 편차가 있지만 바나 라운지들의 경우 꼭 마음에 드는 곳은 드물지만 눈높이를 낮추면 많은 곳이 있습니다. 그래서 원하는 조건에 따라 베뉴를 선택하거나 딜을 할 수 있기 때문에 부담되는 면이 적습니다. 단점으로는 번화가의 중심에 위치한 곳들이 많기 때문에 홍보에 많은 노력을 기울여야 되는 점, 리셉션, 포토월 등을 따로 설치할 공간들이 제각각 다르기 때문에 공간의 활용이 쉽지 않다는 점 등이 있습니다.

카페

바, 라운지에서 조금 더 작은 규모인 50명 내외로 단출하게 준비할 수 있는 파티에 알맞은 공간입니다. 서울의 홍대나 신사동에 위치한 카페들의 경우 별도로 동호회와 연계해 출간기념회, 공연, 파티를 주최하고 있습니다. 음료를 파는 카페의 특성상 티 파티나 간단한 브런치 파티가 어렵지 않게 가능하고, 도심에서 흔하게 찾아볼 수 있기 때문에 대관을 알아보는 데에도 큰 문제가 없습니다. 다만 프랜차이즈의 카페들은 대관이 형식적으로 어렵

이제 카페는 더 이상 커피만 파는 공간이 아닙니다. 많은 문화행사들이 카페에서 열리고 있습니다. 대관이 쉽고 접근성도 좋아 가벼운 파티 장소로는 제격입니다.

고, 업주의 승낙을 받는 부분도 어렵기 때문에 개인이 운영하는 소규모의 카페들로 조사해 매니저나 업주와 이야기를 하면서 부딪쳐보는 과정이 필요합니다.

클럽, 감성 주점

최근 들어 급증하고 있는 새로운 베뉴입니다. 클럽 문화가 발전하기 전인 2006년 이전에는 최대 200여 명이 들어가는 사이즈의 작은 클럽들이 많았습니다만 현재는 전국에 걸쳐 최대 만여 명까지 수용이 가능한 초대형 클럽부터 문화 공간으로 변신을 하고 있는 클럽을 비롯해 그보다 작은 사이즈의 클럽들과 감성 주점들까지 다양한 베뉴들이 있습니다.

클럽의 장점은 무엇보다 댄스파티, 디제이 파티 등과 같은 음악이 위주

클럽은 항상 많은 사람들이 찾는 곳이니만큼 위치나 공간 설명에 많은 공을 들이지 않아도 괜찮습니다.

가 되는 파티를 주최하기에 더할 나위 없는 시스템이 마련되어 있다는 것입니다. 스폰서에게 파티에 관련된 프레젠테이션을 할 때에도 마찬가지로 큰 어려움 없이 설명이 가능하고, 규모나 진행에 관련해서도 클럽 자체 시스템의 도움을 받는 부분이 있어 대외적으로 좋은 이미지를 가지고 큰 무리없이 진행하는 것이 가능합니다.

하지만 장점들이 있다면 단점 역시 존재합니다. 첫 번째로 대관 비용이 증가하게 됩니다. 특히 주말에 영업을 하는 클럽 특성상 주말 대관의 경우 매출만큼의 대관 비용을 요구할 수밖에 없는 상황입니다. 두 번째로는 원하는 날짜를 잡기가 힘들 수 있습니다. 할로윈이나 크리스마스 등과 같은 대중적인 파티를 기획하고 있다면 클럽 역시 장사가 가장 잘 되는 성수기이기 때문에 별도로 대관을 해주지 않는다는 걸 알아두세요.

학교

인생의 모든 것이 반짝반짝 빛나는 추억의 시간이 묻어있는 장소는 바로 학교라고 생각합니다. 불과 10년 전까지만 하더라도 고등학교 축제는 지역 학생들이 손꼽아 기다리는 매머드급 페스티벌이었습니다. 꼭 축제가 아니더라도 학교의 교실이나 강의실 그리고 캠퍼스를 활용해 파

매년 높아져가는 비싼 대학교 등록금 때문에 부모님과 학생들 모두 많은 고통을 받고 있습니다. 하지만 반대로 비싼 돈을 낸 만큼 학교의 시설 구석구석을 쓰는 것 또한 학생의 당연한 권리입니다.

티를 해보세요! 미성년자인 고등학생들은 물론 교정에서 술을 마시면 안 되겠지만 과자와 음료수 파티로도 충분히 훌륭합니다! 대학교들은 점차 학교의 캠퍼스를 자유롭게 이용할 수 있도록 개방하는 추세이니 날씨가 좋은 날에는 돗자리를 펴고 학우들과 함께 파티를 즐기는 여유를 누려보세요! 캠퍼스는 비용이 들지 않고 홍보나 집객 등에서도 유용한 측면이 많습니다. 단점으로는 수업이 끝나는 6시에서 9시 이후에는 독서실이나 연구실이 근접한 건물과 소음으로 인한 마찰이 생길 수 있고, 방학 기간 중에는 학교에서 모이는 것이 힘들 수도 있습니다. 학교에서 지식을 쌓는 것도 중요하지만 그 지식을 파티에서 함께 사람들과 즐겁게 나눔으로써 또 새로운 경험을 얻는 것 또한 지식인으로서의 자세가 아닐까요?

모텔

다소 선정적인 공간이라고 생각하시는 분들이 있을지 모르겠습니다만 생일 파티나 파자마 파티 같은 프라이빗 파티를 저렴한 비용으로 즐길 수 있어 여성분들 사이에서 인기가 많습니다. 또한 몇몇 모텔들은 디자인과 인테리어뿐 아니라 호텔의 스위트룸과 같이 넓은 공간으로 구성되어 있어 영화나 드라마에 나오는 그림 같은 집에서의 파티를 즐기는 것이 가능합니다. 잘 꾸며놓은 모텔들의 경우 드라마나 영화, 화보의 촬영 장소로도 사용이 되어 성수기 때는 웬만한 호텔 못지 않은 인기를 끌고 있습니다.

그럼 단점은 어떤 점들이 있을까요? 먼저 요리를 하거나 음악을 크게 트는 등에는 제약적인 면이 있습니다. 두 번째는 투숙의 개념으로 가기 때문에 여러 명이 오게 되면 인원수가 별도로 계산될 수 있습니다. 마지막으로는 참가자들의 인식으로 인한 트러블이 있을 수 있습니다. 동성 간의 파티라면 별 무리가 아닙니다만 이성 간의 파티일 경우 모텔이라는 공간에서 주는 인식 때문에 다소 안 좋은 이미지로 오해를 받을 수 있습니다. 사전에 정확한 설명으로 불신감(?)을 해소해 놓도록 하세요!

부티크 호텔은 규모는 작지만 고급화된 서비스를 지향하는 곳입니다. 홍보도 요란하게 하지 않기 때문에 입소문으로 널리 알려지고 있죠.

부티크 호텔

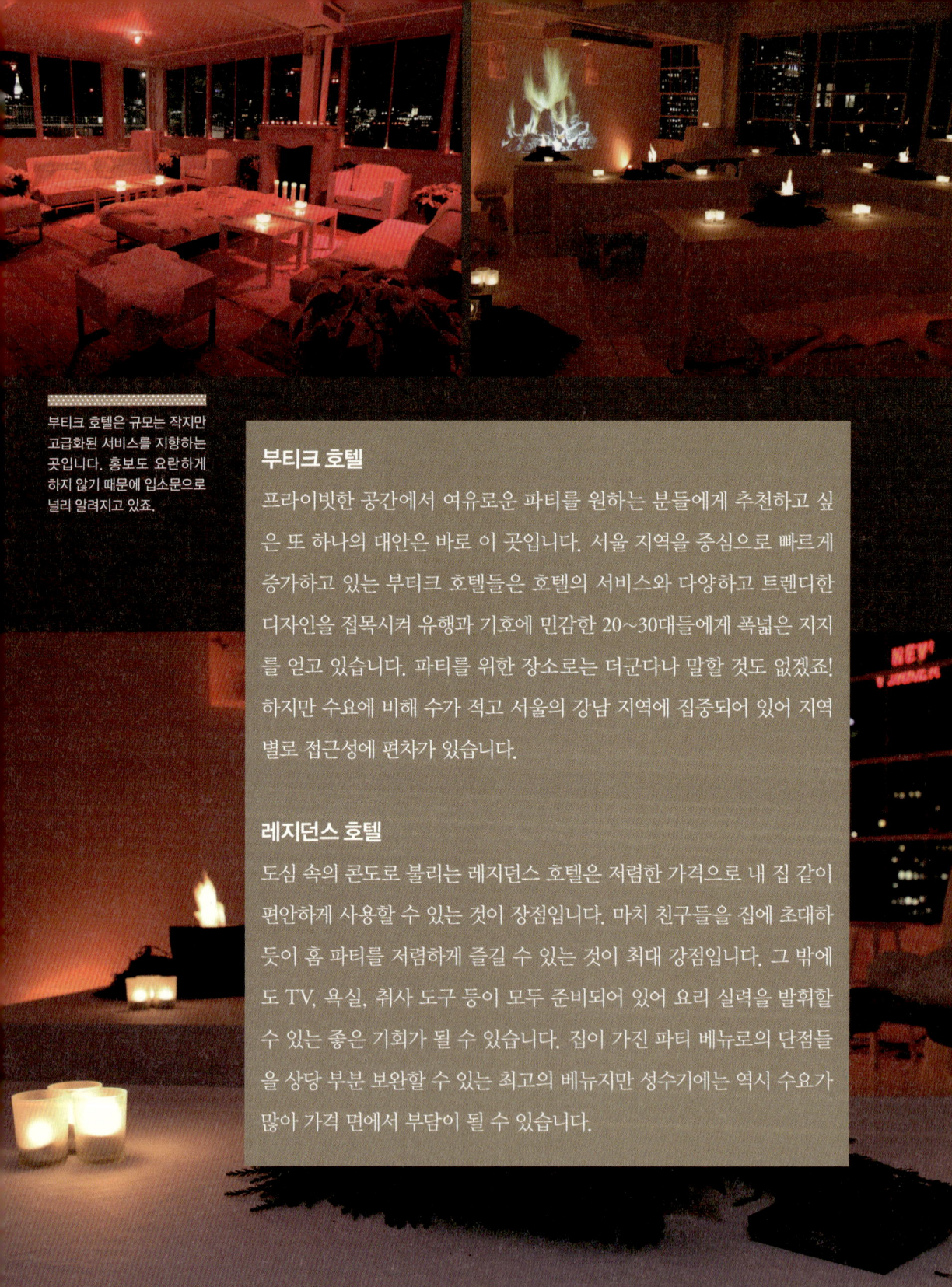

프라이빗한 공간에서 여유로운 파티를 원하는 분들에게 추천하고 싶은 또 하나의 대안은 바로 이 곳입니다. 서울 지역을 중심으로 빠르게 증가하고 있는 부티크 호텔들은 호텔의 서비스와 다양하고 트렌디한 디자인을 접목시켜 유행과 기호에 민감한 20~30대들에게 폭넓은 지지를 얻고 있습니다. 파티를 위한 장소로는 더군다나 말할 것도 없겠죠! 하지만 수요에 비해 수가 적고 서울의 강남 지역에 집중되어 있어 지역별로 접근성에 편차가 있습니다.

레지던스 호텔

도심 속의 콘도로 불리는 레지던스 호텔은 저렴한 가격으로 내 집 같이 편안하게 사용할 수 있는 것이 장점입니다. 마치 친구들을 집에 초대하듯이 홈 파티를 저렴하게 즐길 수 있는 것이 최대 강점입니다. 그 밖에도 TV, 욕실, 취사 도구 등이 모두 준비되어 있어 요리 실력을 발휘할 수 있는 좋은 기회가 될 수 있습니다. 집이 가진 파티 베뉴로의 단점들을 상당 부분 보완할 수 있는 최고의 베뉴지만 성수기에는 역시 수요가 많아 가격 면에서 부담이 될 수 있습니다.

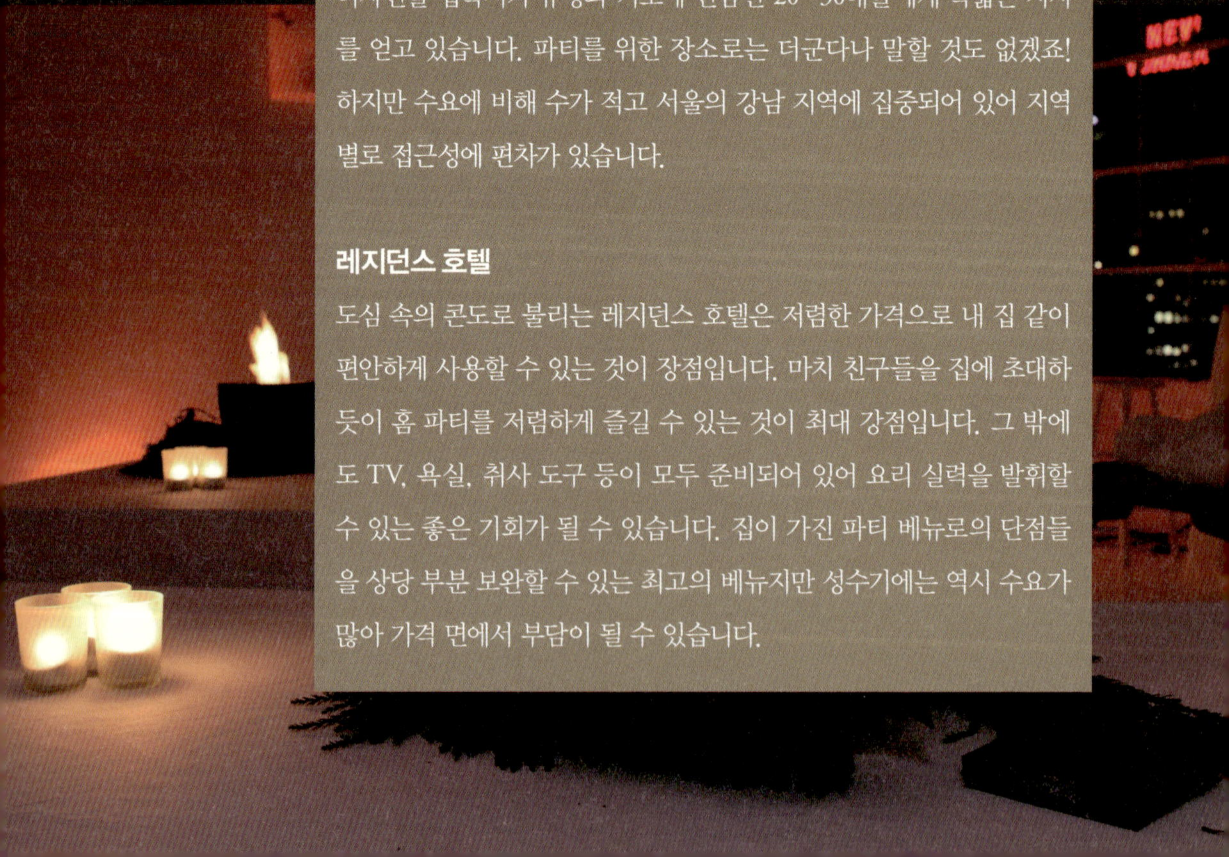

파티 전문 공간

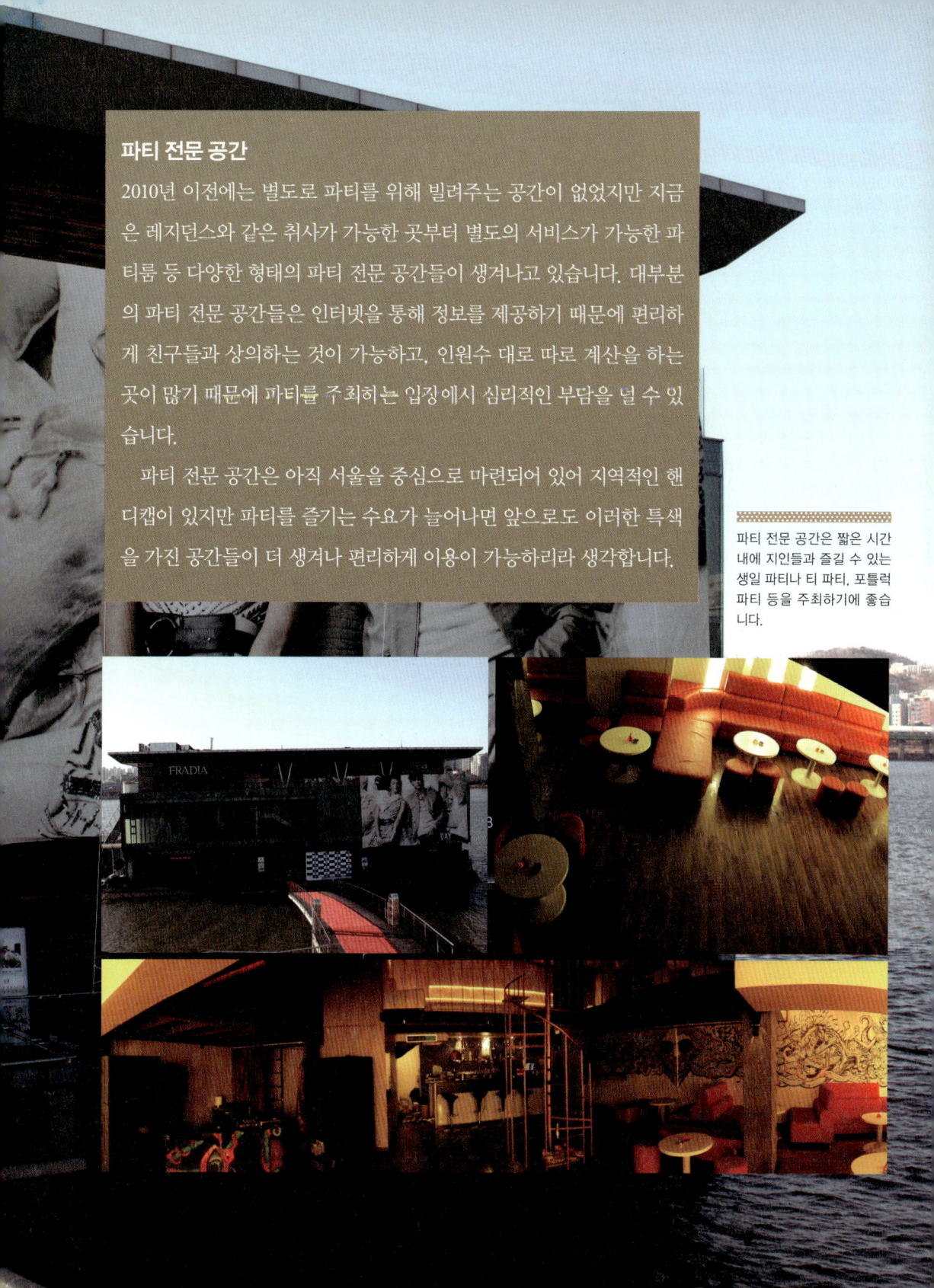

2010년 이전에는 별도로 파티를 위해 빌려주는 공간이 없었지만 지금은 레지던스와 같은 취사가 가능한 곳부터 별도의 서비스가 가능한 파티룸 등 다양한 형태의 파티 전문 공간들이 생겨나고 있습니다. 대부분의 파티 전문 공간들은 인터넷을 통해 정보를 제공하기 때문에 편리하게 친구들과 상의하는 것이 가능하고, 인원수 대로 따로 계산을 하는 곳이 많기 때문에 파티를 주최하는 입장에서 심리적인 부담을 덜 수 있습니다.

파티 전문 공간은 아직 서울을 중심으로 마련되어 있어 지역적인 핸디캡이 있지만 파티를 즐기는 수요가 늘어나면 앞으로도 이러한 특색을 가진 공간들이 더 생겨나 편리하게 이용이 가능하리라 생각합니다.

파티 전문 공간은 짧은 시간 내에 지인들과 즐길 수 있는 생일 파티나 티 파티, 포틀럭 파티 등을 주최하기에 좋습니다.

마리안느 펜션과 같이 최근에 본격적인 풀 파티를 즐길 수 있는 대형 풀을 겸비한 펜션이 많이 생겼습니다. 동시에 펜션들 역시 자체적인 파티를 기획해 공격적인 마케팅을 펼치고 있습니다.

펜션

2000년대 초부터 시작된 펜션 붐으로, 서울 근교에 점차 멋진 저택 같이 디자인된 펜션들이 많이 생겨나 새로운 파티 플레이스로 각광받고 있습니다. 펜션에서 파티를 진행하는 경우 가장 큰 장점은 정원이 마련된 저택의 분위기를 낼 수 있다는 것입니다. 탁 트인 외부에서 즐기는 바비큐 파티나 음악을 틀어놓는 댄스파티(디제이가 있다면 더욱 분위기가 살겠죠?), 풀을 이용한 풀 파티를 상대적으로 저렴한 비용으로 준비할 수 있습니다. 단점으로는 첫 번째로 교통이 불편하기 때문에 접근성이 떨어져 자가용이 없다면 파티 준비 등에 있어서 인원이나 비용이 예상보다 더 많이 지출되기도 합니다. 또한 집객에 있어서도 여름의 성수기가 아니면 참가하는 게스트의 수가 적고, 우천이나 폭염 등의 기상 여건 등에 따라 예약이 취소되는 경우가 일반적인 파티보다 큽니다. 두 번째는 풀 파티나 디제잉 혹은 댄스파티를 주최하려고 할 경우 비협조적인 펜션이 있을 수 있고, 다른 투숙객들이 호의적이지 않을 경우 기획 자체가 무산될 수도 있습니다.

스텝 구성

지인들만 불러서 조그맣게 준비를 하는 파티는 혼자서도 충분히 준비가 가능하지만 10명 이상이 넘어가는 파티를 준비하면서 이것저것 신경 쓰다 보면 혼자의 힘으로는 버거울 때가 오게 됩니다. 말 그대로 놀려고 시작했던 것이 일이 돼버리는 것이죠! 이럴 땐 주변에 도움을 요청해 장소 섭외, 기획안 제작 등의 전반적인 큰 준비를 자신이 하고, 그 외 홍보나 연락, 게스트 리스트 작성 등에는 스텝을 두어 진행하는 것이 오히려 더 효율적입니다. 물론 행사 당일에도 혼자서 모든 일을 해결하려고 하면 곤란합니다. 몸은 한 개인데 여기저기서 자신을 찾는 사람들이 많아지기 때문에 효율적인 운영을 위해서라도 스텝을 구성하는 것이 필수입니다!

각 팀 별로 맡아서 할 일을 정하고 계획적으로

그렇다면 스텝을 어떤 식으로 운영하는 것이 가장 편할까요? 위에서 언급한 것처럼 기획·운영, 홍보·디자인의 두 파트에서 최대 네 파트까지 나누는 것이 좋습니다. 스텝을 구성해 파티를 준비할 때 주의할 점은 각자 파트의 전문성을 최대한 살려야 한다는 것입니다. 그리고 파티 준비의 타임테이블을 구성해 각 파트별로 맡아서 할 일을 나눠 단계별로 체크를 하나씩 하며 준비하도록 합니다. 그렇다고 너무 파트별로 폐쇄적으로 따로 준비를 하다 보면 손이 많이 가는 홍보나 행사 당일의 운영과 같은 부분에서 차질을 빚을 수 있으므로 각자의 전문분야를 살릴 수 있는 부분은 과감히 믿고 맡기되 협업을 할 수 있는 부분에서는 다 같이 힘을 합칠 수 있는 팀워크가 필요합니다!

파트별 시나리오를 구성, 현장에서는 최대한 융통성 있게

파티 당일이 되면 현장은 생각한 것 이상으로 정신없이 돌아가게 됩니다.

따라서 주최를 담당하는 주최 측과 스텝들이 당황하면 파티의 진행은 사고 난 전복 차량이 앞에 있어 도로가 교통 지옥이 되는 것처럼 변해버릴 수 있습니다. 따라서 각 시간대별로 분주하게 돌아가는 곳에 집중적으로 인력과 시나리오를 구성해 효율적인 운영 방안을 준비하는 것이 필요합니다. 마찬가지로 각 섹션별로 상황에 따른 결정권을 부여할 필요가 있습니다. 물론 차후에 사소한 트러블로 차질을 빚게 될 것을 고려해 사전의 협의 과정을 거치는 것이 좋습니다. 자세한 운영에 관련해서는 챕터 6에서 설명을 더 하도록 하겠습니다.

예산 계획

기획이 끝났다면 기획을 토대로 정확한 예산 계획을 잡아보는 과정이 필요합니다. 아무리 좋은 기획이 나왔다고 하더라도 현실적인 비용의 지출과 수익을 통한 밸런스를 따져보고 부담이 된다 싶으면 과감하게 빼고 기획을 다시 수정해나가는 작업이 필요합니다. 물론 친구나 지인들끼리 조촐하게 즐기는 프라이빗이나 홈 파티, 포틀럭 파티의 경우 큰 지출이 없기 때문에 굳이 이런 과정을 왜 해야 되나 의아해하시는 분들이 있을 수 있습니다. 하지만 아무리 작은 파티라도 예산 계획을 생략하게 되면 자칫 과소비로 이어질 수 있습니다. 따라서 파티 계획 이후 항목들을 빠짐없이 체크해 빼야 할 부분과 비용이 들지 않는 방법 등 여러 가지 대안점을 찾아 파티 전 지출을 최소화하는 작업을 하세요.

파티 예산 : 지출

먼저 파티를 위해 지출되는 항목들에 대해서 알아보도록 하겠습니다. 작게 시작하는 파티의 경우 정말로 만 원 내외로 과자와 음료수만으로도 조촐하게 파티를 꾸미는 것이 가능합니다. 파티의 규모가 점차 커지고 다양한 콘텐츠, 프로그램이 붙기 시작하면 자연스레 그에 따른 지출이 증가하게 됩니다. 이를 파티의 주최자 혼자 부담할 수는 없는 일이죠. 그렇기 때문에 파티가 주최자 본인에서 시작하든 친구들과의 이야기에서 시작하든 단체의 계획에서 출발을 하든 관계없이 기획에 관련된 정리가 되었다면 예산 계획 중 지출 계획을 먼저 잡아보는 것이 좋습니다. 생각보다 비용이 많이 드는 부분, 적게 드는 부분은 물론 생각지도 못하게 무료로 제공받을 수 있는 부분들도 있기 때문이죠! 또한 파티를 계획할 경우 그저 막연하게 노는 환상으로 끝나는 경우가 많지만 현실적인 지출 계획을 넘어서면 '해볼 만하겠는데?'라는 자신감을 얻을 수 있어 파티 준비의 모티베이션을 끌어올릴 수 있습니다! 자, 그럼 세부적으로 어떤 부분들을 체크해야 하는지 알아보도록 하겠습니다!

대관료

베뉴의 사용에 관련된 비용입니다. 적게는 몇십만 원부터 많게는 수천만 원까지 대관의 비용은 베뉴의 크기와 날짜(요일), 시간 등 여러 가지 요인에 따라 영향을 많이 받습니다. 인원이 적은 프라이빗 파티의 경우 저렴한 공간들이 많기 때문에 파티에 참가하는 사람들의 인원수 대로 부담을 하거나 본인이 대관을 책임지고 나머지 부수적인 부분을 참가자들이 나누는 등 유동적으로 파티를 만드는 것이 가능합니다. 하지만 규모가 커지게 되면 대관료 역시 여러 조건에 따라 금액이 올라가니 사전 준비를 통해 대관료를 낮추거나 리스크를 줄일 수 있는 방안을 찾아야 합니다. 그 방법들에 관해서는 다음 챕터에서 더 자세히 다루도록 하겠습니다.

홍보 예산

파티의 홍보에 관련된 모든 비용을 이야기합니다. 간단하게 인맥으로 홍보를 한다고 해도 비용이 전혀 들지 않는다고 생각하는 분이 있습니다. 하지만 파티의 초대장이나 파티의 스폰서 혹은 명함 등의 인쇄를 하는 것 역시 파티를 주최하기 위한 비용이므로 적은 돈이라도 모두 홍보 예산에 넣어 놓은 것이 좋습니다.

홍보 예산의 가장 큰 부분은 인쇄에 관련된 것입니다. 포스터를 비롯해 초대권, 티켓, 드링크 쿠폰, 플라이어(유인물), 현수막 등과 같은 인쇄 비용과 그 디자인 비용이 있습니다. 그 밖에도 DB를 활용한 SMS나 지인들에게 직접 전화나 문자를 보내는 DM Direct Marketing 비용도 처음에는 개인 혹은 파티에 참여하는 개개인이 차후에 부담하는 비용이라 크게 신경을 안 쓰지만 많은 사람을 부르는 대형 파티를 준비하는 경우 여러 사람들에게 홍보 전화나 문자를 보낸 후 요금폭탄을 맞는 경우가 있기 때문에 어느 정도 예산 계획을 세워 놓고 그에 따라 대책을 마련하는 것이 필요합니다. 온라인 홍보를 위한 페이스북, 블로그, 카페 등의 광고 비용 역시 미리 얼마나 비용이 드는지 정확한 액수와 노출도, 효과 등에 대한 조사가 이루어져 있다면 그에 대한 비용 책정을 정확하게 하여 반영하는 것이 좋습니다!

프로그램

공연이나 디제이 혹은 사회자, 축가 등 파티의 콘텐츠를 채워주는 프로그램과 그 진행에 필요한 비용입니다. 처음에는 정확한 비용이 얼마나 드는지 파악하기 어렵습니다. 하지만 조금만 발품을 팔면 생각보다 쉽게 조사를 할 수 있습니다. 가장 확실한 방법은 해당 출연자와 직접 이야기를 해 출연 액수 즉 개런티를 협의하고 계약을 하는 것입니다. 계약을 하는 이유는 구두로 계약을 하는 경우 파티 당일 출연자쪽에서의 개인적인 사정이나 공연 개런티가 적다는 이유로 취소하거나 늦는 등의 상황을 방지하기 위해서입니다. 직접 이야기하는 것이 어렵다면 주변 지인의 소개를 통해 이야기를 하는 것입니다. 여기서 정말 친한 지인이라면 믿고 맡길 만하지만 간혹 친분이 두텁지 않은 지인에게 갑작스럽게 부탁하는 경우 중간에 에이전트 수수료를 터무니 없이 붙여 개런티를 올리는 상황이 있습니다. 따라서 주변에 부탁할 사람이 없다면 공식적인 에이전시나 소속 회사, 대행업체를 통해 알아보는 것이 좋습니다.

마지막으로 프로그램의 진행에 필요한 것은 무엇이 있을까요? 프로그램들의 경우 대부분 음악이 쓰이기 때문에 기본적으로 스피커가 들어가게 됩니다. 스피커의 경우 출력에 따른 스피커 용량, 해당 프로그램에 필요한 모니터 환경, 스피커를 지원하기 위한 콘솔과 오퍼레이터의 유무에 따라 비용이 천차만별입니다. 따라서 스피커의 설치가 필요할 경우 해당 음향업체에 프로그램의 성격과 파티가 열리는 베뉴의 사이즈, 규모 등을 상세히 조사해 견적을 받아보시는 게 가장 좋습니다.

디제잉 공연의 경우 역시 별도의 디제이 장비가 필요합니다. 작은 파티들의 경우 디제이 장비를 직접 가져와서 음악을 틀거나 노트북을 이용해 간단하게 트는 것도 가능하지만 별도의 디제이를 불러서 하는 파티라면 디제이와 상의해 그에 알맞는 장비를 대여하는 것이 좋습니다. 디제이 장비 대여의 단가는 업체별로, 장비의 기종에 따라 차이가 엄청나게 크지만 성수기가 아닌 경우 일반적으로 가장 전문가급의 장비 세트인 파이오니아 CDJ-2000 두 대와 DJM-900 NEXUS를 빌렸을 때 20~30만 원 가량에 대여가 가능합니다. 그외 밴드나 세션을 비롯해 사회자, 축가 등은 공연을 위한 악기(드럼), 마이크와 모니터 스피커 등이 필요하게 됩니다. 대부분 음향업체에서 견적을 요청할 때 프로그램을 이야기해 놓으면 함께 금액을 알려주므로 어렵지 않게 정보 수집이 가능합니다.

포토그래퍼나 VJ를 섭외해 파티 자체 콘텐츠를 만들어 두면 참여자들과 공유하며 즐기기도 쉽고 차후 자료 기록용으로도 좋습니다.

콘텐츠 제작

사진을 찍어주는 포토그래퍼, VJ 등의 비용을 이야기합니다. 지인들에게 부탁을 하거나 스텝들 안에서 자체적으로 해결을 하면 비용이 들지는 않지만 사진이 흔들리거나 만족스럽지 못한 결과물이 나오면 안 하느니만 못합니다. 왜냐하면 현장에서 사진이나 영상을 찍는 스텝이 있으면 당연히 참가자들은 그 이후에 파티의 관련 콘텐츠를 기다리기 마련입니다. 물론 파티 이후 직접적으로 요구를 하는 사람들은 적겠지만 파티의 피드백에서 관련 사진과 영상만큼 쉽고 간편한 매체는 없습니다. 따라서 파티를 지속적으로 주최를 할 계획이 있다면 비용이 조금 들더라도 콘텐츠 제작에 신경을 쓰는 것이 좋습니다.

주류, 파티 푸드

파티에 관련된 주류와 음식을 마련하는 비용을 이야기합니다. 인원이 적다면 대형마트나 인터넷 쇼핑몰 등을 통해 주문하는 방식은 누구나 잘 알고 계시리라 생각합니다. 하지만 파티의 규모가 커지고 인원이 늘어나게 되면 준비해야 되는 양은 그와 비례해 늘어나기 마련입니다. 먼저 주류의 경우 구입 수량이 커진다면 해당 지역의 도매업체나 수입을 하는 회사에 직접 구입을 문의하는 것이 좋습니다. 파티 푸드의 경우 아무리 사람이 많아도 많은 양의 식사를 준비하는 것은 현실적으로 어렵습니다. 따라서 식사를 반드시 해야 하는 파티의 경우 베뉴의 선정 작업에서 준비를 맡길 수 있는 곳으로 정하거나 케이터링 업체로부터 견적을 받아 진행하는 편이 좋습니다. 마지막으로 인원수만큼 넉넉하게 컵이나 포크를 준비해주세요. 특히 사람이 많이 오는 댄스파티나 축제 같은 경우 예상보다 많이 필요하게 되므로

핑거 푸드나 간단한 안주거리는 소규모 파티를 주최할 경우 베뉴로부터 제공받거나 직접 준비를 하는 등 선택지가 비교적 다양합니다.

조금 과하다 싶을 정도로 구비를 해놓는 것이 좋습니다. 남으면 다음에 또 사용하면 되니까요!

스텝

당일 파티 현장에서 일을 해주는 스텝에 관련된 비용입니다. 리셉션이

파티에서 스텝은 단순한 파트타임이라기보다는 분위기 조성에 도움을 주고 행사의 취지를 전달하는 역할을 합니다.

나 파티 내에서의 안내를 비롯해 코트첵, 서빙 등 현장에서 일을 해주는 사람들의 인건비입니다. 규모가 작은 파티들의 경우 스텝을 굳이 고용하여 쓰지 않아도 됩니다. 하지만 30명 이상의 소셜 파티 등을 진행하다 보면 자연스레 안내와 티켓팅을 맡게 될 리셉션, 가방이나 코트 등의 짐을 맡기는 코트첵, 바와 홀에서의 서빙을 담당하는 서버 등 여러 가지 파트별 인력이 필수적입니다.

데코레이션, 파티용품

파티를 장식하는 풍선이나 꽃, 촛불 등을 비롯해 고깔모자, 코스튬 등과 같은 여러 가지 것들을 종합한 비용입니다. 파티가 대중화되지 않았던 때에는 파티용품을 구하기도 어려웠을 뿐 아니라 비용이 비싸 대부분 손으로 직접 자르고 붙이는 작업을 많이 했습니다. 하지만 최근에는 인터넷에서도 어렵지 않게 종류별 파티용품을 구할 수 있고 이벤트를 위한 코스튬들 역시 전문 대여업체가 존재해 저렴한 가격으로 이용이 가능합니다. 데코레이션을 비롯해 파티용품은 적은 비용으로 파티의 분위기를 한껏 낼 수 있는

파티 후 재활용이 가능한 파티용품은 다음 파티 때 반드시 다시 사용하도록 합니다. 무심코 버렸다가는 지출이 두 배로 나갈 수 있습니다.

최고의 방법이지만 과도한 지출이 될 수 있으므로 충분한 검토 후 사는 것이 좋습니다.

파티 예산 : 수익

비용이 나갈 곳들이 너무 많아 기분이 다운되셨나요? (웃음) 이제 위에서 다룬 비용들을 구현할 수 있는 파티의 수익 부분을 다뤄보도록 하겠습니다. 파티의 비용을 먼저 이야기하고 수익을 뒤에 다루는 것은 바로 확실성 때문입니다. 비용이 나가는 부분은 파티를 하겠다고 결정을 하면 100% 지출되지만, 수익은 말 그대로 예상 범위의 계획일 뿐입니다. 따라서 예상 수익을 잡을 때는 항상 최악의 상황을 고려해야 합니다. 그리고 아울러 수익의 확실성을 높일 수 있는 예약이나 스폰서 유치 등과 같은 정확한 지표를 만들기 위해 노력해야 합니다. 파티 당일 전까지 이러한 지표들이 좋다면 파티는 대부분 성공합니다. 하지만 '잘 되겠지~', '많이 올거야~'라는 막연한 장밋빛 전망을 가질 경우 파티는 최악의 결과로 돌아오게 됩니다. 즐거움을 추구하는 파티지만 현실적인 문제를 확실하게 해결해야 그 다음을 기약할 수 있으니 주의 깊게 보시기 바랍니다!

티켓팅(입장료), 테이블 예약 등

먼저 수익을 확실하게 계산할 수 있는 부분에 대해 알아보도록 하겠습니다. 먼저 파티 참가자의 수 만큼 티켓팅이나 입장권의 수, 테이블 단위 등은 파티를 하기 전에 조사를 하거나 예약을 받는 과정을 통해 산출해 최소매출과 최대매출을 산정합니다. 파티의 성격과 콘셉트, 날짜, 규모 등에 따라 집계는 천차만별로 다르지만 이 과정이 파티의 전체적인 예산과 규모, 홍보

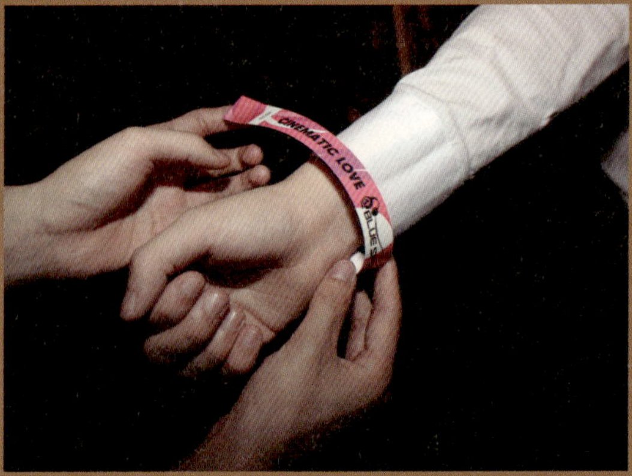

티켓팅은 파티의 수익을 올리는 방법 중 가장 기본적인 방법입니다.

의 방향을 정확하게 결정할 수 있는 최종 단계가 됩니다. 좀 더 자세히 설명을 해보도록 하겠습니다. 최소 50명 단위의 학과 파티를 기획해 학교 근처의 바를 30만 원에 빌렸을 경우 입장료를 1인당 1만 원씩만 해도 20만 원이라는 여유 금액이 발생하게 됩니다. 따라서 이 여유 금액만큼 별도의 프로그램, 술이나 안주에 투자를 하는 것이 가능해지는 것입니다. 또 다른 경우 디제이박스가 있고 디제이까지 마련해주는 라운지의 대관료가 100만 원일 때 프라이빗으로 2만 원씩 걷어 즐기는 방법도 있지만 1만 원의 참가비를 내고 주변에 함께 즐기고 싶은 친구들을 모집해 최소 50명에서 최대 200명의 외부 모객을 유치하게 된다면 100만 원에서 250만 원의 매출을 내는 것이 가능해집니다. 이러한 계산 과정은 파티의 디테일한 부분들에 대해서도 빠짐없이 체크가 가능하도록 해주기 때문에 매우 유용합니다. 처음엔 귀찮고 어렵더라도 꼼꼼히 체크해보세요!

바, 코트첵 등

주류의 판매와 파티 당일 공간 내부에서 참가자들의 짐을 맡아주는 코트첵에 관련된 부분입니다. 먼저 바에 관련된 이야기를 해보도록 하겠습니다. 우스갯소리로 돈을 벌려면 물 장사를 해야 된다는 이야기처럼 파티의 수익이 많이 나오는 부분은 바로 이 바 매출입니다. 간단한 맥주로 시작해서 칵테일, 주스나 콜라와 같은 음료까지 바에서 판매되는 모든 수익은 파티 매출을 구성하는 큰 기둥입니다. 바 매출을 높이기 위해서는 적당한 가격대로 참가자들이 부담 없이 즐길 수 있는 수준이 가장 좋습니다. 욕심을 내 가격을 일반 영업점들과 비슷하게 가는 방법도 있지만 파티의 메리트가 떨어져 오히려 매출이 일어나지 않는 경우도 있습니다. 20% 정도 저렴한 가격으로 판매를 하고 그 양을 늘려 매출을 극대화시키는 것이 좋습니다. 또 다른 방법으로는 입장료를 일정 수준으로 올리고 주류를 무제한으로 제공하는 것입니다. 사입 단가가 저렴한 생맥주나 보드카+오렌지를 섞은 칵테일은 참가자들이 많이 마셔도 비용적으로 큰 부담이 없고 참가자들 역시 추가 비용 없이 파티를 화끈(?)하게 즐길 수 있는 장점이 있습니다. 파티의 참가자가 너무 많아 자칫 리스크가 크다고 예상될 경우에는 무제한으로 제공해주는 시간대를 지정하는 방법이나 사전에 예매를 한 사람들에게만 제공한다는 가이드를 만들면 보다 안전한 선에서 주류 판매 계획이 잡힐 수 있습니다. 파티의 붐업과 홍보를 위해서도 여러 가지 전략들을 사용하는 것이 좋습니다.

두 번째는 코트첵과 관련된 부분입니다. 날씨가 추운 늦가을부터 이

바와 코트첵 운영은 파티의 수익과 직결되는 부분입니다. 번거롭고 손이 많이 가더라도 세심하게 신경 써서 준비하면 수익을 올릴 수 있습니다.

른 봄까지 참가자들 대부분은 두꺼운 코트나 머플러, 장갑 등을 착용하게 됩니다. 이러한 짐들을 맡길 별도의 서비스가 없으면 파티에 도착해서도 조금 둘러보거나 인사를 하고 나가는 분위기가 만들어질 수 있습니다. 그래서 리셉션을 거쳐 파티의 메인 공간으로 가는 사이 공간에 코트첵을 설치해 운영하게 되면 자체 수익면에서는 적을지 몰라도 파티의 전체적인 수익면에서는 큰 효과를 거둘 수 있습니다.

수익 쉐어

파티를 처음 접하시는 분들에게는 생소하게 느껴질 수 있는 부분입니다. 파티가 매번 성공적으로 주최되고 참가자들의 참여율이나 충성도가 높다고 하더라도 대관료가 수백만 원대로 들게 되면 수익률은 그만큼 높아지지만 반대로 리스크를 동반한 구조이기 때문에 주최자의 입장에서는 그리 좋은 일은 아닙니다. 그만한 대관료를 지불한다는 것은 이외에도 비용이 드는 부분이 한두 가지가 아니라는 뜻이기 때문입니다. 따라서 비용의 리스크를 상쇄하면서 베뉴와 윈-윈 할 수 있는 방법에는 수익 쉐어나 러닝개런티 같은 방법이 있습니다. 수익 쉐어는 말 그대로 파티 당일의 전체 수익을 베뉴와 일정 비율로 계약해 나누는 방식입니다. 베뉴도 일정 부분의 리스크를 안고 가는 조건인 만큼 파티를 꾸준히 주최하고 베뉴와의 유대나 신뢰가 좋은 경우에 큰 무리 없이 수익 쉐어로 계약이 가능합니다. 러닝개런티는 일정 수준의 매출을 보장해주고 그 이후는 베뉴와 퍼센테이지로 수익을 나누는 방식입니다. 베뉴쪽에서 대관료를 받지 않는 대신 본래의 기대 매출을 제공받을 수 있고, 파티를 주최하는 측은 초기 대관료를 지불하지 않지만 그 외에 다른 콘텐츠나 프로그램 비용이 있기 때문에 부담은 줄었지만 적자 상태인 것은 마찬가지입니다. 따라서 일정 금액 이상의 수익을 내기 위해서 파티에 전념해야 하고 결과적으로는 베뉴와 파티의 주최자 모두 만족할 수 있는 합리적인 계약이 가능해집니다. 물론 처음 파티 주최 경

파티의 규모와 기획, 콘셉트가 확실하다면 기획안으로 정리해 여러 회사에 제안을 넣어봅시다. 당장의 이득은 없지만 여러 업체와의 유대 관계를 만들 수 있어 차후에 파티가 자리를 잡았을 때에도 큰 도움을 받을 수 있습니다.

험이 없는 상태에서 이와 같은 조건을 업주에게 제시하는 것은 분명 무리가 있습니다. 하지만 꾸준히 파티를 주최하면서 레퍼런스를 쌓고, 베뉴와의 신뢰를 만들 수 있다면 두 가지 방안을 바탕으로 상황에 따라 더 좋은 계약안을 만들어 낼 수 있습니다. 더 자세한 방법에 대해서는 다음 챕터에서 다루도록 하겠습니다.

스폰서

파티에서 금전이나 물품 등을 지원해주는 곳이 스폰서입니다. 파티의 크고 작음과 관계없이 기획과 스폰서가 바라는 브랜드 혹은 제품의 아이덴티티가 맞아떨어진다면 많은 양은 아니지만 물품 등 협찬이 가능합니다. 가장 흔한 물품으로 맥주나 보드카와 같은 주류나 와인 등이 있습니다. 또한 직접적인 물품의 무상지원을 받지 못하더라도 일정 수량의 물품을 구입하면 1+1으로 지원을 해주는 프로모션이나 구입 물품을 소매 가격보다 할인하여 판매하는 등의 다양한 방법들이 있습니다.

admob
Google
Google

YouTube
Google

파티의 콘텐츠를 고민한다면 여러 가지 파티 스타일링과 콘셉트 설정을 눈여겨보시기 바랍니다. 공연부터 포토월, 데코레이션까지 자신만의 파티 밑그림을 그려보세요.

CHAPTER 03

PARTY PLACE

장소 섭외

이제 파티를 위한 공간을 찾아 본격적으로 부딪쳐 보겠습니다! 파티 문화가 발달한 미국이나 유럽의 경우 대부분 20대에 들어서면 독립해 사는 경우가 많아 비교적 외부의 공간을 빌려서 파티를 할 필요성이 없지만(그럼에도 불구하고 공식적인 모임이나 축하하는 자리들의 경우는 레스토랑, 라운지 등을 빌려서 파티를 하기도 합니다.) 한국의 경우 연립주택이나 아파트 등이 많고, 부모님과 같이 사는 거주 형태가 많아 집에서 파티를 주최하는 것이 생각보다 힘듭니다. 하지만 앞서 설명했지만 한국에서도 레지던스 호텔이나 부티크 호텔, 파티 전문 공간 등이 생겨나면서 굳이 집이 아니더라도 이런 공간을 활용해 파티를 즐기는 것이 가능해졌습니다. 그리고 90년대 대학가의 유행이었던 일일찻집이나 일일호프 등이 현재의 파티와 크게 다를 것이 없는 것처럼 공간을 어떻게 활용할 것인가에 대한 기획과 콘셉트가 중요하지, 어떻게 하느냐는 두 번째 문제입니다. 이번 챕터에서는 파티를 주최하는 장소의 섭외부터 활용까지 자세히 설명을 해보도록 하겠습니다. 파티를 열기 위한 첫 번째 관문인만큼 집중해서 봐주세요!

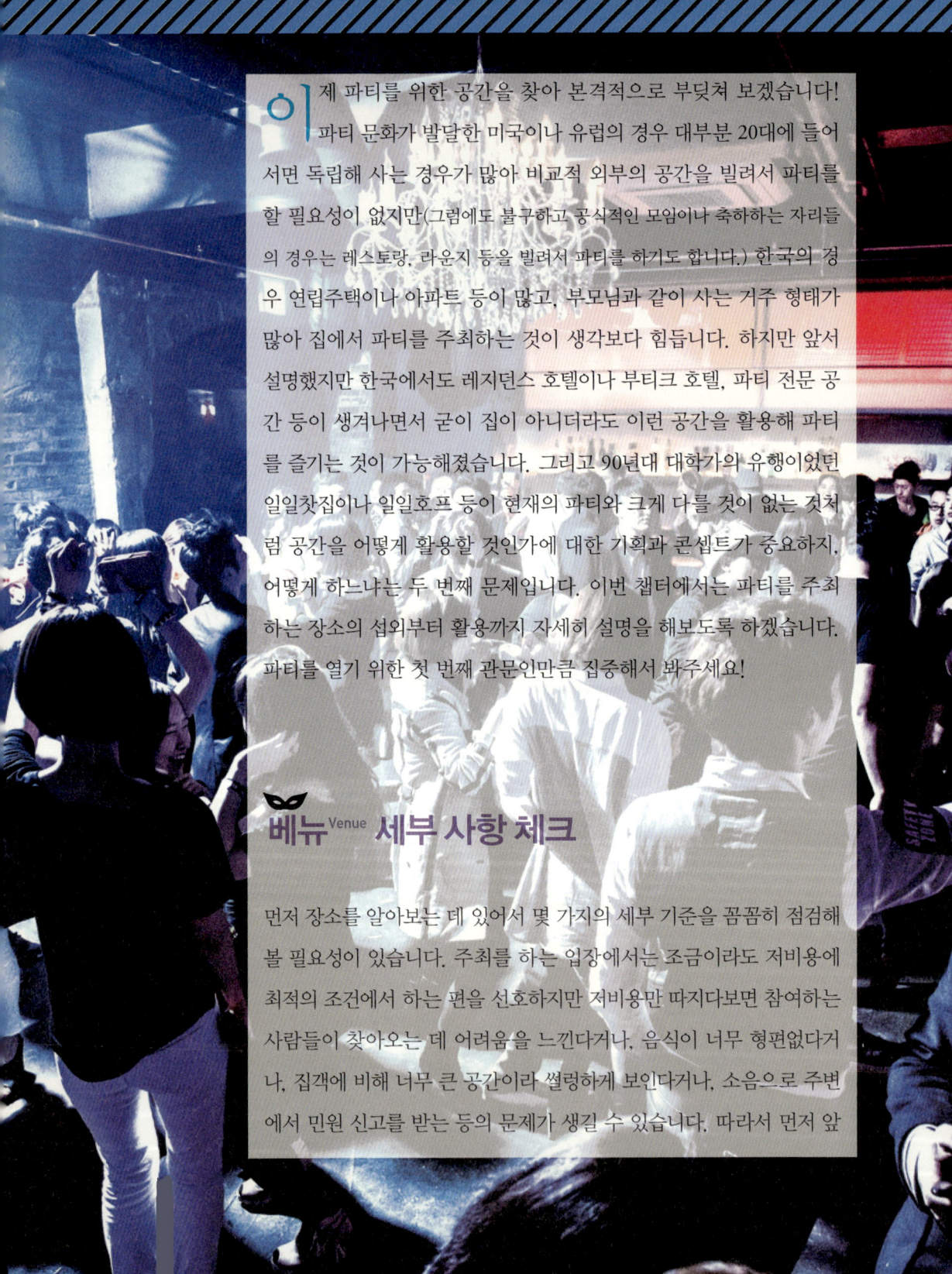

베뉴Venue 세부 사항 체크

먼저 장소를 알아보는 데 있어서 몇 가지의 세부 기준을 꼼꼼히 점검해 볼 필요성이 있습니다. 주최를 하는 입장에서는 조금이라도 저비용에 최적의 조건에서 하는 편을 선호하지만 저비용만 따지다보면 참여하는 사람들이 찾아오는 데 어려움을 느낀다거나, 음식이 너무 형편없다거나, 집객에 비해 너무 큰 공간이라 썰렁하게 보인다거나, 소음으로 주변에서 민원 신고를 받는 등의 문제가 생길 수 있습니다. 따라서 먼저 앞에서 다룬 것과 같이 기획 방향과 그에 맞는 예산 계획을 잡아 적절한 장소를 탐색할 필요가 있습니다.

원하는 날짜

파티를 준비하다 보면 장소가 아무리 좋아도 원하는 날짜에 파티를 주최할 수 없는 경우가 대부분입니다. 그 대표적인 이유는 대부분 사람들의 시간이 맞아떨어지는 주말 저녁의 경우 매출이 높은 피크타임이기 때문에 대관 자체를 꺼려하거나 비용이 아주 높은 경우가 많습니다. 할로윈이나 크리스마스 등과 같은 기념일은 말할 것도 없겠죠? 그래서 한번쯤 파티를 어렵게 준비해본 사람들의 경우 몇 가지 방안으로 이런 부분을 해결합니다.

■ 목요일 저녁이나 일요일 점심경으로

파티에 참여하는 게스트들의 직업군을 고려해 직장인이 많다면 일요일 점심, 시간에 크게 구애받지 않는 대학생이나 프리랜서 등의 직업군이 많다면 목요일 저녁으로 날짜를 잡습니다.

■ 최소 두세 달 전 베뉴 예약

할로윈이나 크리스마스, 송년회 및 신년회 등의 경우 누구나 한번쯤 '파티를 해보자!'라고 생각을 하고 있기 때문에 정말로 좋은 장소와 확실한 파티 계획이 있다면 두세 달 전에 미리 예약을 해놓아야 합니다. 장소를 먼저 예약하고 나머지 준비를 여유롭게 할 수 있기 때문에 심리적인 부담도 적어지죠. 성수기에 파티를 원하는 분들은 반드시 먼저 시간적 여유를 두고 예약을 하시기 바랍니다!

대관 비용

작은 규모의 파티에서는 큰 비용이 들지 않기 때문에 파티룸, 레지던스 호텔 등을 빌리거나 학교 강의실 등 발품을 팔아 준비할 수 있지만 본격적으로 파티를 준비하다 보면 날짜만큼이나 현실적인 부분에 부딪히게 되곤 합니다. 따라서 이번 파트를 통해 합리적이며 전략적인 대관 비용 해결 방법을 알려드리고자 합니다. 먼저 대관 비용이 크게 발생하는 업장은 대부분 자체적으로 영업을 하고 있는, 종류에 상관하지 아니한 모든 업장입니다. 최근 외부 파티를 업장 자체의 콘텐츠로 적극 활용하고자 하는 업장들도 점차 생겨나고는 있지만 기본적으로 영업을 하고 있는 업장들의 경우 오너들의 운영방침에 따라 대관의 유·무 조건이 크게 차이 나는 경우가 많습니다. 옛날에는 파티에 대한 개념이 없었기 때문에 하루 전체 매출만큼 요구를 하는 업장이 많았으나 최근에는 파티에 대한 인식이 점차 좋아지면서 홍보 개념으로 저렴하게 대여를 받는 곳도 있습니다. 하지만 파티를 주최하는 입장에서는 그에 대한 비용 역시 적지않은 금액이기 때문에 부담으로 느껴지기 마련입니다. 처음 파티를 준비하는 분들이나 대관 비용에 대해 부담을 느끼는 분들은 여러 베뉴를 탐색하면서 사장님 혹은 담당 매니저에게 파티의 콘셉트와 베뉴에 어떠한 도움이 될 수 있는지 설명하면서 서로가 부담을 느끼지 않는 수준으로 협상을 할 필요가 있습니다. 부딪치는 만큼 비용은 내려가기 마련이니까요!

■ 철저한 조사로 협상안을 준비해 가자

지피지기면 백전백승이라는 말이 있습니다. 베뉴는 가장 많은 비용이 지출되는 부분인 만큼 베뉴의 특징, 파티 레퍼런스 등을 사전에 조사해 비용을 최대한 낮출 수 있는 준비가 필요합니다. 간단하게 몇 가지 예를 들어 설명을 해보도록 하겠습니다. 먼저 파티를 처음 수용하는 베뉴들의 경우는 업주 측에서 방어적으로 나올 가능성이 높습니다. 파티에 대한 효과를 설명하면서 설득하고 또 그 수락을 기다려야 하기 때문에 시간이 오래 걸립니다. 따라서 미리 파티를 경험해본 (특히 성공적으로 된) 베뉴가 상대적으로 컨텍이 쉽습니다.

두 번째는 베뉴의 피크 시간대 조사입니다. 각 베뉴의 특성상 매출이 최대로 이루어지는 시간대가 있습니다. 이러한 시간대에 대관을 요청하게 되면 당연히 비싼 비용을 부르거나 거절당하기 쉽습니다. 그렇기 때문에 대관을 컨텍하기 전 여유를 가지고 베뉴의 피크 시간대를 조사한 다음 협상하면 좋은 결과를 얻을 수 있습니다.

■ 정확한 기획안을 준비해 가자

파티를 준비하는 과정에 있어 기획안을 만드는 것은 굉장히 중요합니다. 특히 베뉴를 컨텍하는 부분에 있어서는 기획안의 비중이 50% 이상이라고 자신 있게 말씀드릴 수 있습니다. 그 이유는 바로 베뉴의 업주 입장에서는 파티가 단순히 사람이 많이 오고 홍보가 되는 문제 이전에 '베뉴의 콘셉트와 고유의 아이덴티티를 벗어나지 않을까?' 하는 걱정이 먼저 들기 때문입니다. 특히 단골 고객들의 비중이 높은 곳일수록 이러한 현상은 더욱 두드러지기 마련입니다. 따라서 업주나 대관을 책임지고 있는 매니저와 같은 담당자들에게 파티의 콘셉트가 어떠하고 파티를 통해 베뉴와 주최 측 모두가 이득을 볼 수 있다는 청사진을 제시해 줄 필요가 있는 것입니다.

■ 정확한 수익 모델을 세워 놓고 협상

파티를 주최하는 입장에서는 머릿속으로 계획을 그려놓은 것이 100% 이루어 질 것이라는 기대감에 부풀어 오류에 빠질 가능성이 높습니다. 그러나 매일매일 장사를 하는 업주 입장에서는 대관의 경우 가게 매출을 그 시간만큼 포기해야 하는 만큼 그에 대한 100% 보존을 해주는 것은 힘들더라도 타당한 선에서 가게의 홍보와 매출을 동시에 만족시켜줄 수 있는 합리적인 증거의 제시가 필요합니다. 이 부분이 바로 정확한 수익 모델 계산이 되겠습니다.

예를 들자면 단순히 파티 참가를 예상하는 인원보다는 정확하게 사전

스탠딩 파티와 테이블을 이용한 파티는 각각 준비할 내용이 다르니 주의해서 체크해야 합니다.

티켓팅을 구매한 사람이나 테이블을 예약 구매한 사람들이 몇 명인지, 당일 날씨 사정 등을 고려한 캔슬 및 로스율을 집계한 정확한 수익 모델을 보여주면서 최대한의 합의를 이끌어 냅니다. 물론 여러 번 파티를 하면서 관계가 좋은 베뉴를 많이 만들어 놓으면 이런 절차는 자연스레 줄어듭니다!

해당 장소의 동시 수용 인원

스탠딩으로 진행하는 파티의 경우에는 스탠딩으로의 최소 인원과 최대 인원을 체크합니다. 테이블을 놓아 운영할 시에는 테이블과 의자의 숫자만큼 수용 인원을 파악할 수 있기 때문에 편리합니다만 참석을 약속했던 사람들이 불참하는 경우 좌석이 그만큼 비게 되어 파티의 분위기나 수익 등에 영향을 미칠 수 있습니다. 정확한 수용 인원을 파악해 파티 계획을 유동적으로 운영할 수 있는 준비가 필요합니다!

베뉴 위치, 교통편, 발렛 파킹 여부

베뉴들을 알아볼 때 완벽한 베뉴를 찾기란 쉽지가 않습니다. 모든 조건들에 맞는 완벽한 베뉴들의 경우는 역시 너무 비싸고, 결국 조건에 맞는 베뉴들을 찾게 되면 여기가 도대체 어디에 위치한 곳인지, 대체 여기서 파티를

베뉴의 위치를 정확히 알리는 것도 꼭 체크할 사항입니다. 스마트폰 어플이나 인터넷 지도를 이용하면 쉽게 위치를 표시하고 알릴 수 있습니다.

어떻게 해야 하는 것인지 막막한 상황에 부딪히게 됩니다. 예전에 고등학교나 대학교에서 축제를 진행해본 적이 있는 분들은 바닥에 끈이나 포스터 혹은 화살표로 된 유인물을 붙여 해당 장소를 홍보했던 경험이 있을 겁니다. 기술이 매우 놀랍도록 발전한 오늘날에는 언제 어디서나 실시간으로 인터넷을 사용해 해당 정보를 확인할 수 있기 때문에 베뉴로 오는 안내에 조금만 신경 써도 참가자들이 어렵지 않게 베뉴를 찾아올 수 있습니다. 다음은 위치를 설명하기 위한 간단한 팁입니다!

CHECK LIST

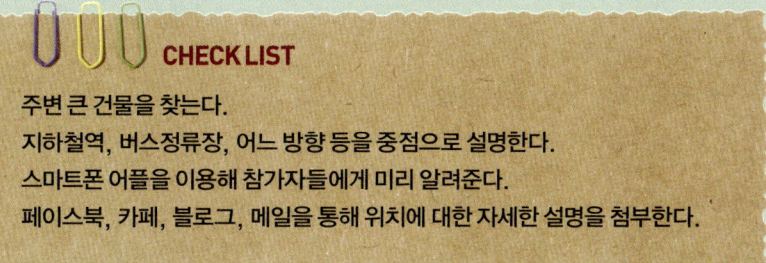

주변 큰 건물을 찾는다.
지하철역, 버스정류장, 어느 방향 등을 중점으로 설명한다.
스마트폰 어플을 이용해 참가자들에게 미리 알려준다.
페이스북, 카페, 블로그, 메일을 통해 위치에 대한 자세한 설명을 첨부한다.

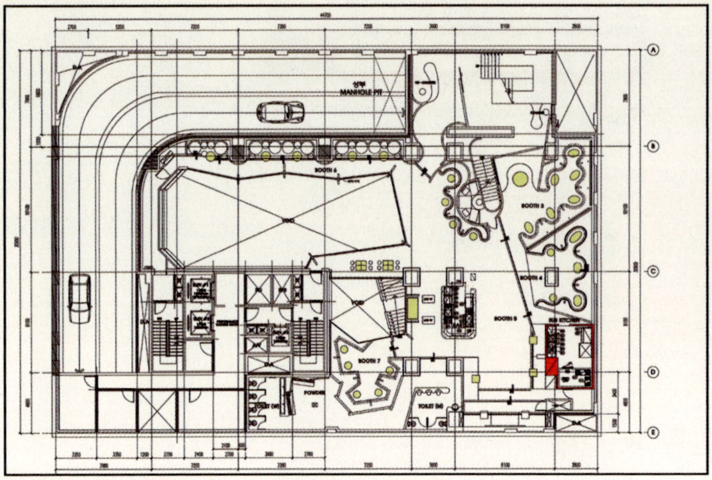

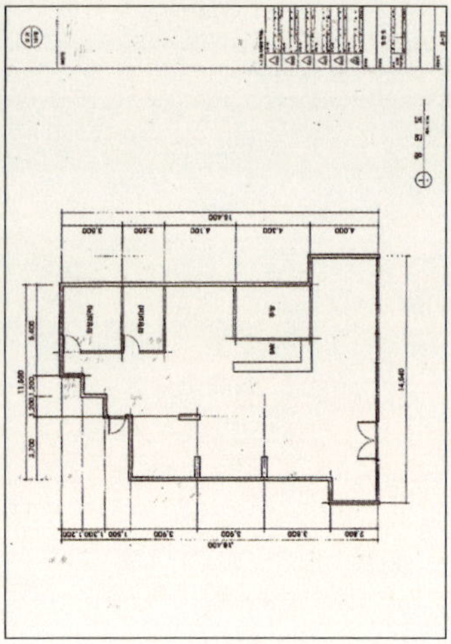

베뉴의 평면도(왼쪽)를 미리 구해 동선과 배치를 짜는 것이 좋습니다. 평면도를 구하기 어렵다면 직접 실측도를 그려(오른쪽) 계획을 짭니다.

디스플레이, 데코레이션

파티에 관련된 영상이나 배너, 포토월, 스폰서가 있을 때 홍보물 배치 등에 대한 사전 조사입니다. 베뉴의 정확한 평면도를 제공받는 것이 베스트이지만 파티를 결정하기 전에 요구를 할 수는 없으므로 이사를 할 때처럼 줄자를 챙겨 실측해 어느 곳에 배치를 할지 자체적으로 평면도를 그려 계획을 짜도록 합니다.

조명

파티를 처음 시작하는 분들이 신경을 잘 쓰지 못하는 부분 중 조금만 신경을 써도 큰 효과를 볼 수 있는 것이 바로 이 조명입니다. 어떻게 보자면 시각적인 부분에 있어 디스플레이와 동일하다고 할 수 있지만 자세한 설명을 위해 따로 이야기를 해보겠습니다. 먼저 대부분의 업장에 있는 조명들은 조도 즉 조명의 밝기를 조절할 수 있습니다. 밝은 콘셉트의 가게라고 할지라도 조도를 조절하면 충분히 아늑하고 편안한 느낌의 그럴듯한 카페 분위기 연출이 가능한 것이죠! 조도가 조절이 안 되는 밝은 공간에서는 어떻게 해야 할까요? 바로 전구나 촛불을 이용해 아늑한 분위기를 만드는 것입니

디스코볼은 여러 방향으로 조명을 반사해 활발하고 신나는 분위기를 만드는 데 탁월합니다.

다. 주로 가정이나 상점 디스플레이에 쓰여지는 형광등 램프는 푸른 계열의 빛을 내기 때문에 차갑게 느껴집니다만 백열등이나 촛불 등과 같은 조명들은 붉은 계열로 은은한 빛을 내기 때문에 보다 감성적인 파티 분위기를 내는 데 안성맞춤입니다!

시끌벅적하게 즐기는 댄스파티의 경우에도 다음의 세 가지 중 한 가지만 준비가 되어도 그럴듯한 파티를 연출할 수 있습니다.

첫 번째는 클럽의 상징인 디스코볼입니다. 디스코볼이 회전하면서 반짝거리는 빛이 공간을 채워나가 금방이라도 춤을 추고 놀아야 할 것처럼 시야를 채워줍니다.

두 번째는 바로 '싸이키'라고 불리는 스트로브 조명입니다. 대개 시간차를 두고 깜빡거리기 때문에 춤을 잘 못 추는 사람들이 조금만 움직여도 춤을 잘 추는 것 같은 착각을 만들어줍니다. 어떻게 보자면 댄스파티의 필수 품목이죠. 하지만 자칫 과도하게 사용하거나 눈높이에 맞춰 설치를 하게 되면 참가자들의 눈을 피곤하게 만들어 파티 분위기에 오히려 마이너스가 되기 때문에 안 쓰는 것보다 못한 결과가 나올 수 있습니다. 따라서 스트로브를 설치할 때에는 반드시 바닥 혹은 사람들의 시선이나 동선이 겹

뭐니뭐니해도 파티에서 분위기 메이커는 '싸이키'라 불리는 스트로브입니다.

레이저는 이제 흔하게 보이는 아이템입니다. 다양한 효과를 낼 수 있어 여러 가지 파티에서 두루 선호됩니다.

치지 않는 곳에 설치하기 바랍니다!

마지막은 바로 레이저입니다. 불과 몇 년 전까지만 해도 가격이 매우 높아 쉽게 사용하지 못했습니다만 기술의 발전과 더불어 값싼 기기들이 많이 나오면서 구입하지 않아도 대여를 해서 부담 없이 파티 때 사용할 수 있는 대중적인 파티 아이템으로 자리를 잡았습니다. 조그만 파티에서 사용하는 레이저들의 경우 출력이 낮아 크게 위험하지는 않지만 그래도 역시 눈을 향해 직접적으로 쏘게 되면 시력에 손상을 줄 수 있으니 시선상으로 바로 쏘는 것은 피해야 합니다.

음향

파티에서 빠질 수 없는 것이 바로 음악입니다. 사람들이 오기 전 분위기를 만들고, 파티의 콘셉트를 명확하게 설명해 주는 것도 음악의 중요한 역할이기 때문이죠. 또한 음악을 크게 틀게 되는 댄스파티나 디제잉 파티 등의 경우 업장에 설치된 스피커만으로도 해결이 되지 않는 부분들이 생길 수 있기 때문에 스피커를 외부에서 대여할지 여부와 대여해서 가져올 시에 어느 곳에 설치를 할지 등에 대한 세부적인 파악이 반드시 필요합니다. 대개

음향은 파티에서 꼭 챙겨야 하는 중요한 요소입니다. 베뉴의 환경을 체크하고 기본적인 음향을 설치합니다. 아래 체크리스트를 반드시 확인해야 합니다.

20~30명 단위가 들어갈 수 있는 작은 카페나 라운지, 공간 등에는 작은 포터블 스피커로도 커버가 가능합니다만 탁 트인 야외나 넓은 공간에서는 스피커의 출력을 공간에 맞출 필요가 생깁니다. 처음 파티를 진행하는 분들에게는 다소 낯선 부분이기 때문에 감이 잘 안 잡힐 수 있습니다. 가장 좋은 방법은 음향업체에 견적서를 요청해 그에 맞게 진행하거나 예산이 많이 없을 경우 MT나 행사용으로 사용되는 미니 앰프를 사용하는 것입니다.

별도의 프로그램을 진행하거나 사회자가 있는 파티를 진행할 때 마이크 설치는 필수입니다. 작은 공간에서 20명 내외의 참가자들 정도의 규모라면 육성만으로도 가능합니다만 그 이상 규모의 참가자나 더 넓은 공간에서의 파티를 진행할 때는 프로그램의 집중도가 떨어지고 참가자들 역시 프로그램의 진행 여부를 알 수 없기 때문에 산만한 운영이 될 가능성이 높습니다.

CHECK LIST

스피커의 설치 유무(최대 음량이 어느 정도 되는지)
이벤트 진행 시 마이크의 설치, 사용 유무
외부 음악을 가져와서 트는 것이 가능한지, 단자, 기기 체크
음악을 크게 틀면 주변 상점과의 클레임 문제가 발생하지 않는지, 소음이 외부로 얼마나 흘러 나가는지

베뉴들의 경우 별도로 마이크를 구입해 놓지 않기 때문에 음향업체에서 스피커와 함께 빌리거나 베뉴 자체에 마이크를 연결할 수 있는 부분이 있으면 마이크만을 빌려 사용하도록 합니다.

동선 파악

베뉴에서 동선을 파악하는 이유는 파티에 참석한 사람들이 최대한 불편해하지 않고 즐거운 분위기를 느낄 수 있도록 하는 데 있습니다. 만약 참가자들이 꼬여진 동선으로 우왕좌왕하게 되면 그만큼 파티에 대해 좋지 않은 인상을 심어주게 되겠죠.

CHECK LIST

티켓팅을 하게 된다면 티켓박스(리셉션)를 어디에 놓을 것인지
코트첵 설치 여부
코트첵 수용할 만한 공간이 있는지

CUE
REV
PLAY/PAUSE
TEMPO

CHAPTER 04

PARTY PROMOTION

기획안 제작

파티를 주최하는 데 기획안이 꼭 필요한 것은 아닙니다. 하지만 앞서 알아본 것처럼 기획안이 만들어져 있으면 파티를 준비하는 과정에 있어 여러 모로 편리한 것들이 많습니다. 파티를 위해 접촉하는 베뉴부터 스폰서를 위해 여러 업체의 담당자에게 파티에 관해 알리고 문의를 할 때, 같은 이야기를 반복해서 설명하지 않고 기획안으로 검토를 부탁하는 것입니다. 물론 각 업체의 담당자와 직접 만나 미팅을 하면 되지 않느냐 반문하시는 분들도 있으리라 생각합니다. 작은 업체들의 경우 가능할 수도 있습니다만 큰 업체들 그리고 중심가에 위치한 조건 좋은 베뉴들의 경우 대부분 파티를 하고자 미팅을 신청하면 기획안을 요청합니다. 또한 미팅을 하더라도 대화 내용 중 놓칠 수 있는 부분들이 많이 생기기 때문에 미팅의 요점을 정리한 기획안을 가지고 함께 이야기하면 미팅 당사자가 조금 더 꼼꼼히 파티에 대해 점검할 수 있다는 이점이 있습니다. 기본적으로 기획안을 준비해 간다는 것은 '파티를 이만큼 준비했다'는 뜻의 제스처이며 신뢰를 줄 수 있는 강력한 아이템입니다.

클러버스 가이드 Clubbers Guide (2010~현재)

먼저 2010년 이태원에 위치한 '클럽 볼륨'에서 매달 진행했던 클러버스 가이드Clubbers Guide 파티의 기획안을 토대로 파티 기획안 작성에 필요한 부분들을 하나씩 알아보도록 하겠습니다.

파티의 기획, 콘셉트

기획안의 핵심이 되는 부분입니다. 어떤 기획과 콘셉트로 파티를 주최하며 진행할 것인지에 대한 확실한 의도를 나타내는 파트입니다. 회의에서 아무리 좋은 기획과 콘셉트를 잡았다고 하더라도 기획안에서 주최자의 의도를 뚜렷하게 전달하지 못한다면 기획안의 가치는 떨어질 수밖에 없습니다. 따라서 기획과 콘셉트의 메시지를 정확하게 전달할 수 있도록 챕터를 구성하는 것이 필요합니다. 간혹 사진이나 이미지 들이 화려하게 들어가는 것이 좋지 않겠냐고 반문하시는 분들도 있습니다. 하지만 이러한 것은 내용물보다 포장지에 신경을 더 쓰는 셈으로 오히려 역효과를 일으킬 수 있습니다. 다소 투박하게

clubbers guide
2013,
Clubber's Guide Party 기획안
Party, Festival proposal
2013. April
Partymaker

I. Clubber's Guide
기본에 충실한
문화트랜드의 공식
DJ + Media + SNS = 파티
Clubber's Guide
DJs
Track Release
Party People

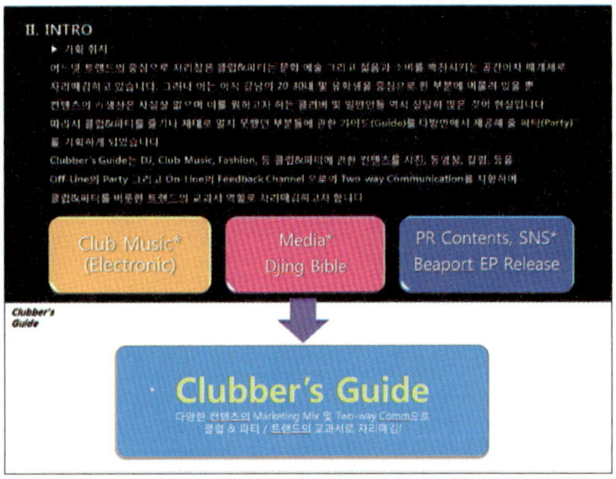
II. INTRO
Club Music* (Electronic)
Media* Djing Bible
PR Contents, SNS* Beaport EP Release
Clubber's Guide
Clubber's Guide

III. Clubber's Guide Party (@ Club ' ')
TITLE. Clubber's Guide
DATE. 2013년 x월 xx일 (매달 x 째주)
2013년 x월 xx일
PUBLISH DATE : 2013년 6월
Online-Seller : 인터파크도서,Yes24,11번가도서,등
VENUE. Club ' ' (Seoul, Iteawon)
Club ' ' (Busan)
PLAN. Partymaker
CAPACITY. 3000+
Clubber's Guide
PARTY CONTENTS
PARTY & BRAND PR :
파티가 있는 곳은 즐겁다. 함께 어울리며 즐길 수 있는 시간이 더욱 값지게 느껴지는 것은
그 순간이 짧기 때문이다. 짧지만 길게 남는 추억 그것이 바로 파티이다.
BRAND IMAGING :
REVIEW :

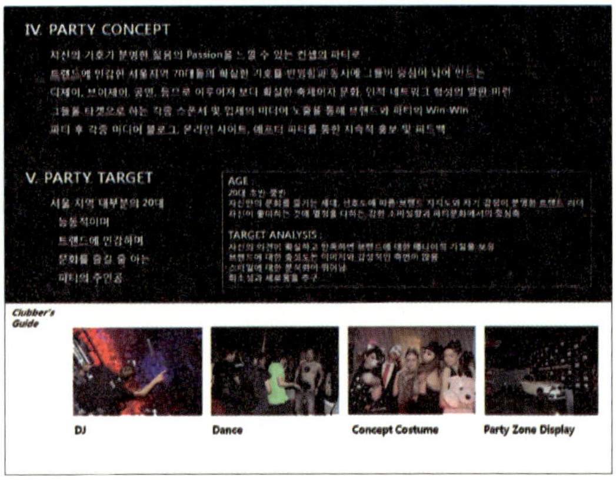
IV. PARTY CONCEPT
V. PARTY TARGET
AGE
TARGET ANALYSIS
Clubber's Guide
DJ
Dance
Concept Costume
Party Zone Display

만들더라도 파티의 기획 목적과 메시지를 정확히 전달할 수 있도록 다음과 같은 항목을 참조해 작성해 보세요.

주최자(파티팀, 동아리, 회사) 소개

보통 기획안의 앞머리에는 주최자의 소개를 넣습니다. '처음 파티를 주최하는데 어떻게 소개를 쓰지?'라고 걱정되는 분들이 많을 겁니다. 이런 경우 주최자가 앞으로 어떠한 방향의 파티를 만들어 나가고자 하는지 자신의 중심 철학 즉 파티에 대한 생각을 글과 관련 자료를 첨부해 보여주면 됩니다. 이 방법뿐 아니라 여러 가지 방법으로 작성해도 괜찮습니다만 파티를 주최하고자 하는 열정과 패기를 보여주어야 한다는 것만은 명심해 두세요!

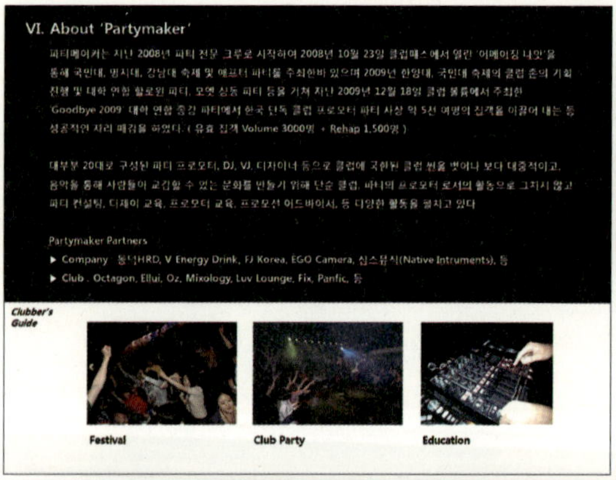

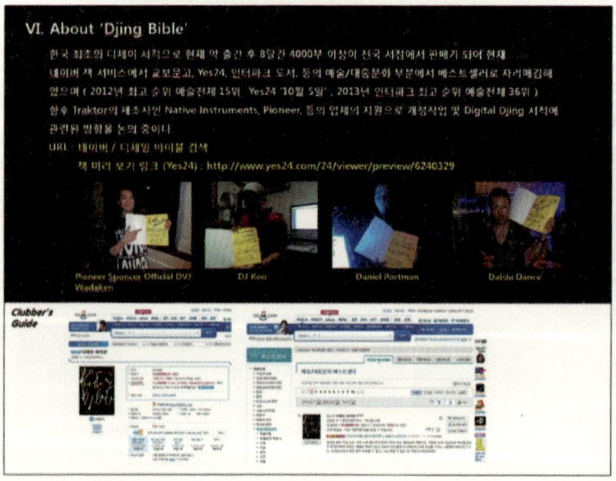

VI. About 'SoUL'

저자 신일환은 본명보다 'SoUL'로 알려진 기획자, 칼럼니스트, 프로모터, DJ, 클럽&파티 컨설턴트 등의 다양한 이력을 가지고 활발하게 활동하고 있다. 대형 클럽 시대를 연 클럽 서클의 메인 프로모터를 맡았으며, 서울의 대표적 대형 클럽인 클럽 서클, 볼륨, 매스, m2, 더블 에잇, 헤븐, 엘루이, 옥타곤 등에서 파티의 주최는 물론 여러 이벤트 및 페스티벌 기획,운영을 맡아 진행한 폭 넓은 커리어가 있다. 현재 셀러브리티 DJ 프로젝트인 세븐러스, 고저스 걸 캠페인의 디제이 트레이닝 및 프로듀서를 맡고 있으며 한국에 머무르지 않고 미국, 영국, 일본, 중국 등에서 프로모터, DJ들과의 교류를 통한 다양한 프로젝트를 진행 중이다.

세계적인 DJ 기어 회사인 NI (Native Instruments)의 한국 아티스트이며 그 외 페이스메이커 등의 DJ 관련 장비업체 뿐 아니라 여러 회사의 어드바이서 및 마케팅 파트너로도 활동하고 있다. 한국 최초이자 유일한 DJ 전문 서적인 '디제잉 바이블'을 집필하여 출간이 1년여 지난 현재까지 각 서점 예술서적에서 베스트셀러로 자리잡고 있다. 2013년 새롭게 파티플래닝, 프로모션에 관한 책의 출간을 앞두고 있으며 그 외 세계시장에 맞춘 DJ관련 책의 기획을 여러 출판사와 협의 중에 있다.

Genre : House / Nu-Disco / Trance / Techno / Progressive

URL : www.facebook.com/mixbysoul

www.youtube.com/mixbysoul

Clubber's Guide

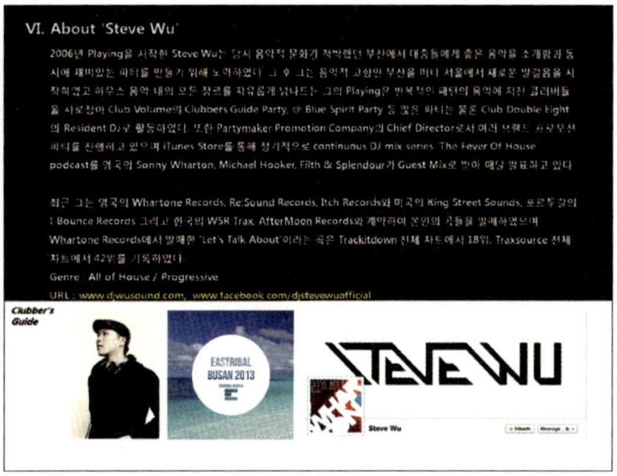

VI. About 'Steve Wu'

2006년 Playing을 시작한 Steve Wu는 당시 음악적 문화가 척박했던 부산에서 대중들에게 좋은 음악을 소개함과 동시에 재미있는 파티를 만들기 위해 노력하였다. 그 후 그는 음악적 고향인 부산을 떠나 서울에서 새로운 발걸음을 시작하였고 하우스 음악 내의 모든 장르를 자유롭게 넘나드는 그의 Playing은 반복적인 패턴의 음악에 지친 클러버들을 사로잡아 Club Volume의 Clubbers Guide Party, @ Blue Spirit Party 등 많은 파티는 물론 Club Double Eight의 Resident DJ로 활동하였다. 또한 Partymaker Promotion Company의 Chief Director로서 여러 브랜드 프로모션 파티를 진행하고 있으며 iTunes Store를 통해 정기적으로 continuous DJ mix series 'The Fever Of House' podcast를 영국의 Sonny Wharton, Michael Hooker, Filth & Splendour가 Guest Mix로 받아 매달 발표하고 있다.

최근 그는 영국의 Whartone Records, Re:Sound Records, Itch Records와 미국의 King Street Sounds, 포르투갈의 I Bounce Records 그리고 한국의 WSR Trax, AfterMoon Records와 계약하여 본인의 곡들을 발매하였으며 Whartone Records에서 발매한 'Let's Talk About'이라는 곡은 Trackitdown 전체 차트에서 18위, Traxsource 전체 차트에서 42위를 기록하였다.

Genre : All of House / Progressive

URL : www.djwusound.com, www.facebook.com/djstevewuofficial

Clubber's Guide

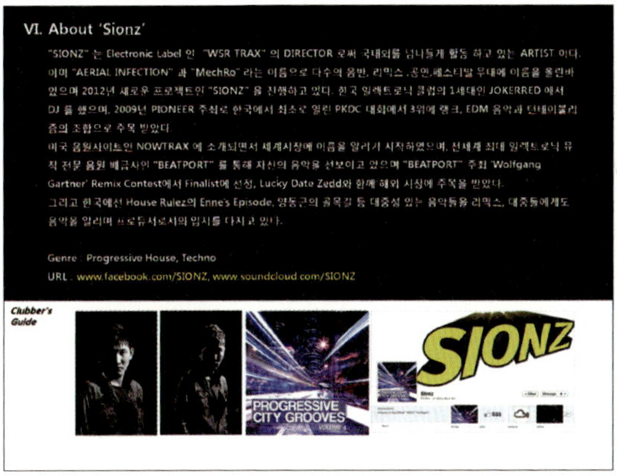

VI. About 'Sionz'

"SIONZ" 는 Electronic Label 인 "WSR TRAX" 의 DIRECTOR 로써 국내외를 넘나들게 활동 하고 있는 ARTIST 이다. 이미 "AERIAL INFECTION" 과 "MechRo" 라는 이름으로 다수의 음반, 리믹스 ,공연,페스티발 무대에 이름을 올린바 있으며 2012년 새로운 프로젝트인 "SIONZ" 을 진행하고 있다. 한국 일렉트로닉 클럽의 1세대인 JOKERRED 에서 DJ 를 했으며, 2009년 PIONEER 주최로 한국에서 최초로 열린 PKDC 대회에서 3위에 랭크, EDM 음악과 턴테이블리즘의 조합으로 주목 받았다.

미국 음원사이트인 NOWTRAX 에 소개되면서 세계시장에 이름을 알리기 시작하였으며, 전세계 최대 일렉트로닉 뮤직 전문 음원 배급사인 "BEATPORT" 를 통해 자신의 음악을 선보이고 있으며 "BEATPORT" 주최 'Wolfgang Gartner' Remix Contest에서 Finalist에 선정, Lucky Date Zedd와 함께 해외 시장에 주목을 받았다.

그리고 한국에선 House Rulez의 Enne's Episode, 양동근의 골목길 등 대중성 있는 음악들을 리믹스, 대중들에게도 음악을 알리며 프로듀서로서의 입지를 다지고 있다.

Genre : Progressive House, Techno

URL : www.facebook.com/SIONZ, www.soundcloud.com/SIONZ

Clubber's Guide

VI. About 'DJ Ginjo'

'음악은 놀이다!' 라는 모토를 가지고 DJ를 시작한 DJ Ginjo 는 대중들에게 익숙하지 않은 프라이빗 파티 문화를 전달하고 어렵게 생각하는 클럽음악을 좀 더 쉽고 신나게 들려주고자 Dj를 시작하였다.

프라이빗 파티를 결성하고 모두가 함께 즐기는 파티를 만들고자 하는 노력에 매니아층을 형성하고 한국과 중국의 클럽 씬에서 다양한 음악들을 선보이고 있다.

2011년 그가 공개한 'Shut the Funker' Vol. 1 믹스 셋으로 클러버들에게 인기를 더하고 있으며, 현재 Djing 뿐 아니라 그가 가진 다양한 재능으로 연기자뿐만 아니라 모델, 뮤직비디오 감독 그리고 뮤지컬 배우까지 다양한 커리어를 쌓아가고 있으며, 끊임없는 도전과 열정처럼 그의 Djing 또한 신선한 열기가 폭발한다.

Genre : All of House

URL : www.facebook.com/ginjo0412

Clubber's Guide

프로그램

파티에 관련된 콘텐츠, 프로그램 등에 관련된 주요 항목들에 대해 기술합니다. 앞서 짜여진 기획을 토대로 어떤 프로그램을 구성하여 진행할 것인지 간단한 프로필, 큐시트 등을 정리해 구성하면 되기 때문에 어렵지 않습니다. 프로필에 관해서는 관련 참가자들에게 사진이나 프로필 텍스트를 받아 첨부하는 것으로 마무리하면 됩니다.

베뉴

기획안에서 베뉴를 다룰 때는 크게 두 가지 포인트를 중점적으로 잡아 쓰면

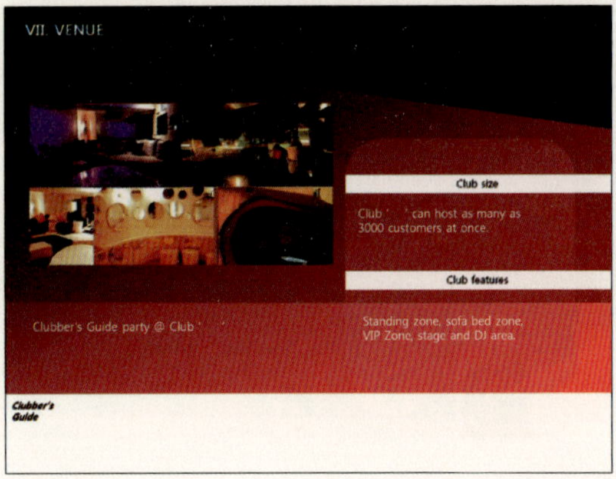

됩니다. 바로 팩트Fact와 디스플레이입니다.

먼저 팩트에 대해 이야기해 보도록 하겠습니다. 팩트는 바로 베뉴의 정보들을 이야기합니다. 다뤄야 할 부분은 위치, 수용 가능 인원(일반·최대), 테이블의 수, LED 스크린 등이 있습니다. 디스플레이는 꾸미고자 하는 분위기와 비슷한 레퍼런스 사진을 첨부해 설명하면 이해가 빠릅니다.

집객&홍보, 마케팅 계획

다른 기타 파트보다 최대한 많이 신경 써서 작성을 해야 하는 파트입니다. 파티를 꾸준히 주최해서 레퍼런스가 어느 정도 준비된 상황이라면 크게 중요하지 않을 수 있습니다. 하지만 처음 진행하는 파티라면 아무리 야심차게 준비해도 집객이나 홍보가 제대로 구현되지 않는 경우가 허다합니다. 수많은 파티에 관련된 문의를 받는 베뉴, 관련 회사들의 담당자들은 당연히 이러한 사실에 대해 여러분들보다 훨씬 빠르게 파악하고 있다고 보셔도 무방합니다. 따라서 파티를 어떻게 사람들로 꽉꽉 채워 성공적인 파티를 만

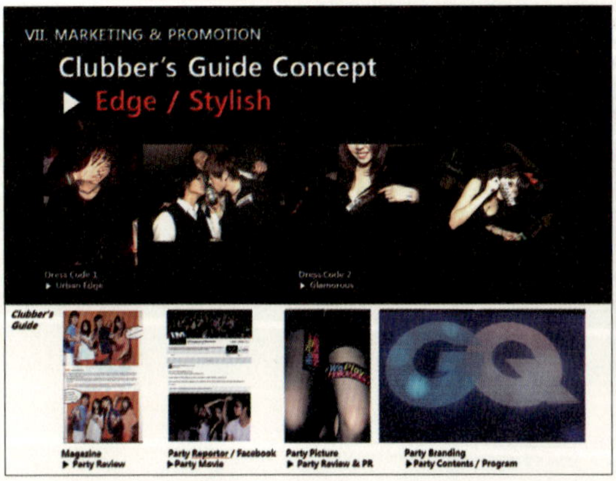

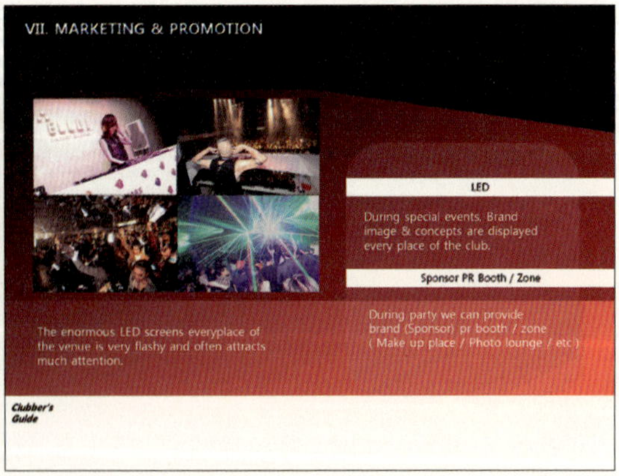

들 것인지에 대한 '구체적'이면서 '현실성' 있는 계획을 기획안에 담아야 하는 것입니다. (홍보 계획은 다음의 챕터 5를 참조하시면 됩니다.)

스폰서 제안

자, 이제 고생해서 만든 기획안을 가지고 하나씩 컨택해 보도록 하겠습니다. 긴장되는 순간이죠? 하지만 절대 주눅들지 마세요! 처음 파티에 관련 제안을 할 때 기획한 모든 내용을 짧은 시간에 빠짐없이 전달하는 것은 여러 번 행사를 주최한 사람도 무리입니다. 따라서 핵심이 되는 내용을 정리해 인사와 함께 간단한 한두 문장으로 이야기하고, 그 이후에 자세한 내용은 이메일을 통해 기획안으로 전달하는 것이 좋습니다. 물론 담당자가 관심을 크게

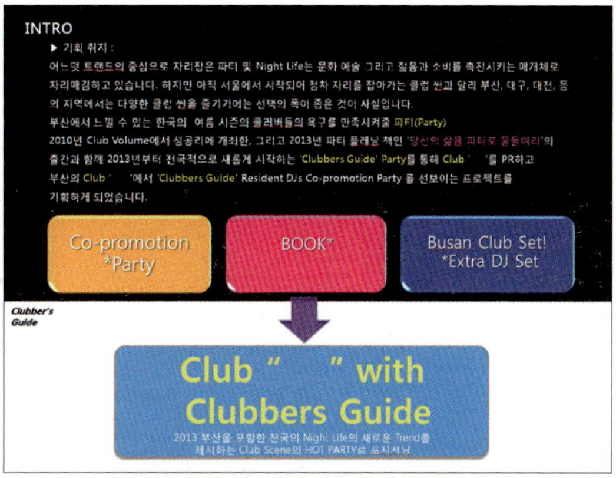

보이거나 시간적 여유가 있다면 꼭 짧게 이야기를 하지 않아도 되겠죠? 처음엔 물론 어색한 것이 당연합니다만 당당하게 부딪쳐 보시기 바랍니다!

스포츠 동아 힙쇼 Sport Donga Hipshow (2008. 4)

2008년 청담동에 위치했던 클럽 서클의 메인 프로모터로 일을 하던 당시 클럽에서 진행을 했던 파티의 기획안 전문입니다. 당시 클럽 서클은 소수의 마니아와 음지에 가려져 있던 클럽, 파티의 마케팅을 대중적으로 한 단계 끌어올리는 여러 시도를 하고 있었습니다. 다음의 파티 기획 역시 '스포츠 동아'라는 미디어와의 접점으로 많은 화제를 모았습니다.

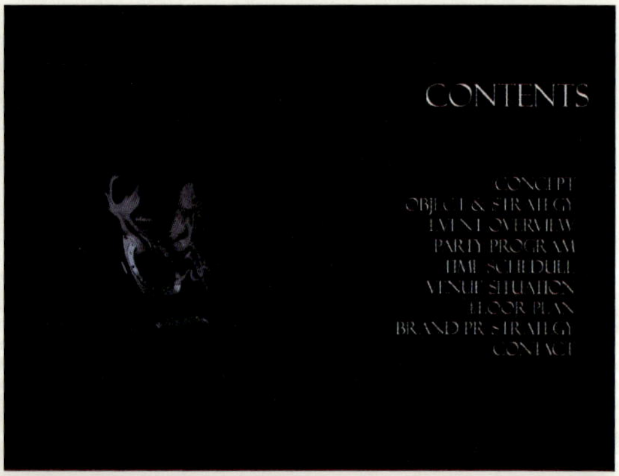

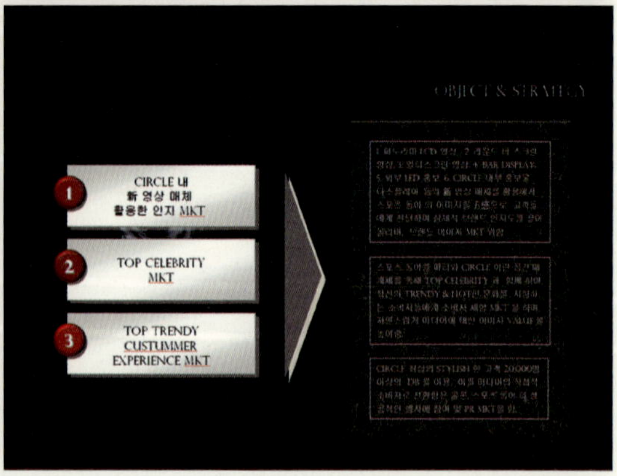

EVENT OVERVIEW
TITLE
HIP SHOW (SPORTS DONGA)
VENUE
SUPER CLUB CIRCLE
DATE
2008 04 30 WED
TIME
PM 8 : 00 - AM 00 : 00 (TBC)
DRESS CODE
HIP & SEXY ATTIRE (TBC)
INTERVIEW
POHOTO WALL
ENTERANCE
CELEBRATION
PERFORMANCE
CEO
MESSAGE
DJING
DANCE
PARTY

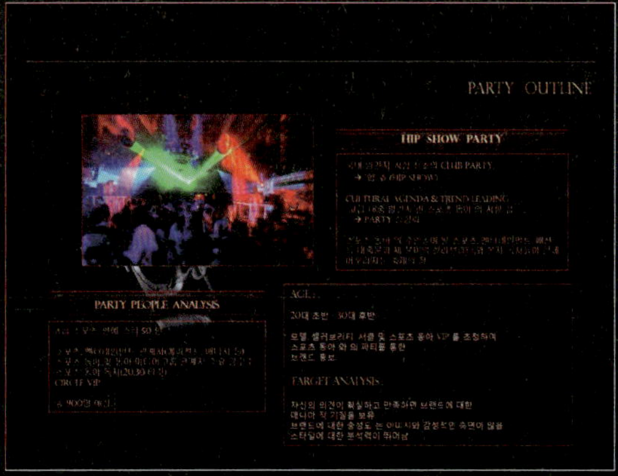
PARTY OUTLINE
HIP SHOW PARTY
CULTURAL AGENDA & TREND LEADING
→ PARTY
PARTY PEOPLE ANALYSIS
CIRCLE VIP
AGE :
20대 초반 - 30대 후반
모델, 셀러브리티 서클 및 스포츠 동아 VIP 를 초청하여
스포츠 동아 와 의 파티를 통한
브랜드 홍보
TARGET ANALYSIS :
자신의 의견이 확실하고 만족하면 브랜드에 대한
매니아 적 기질을 보유
브랜드에 대한 충성도 는 이미지와 감성적인 측면이 많음
스타일에 대한 분석력이 뛰어남

PARTY SKETCH
RED CARPET 운영
circle

PARTY PROGRAM SPECIAL GUESTS LIST
참석 축하 연예인 (1 차)
스포츠 스타 추가 예정

PARTY PROGRAM
행사 PROGRAM
✔PRE SHOW JEWERY 최근 앨범발표
✔ENDING SHOW
빅뱅 또는 거미 & ELYM
음악프로그램 1위를 차지한 거미

CIRCLE PERFORMANCE
PARTY PROGRAM
CIRCLE BARTENDER SHOW
SHOT GIRL

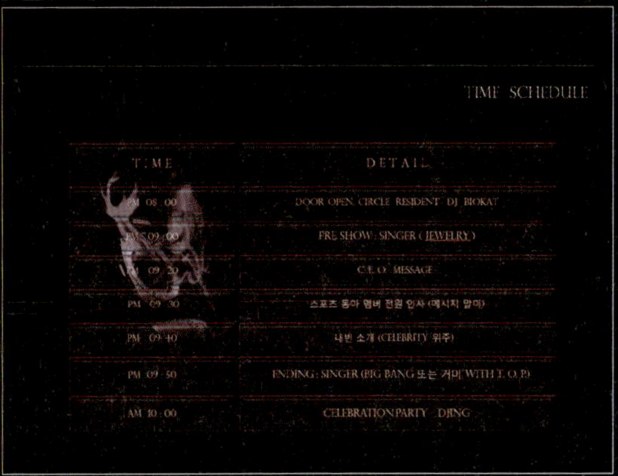
TIME SCHEDULE
TIME
DETAIL
PM 08 : 00
DOOR OPEN, CIRCLE RESIDENT DJ BIOKAT
PM 09 : 00
PRE SHOW : SINGER (JEWELRY)
PM 09 : 20
C.E.O MESSAGE
PM 09 : 30
스포츠 동아 멤버 전원 인사 (메시지 말미)
PM 09 : 40
내빈 소개 (CELEBRITY 위주)
PM 09 : 50
ENDING : SINGER (BIG BANG 또는 거미 WITH T. O. P)
AM 10 : 00
CELEBRATION PARTY DJING

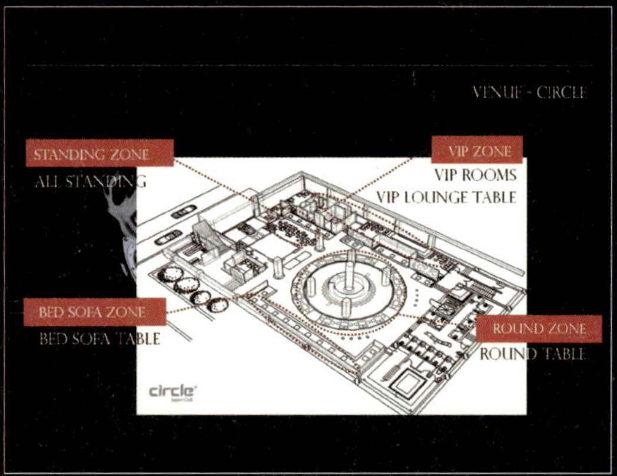
VENUE - CIRCLE
STANDING ZONE
ALL STANDING
VIP ZONE
VIP ROOMS
VIP LOUNGE TABLE
BED SOFA ZONE
BED SOFA TABLE
ROUND ZONE
ROUND TABLE
circle

VENUE - CIRCLE
LED

VENUE - CIRCLE
ARENA
RECEPTION

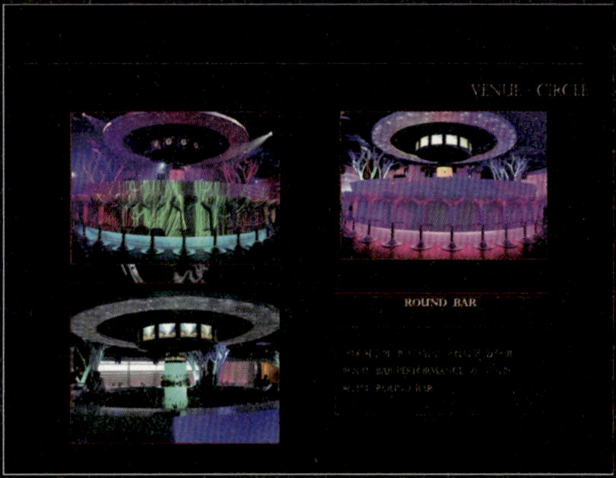
VENUE - CIRCLE
ROUND BAR

VENUE - CIRCLE
HALL

VENUE - CIRCLE
VIP LOUNGE

VENUE - CIRCLE
VIP ROOM

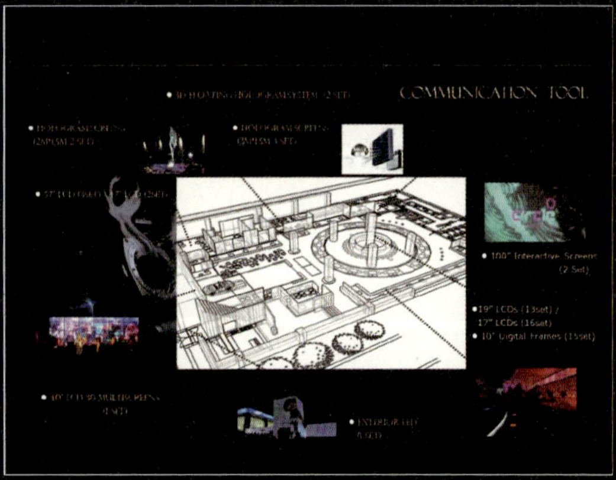
COMMUNICATION TOOL
100" Interactive Screens (2 Set)
19" LCDs (13set) / 17" LCDs (16set)
10" Digital Frames (15set)

FLOOR PLAN
circle

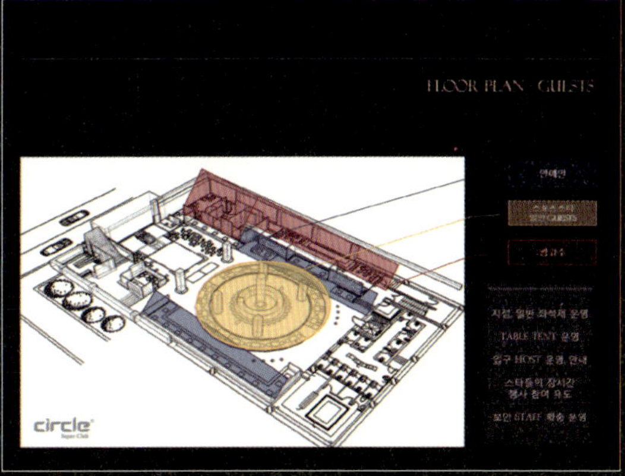
FLOOR PLAN · GUESTS
연예인
스포츠스타
일반 GUESTS
TABLE TENT 운영
입구 HOST 운영, 안내
보안 STAFF 확충 운영

BRAND PR STRATEGY
EXTERIOR PR
INTERIOR PR

BRAND PR STRATEGY
HIP SHOW PARTY SPONSER

BRAND PR STRATEGY
CLUB CIRCLE ENTRANCE
3 DIMENTION TOWER
LOGO & PRODUCT EXPOSURE

BRAND PR STRATEGY
INVITATION
FRONT
BACK
ENVELOPE
HIP SHOW
SPORTSDONGA

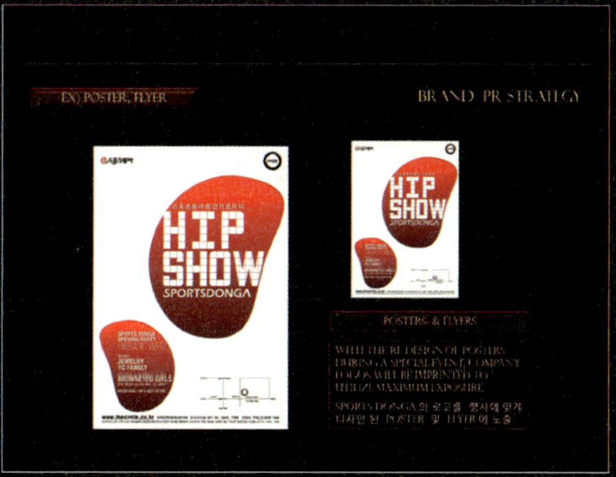
EX) POSTER, FLYER
BRAND PR STRATEGY
HIP SHOW
SPORTSDONGA
POSTERS & FLYERS

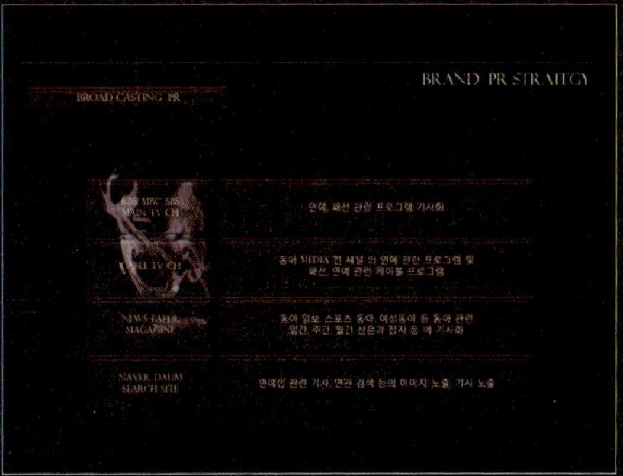
BRAND PR STRATEGY
BROAD CASTING PR
KBS MBC SBS MAIN TV CH
연예, 패션 관련 프로그램 기사화
CABLE TV CH
NEWS PAPER MAGAZINE
NAVER, DAUM SEARCH SITE
연예인 관련 기사, 연관 검색 등의 이미지 노출, 기사 노출

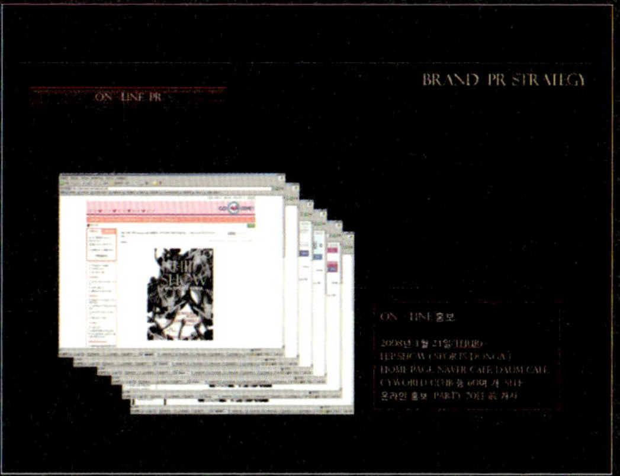
BRAND PR STRATEGY
ON LINE PR

고저스 걸 캠페인 A Gorgeous Girl Campaign

2013년 현재 동덕HRD 콘텐츠 사업부와 함께 진행을 하고 있는 신한류 프로젝트입니다. 매달 다양한 활동을 펼치고 있는 셀러브리티가 아시아의 각 최고의 베뉴Venue에서 직접 DJ로 참여해 대중들과 함께 호흡할 수 있는 시간을 만들어 내는 것이 궁극적인 목표입니다. 앞서 나온 케이스보다 사이즈도 커지고 여러 회사, 사람들이 함께 뭉쳐서 움직이는 대형 프로젝트인 만큼 기획서의 분량도 많습니다. 물론 책을 통해 공개하는 내용 중 몇 가지는 첨부를 못했습니다만 보통 이러한 형식으로 기획안이 만들어지고 실무가 진행된다는 점을 참조해 주시면 됩니다.

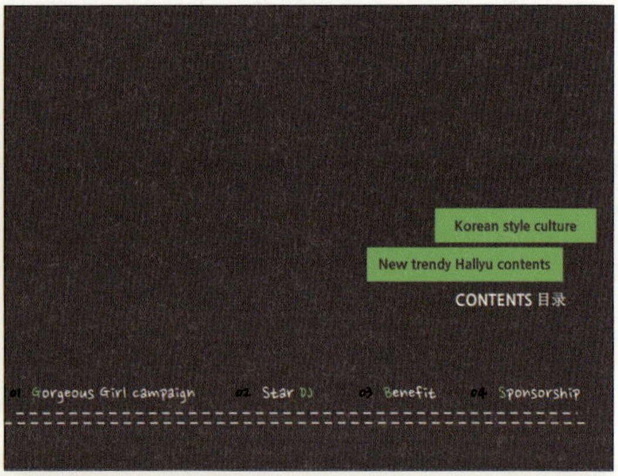

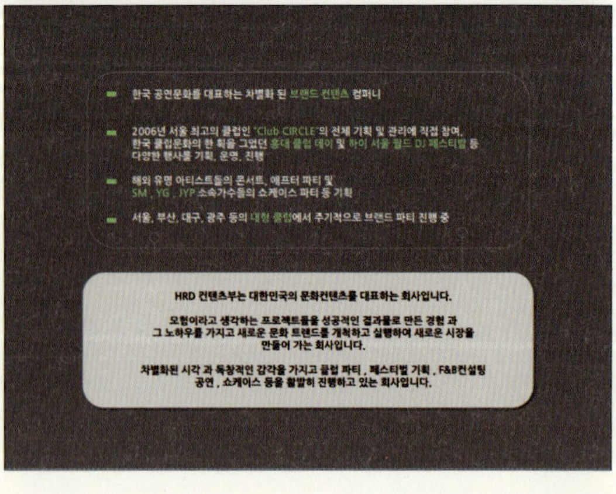

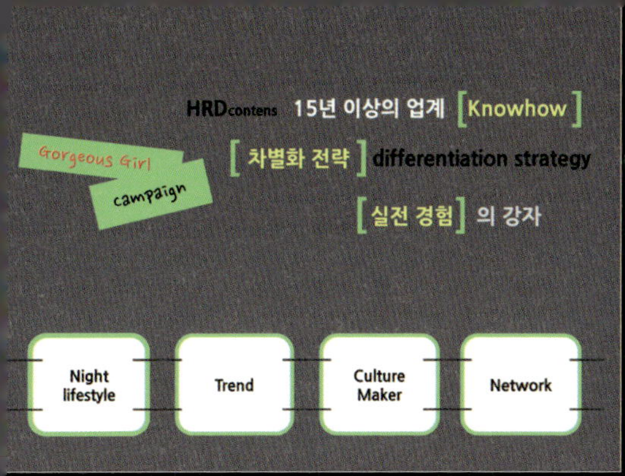
HRDcontens 15년 이상의 업계 [Knowhow]
[차별화 전략] differentiation strategy
[실전 경험] 의 강자
Gorgeous Girl
campaign
Night lifestyle
Trend
Culture Maker
Network

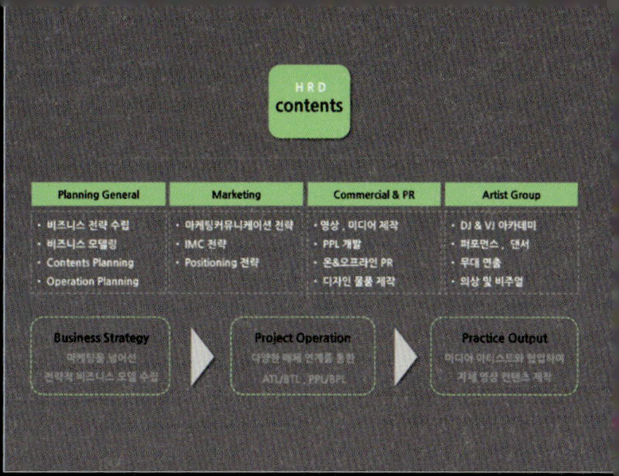
HRD contents
Planning General
· 비즈니스 전략 수립
· 비즈니스 모델링
· Contents Planning
· Operation Planning
Marketing
· 마케팅커뮤니케이션 전략
· IMC 전략
· Positioning 전략
Commercial & PR
· 영상, 미디어 제작
· PPL 개발
· 온&오프라인 PR
· 디자인 물품 제작
Artist Group
· DJ & VJ 아카데미
· 퍼포먼스, 댄서
· 무대 연출
· 의상 및 비주얼
Business Strategy
Project Operation
Practice Output

Fabulous party 를
성공적으로 진행한 HRD contents 의 New brand party!
Gorgeous girl campaign
Celeb과 한류문화가 믹스되어 새로운 컬쳐코드를 만들어 내는
All New 문화 캠페인
특정 지역의 Trend보다는 전국적인 New Lifestyle 을 제시합니다.
HRD contents
Fabulous Party
Gorgeous Campaign

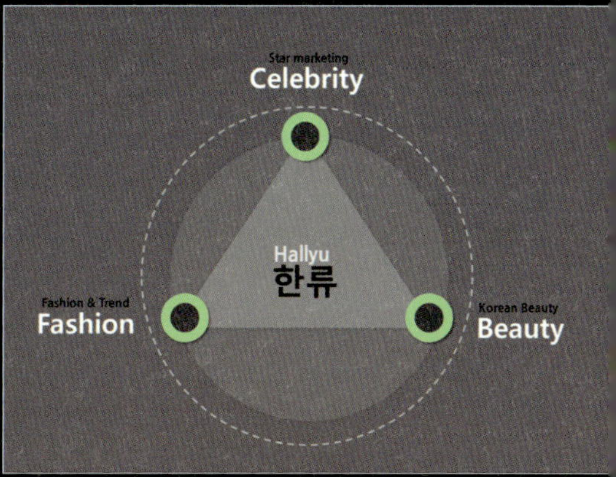
Star marketing
Celebrity
Hallyu
한류
Fashion & Trend
Fashion
Korean Beauty
Beauty

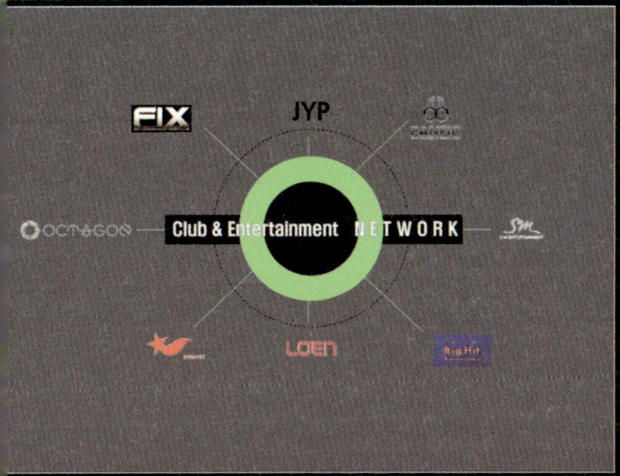
FIX
JYP
OCTAGON
Club & Entertainment NETWORK
SM
LOEN
Big Hit

OCTAGON
월 1회씩 3개월 진행,
각 장소에서 총 3회 전체 15회 공연
SEOUL
IBIZA
DAE JEON
DAEGU
GWANG JU
BUSAN
BAGABAGA
FIX
안정적인 Club contents 제공으로 항상 새로운 경험과 놀라움을 보여드립니다.

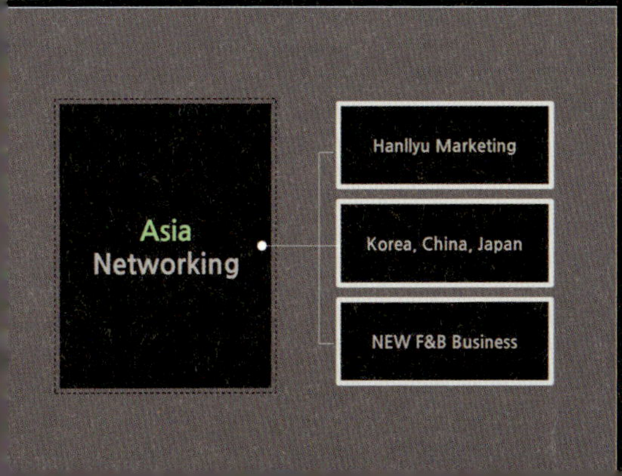
Asia Networking
Hanllyu Marketing
Korea, China, Japan
NEW F&B Business

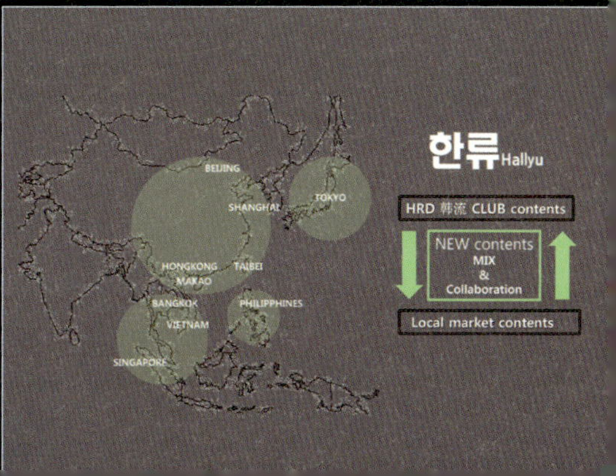
BEIJING
SHANGHAI
TOKYO
HONGKONG
MAKAO
TAIBEI
BANGKOK
VIETNAM
PHILIPPHINES
SINGAPORE
한류Hallyu
HRD 韓流 CLUB contents
NEW contents
MIX
&
Collaboration
Local market contents

Star DJ

Benefit

PR (Promotion)

- **방송** TV & 케이블 방송을 통한 노출
  - **행사장 배너** 펜스 광고, 공연장 배너
  - **현수막** 대형 현수막 포함
  - **이벤트 공간** 행사장 내 홍보 공간 제공(쇼 케이스, 부스설치)
  - **행사장 영상** 멀티비전 (로고 ,제품 이미지 노출)
  - **포토월 및 웹 플라이어**
- **인쇄물** 포스터
  Gorgeous CD 제작 시 브랜드 노출
  프로모션 및 VIP용 초대권

협찬사 프로모션 부스 운영 (일반)

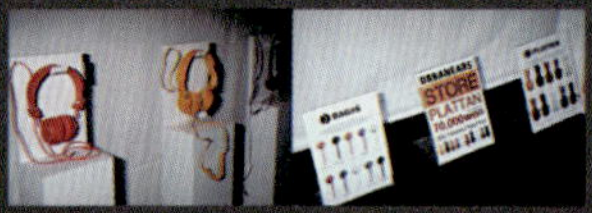

Photo wall

MD물품

셔츠
글로스틱
팜플렛

행사 현장 및 다양한 매체를 통한 스타 마케팅

Star Marketing & Targeting

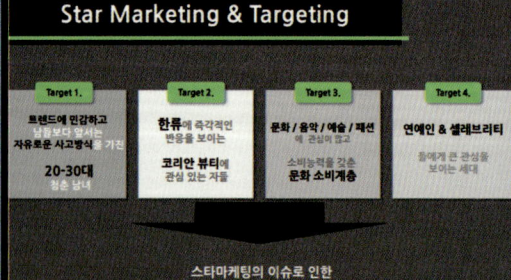

Target 1.	Target 2.	Target 3.	Target 4.
브랜드에 민감하고 남들보다 앞서는 자유로운 사고방식을 가진 **20-30대** 청춘 남녀	**한류**에 즉각적인 반응을 보이는 **코리안 뷰티**에 관심 있는 자들	**문화 / 음악 / 예술 / 패션**에 관심이 많고 소비능력을 갖춘 **문화 소비계층**	**연예인 & 셀레브리티**들에게 큰 관심을 보이는 세대

스타마케팅의 이슈로 인한
브랜드의 코어 타겟 층 유입 가능

브랜드 홍보 및 정확한 이미지 인식

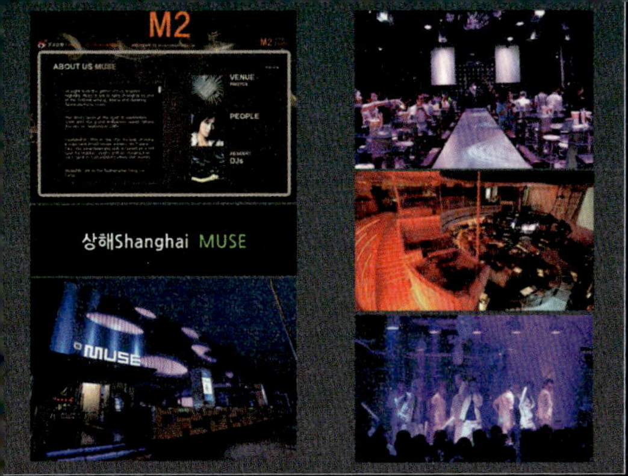
M2
ABOUT US MUSE
VENUE
PEOPLE
DJs
상해Shanghai MUSE
MUSE

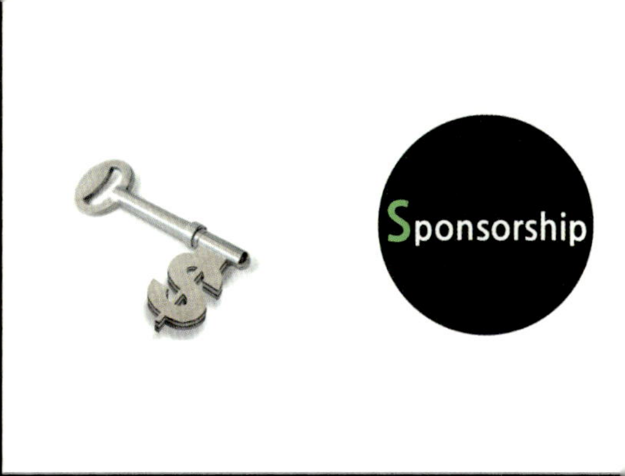
Sponsorship

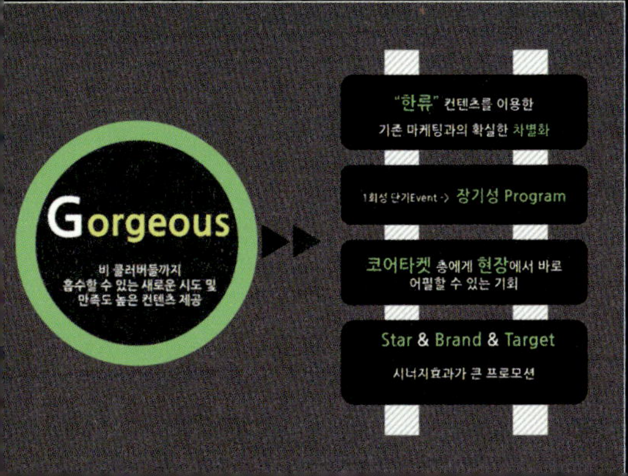
Gorgeous
비 클러버들까지
흡수할 수 있는 새로운 시도 및
만족도 높은 컨텐츠 제공
"한류" 컨텐츠를 이용한
기존 마케팅과의 확실한 차별화
1회성 단기Event -> 장기성 Program
코어타켓 층에게 현장에서 바로
어필할 수 있는 기회
Star & Brand & Target
시너지효과가 큰 프로모션

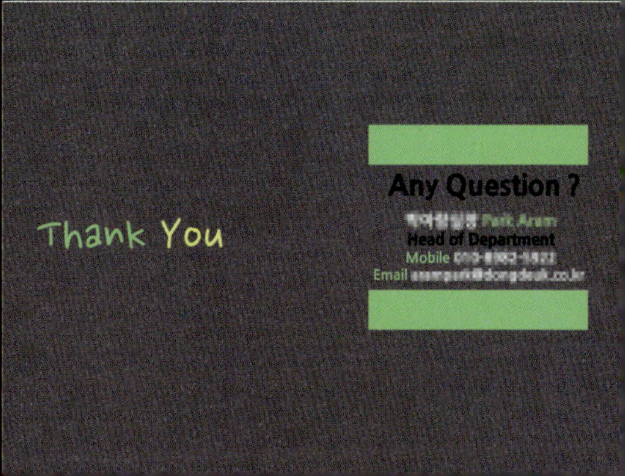
Thank You
Any Question ?
Head of Department
Mobile
Email

CHAPTER 05

PARTY PR

파티를 완성하기 위한 최종 관문

홍보는 파티를 알리기 위한 첫걸음입니다. 아무리 완벽한 기획으로 '슈퍼 울트라 버라이어티'한 파티를 준비했더라도 사람 한 명 없이 쓸쓸하다면 돈과 시간, 노력만 허망하게 쓰고 끝나버리겠죠? 따라서 홍보는 파티를 완성하기 위한 준비의 최종 단계라고 할 수 있습니다. 그렇다면 홍보를 어떻게 해야 성공적으로 파티를 알리고, 소위 흥하게 만들 수 있을까요? 규모가 작은 파티나 끈끈한 정으로 얼굴 못 보면 큰일날 사람들로만 이루어지는 프라이빗 파티들이야 별다른 홍보 없이도 어렵지 않게 주최를 할 수 있습니다. 하지만 누차 말씀드리지만 파티 참가자의 단위가 20~30명 이상으로 넘어서게 되면 전화 몇 번 돌리고, 페이스북으로 파티 소식 올리고 "파티 많이 놀러와 주세요" 하는 것은 힘들게 준비한 파티에 대한 예의가 아닙니다!

홍보 플랜 '전략 설정'

본격적인 홍보에 들어가기 전, 파티를 시작했을 때처럼 '전체적인 홍보의 방향을 어떻게 할 것인지' 기초 밑그림을 그려보도록 하겠습니다. 쉽게 홍보의 '기획'이라고 생각하시면 됩니다. 파티의 전체적인 기획 의도와 방향 그리고 '참가자들이 한데 모여서 어떻게 재미있게 놀 수 있을까'라는 진지한 고찰을 통해 기획을 마무리한 만큼 이를 바탕으로 사람들에게 "파티 오면 정말 끝내 줄 거야!"라는 메시지를 정확하게 전달할 수 있는 작업! 그게 바로 우리가 지금부터 해야 할 '전략 설정'입니다.

그렇다면 그 메시지를 어떻게 확실하게 전달할 수 있을까요? 여기서부터는 전문적인 내용을 빌려 설명을 해보도록 하겠습니다. 경영이나 마케팅을 공부하신 분들은 아시겠지만 어떤 사업이나 목표를 정하기 이전 행하는 'SWOT 분석'이라는 기법이 있습니다. 강점Strength, 약점Weakness, 기회Opportunity, 위협Threat 의 총 4가지 지표를 활용해 현재 처한 상황을 면밀히 분석하여 다음의 작전을 짜는 것입니다. 자, 그럼 홍보를 위한 'SWOT 분석'을 다음의 예제를 통해 알기 쉽게 설명해보도록 하겠습니다.

SWOT 분석 예제

강점Strength	**약점**Weakness
• 티켓이 저렴하다. • 파티에 예쁜 여자들이 많이 온다. • 디제이가 굉장히 유명하다. • 생맥주를 무제한으로 제공할 것이다. • 최근 가장 뜨고 있는 핫Hot 플레이스에서 주최를 한다.	• 베뉴의 위치가 좋지 않다. • 파티의 날짜가 주말이 아닌 평일이다. • 클럽보다 재미없지 않을까 사람들이 걱정한다. • 같은 날 다른 대형 파티나 페스티벌이 잡혀 있다. • 주류나 테이블의 가격이 너무 비싸다.(클럽에서 진행 시)
기회Opportunity	**위협**Threat
• 친구들이 모두 클럽에 질려 있다. • 최근에 솔로가 된 친구들이 많다. • 시험 끝나고 어디 놀러 갈지 이야기하고 있다. • 10년만에 친구들이 모일 예정이다.(동창회 예정) • 스폰서를 많이 받아 상품을 많이 풀 예정이다.	• 시험 기간, 마감, 명절 등이 파티 날짜와 겹쳐 있다. • 홍보의 진행 파악이 불가능하다. • 식상한 파티로 보여질 수 있다. • 콘셉트와 기획을 도용당해 파티의 아이덴티티를 뺏길 수 있다. • 참가를 약속한 친구들이 취소할 소지가 높다.

파티를 진행하며 접할 수 있는 대표적인 변수에 대해 나열해 보았습니다. 어쩌면 파티의 기획에서 모두 한번쯤은 생각해보셨을 문제들이지만 이제는 파티 자체의 기획을 믿고 부딪쳐보는 수밖에 없습니다. 주로 파티를

주최하는 입장에서는 대형 클럽이나 페스티벌이 아닌 이상 전략의 포인트를 두는 강점과 기회는 '사람'에서 나오게 됩니다. 표면상으로 '집객'이나 '매출'이라는 보여지는 것에 집중할 수도 있지만 상업적인 마케팅으로의 파티는 더욱 경쟁이 치열합니다. 따라서 조금 손해를 보더라도 파티 자체의 성공적인 주최를 위해서라면 다른 곳에서 느낄 수 없는 특별한 경험을 제공해준다는 기대감을 줘야 합니다. 그 답은 여러 가지가 있겠지만 가장 저비용 고효과를 낼 수 있는 것은 화려한 베뉴와 프로그램 콘텐츠가 아닌 파티에서 만들어내는 새로운 인간 관계입니다. 이를 바탕으로 다음의 전체적인 파티의 홍보를 진행하시면 됩니다. 물론 더 좋은 방법이나 대안이 있다면 그 편을 택하셔도 무방합니다!

홍보물 만들기

파티를 홍보하기 위한 홍보물을 만들 단계입니다. 인력이 여유가 있다면 홍보를 각자 파트로 나눠 준비하는 것이 가장 이상적입니다만 혼자 준비를 하는 경우에는 홍보물 제작 단계에서 다소 버거움을 느낄 수 있습니다. 특히나 디자인이나 인쇄 홍보에 대한 사전 지식이 전혀 없다면 그 벽은 더 크게 느껴지기 마련입니다. 포스터와 같은 경우에는 비용 또한 무시할 수 없어 큰 부담으로 작용합니다. 아래의 단계들은 단지 '하면 좋지만' 꼭 그렇다고 '안 해도 크게 상관없는 것'들인 만큼 꼭 모든 것을 하나하나 따를 필요는 없습니다. 홍보물이란 파티를 조금 더 그럴 듯해 보이게 하기 위한 '포장지' 역할을 하는 것이니까요. 천천히 읽어보고 파티를 알리기 위해 정말로 필요하다고 생각이 되는 것들을 선택해 준비하면 됩니다!

파티 홍보물들의 콘셉트 등이 확실하게 정해져 있어야 디자이너와 큰 어려움 없이 커뮤니케이션을 할 수 있기 때문에 많은 준비는 곧 좋은 결과물을 위한 밑거름이 됩니다.

메인 콘셉트 디자인

파티의 콘셉트에 맞춰 효과적으로 참가자들에게 이미지를 심어줄 수 있는 파티의 제목(타이틀), 파티의 카피 그리고 전체적인 이미지 등을 구성합니다. 이 단계를 거쳐 포스터, 플라이어, 초대권, 현수막 등의 홍보물 작업이 이루어지기 때문에 신중하게 생각해 만드는 것이 중요합니다. 어디서부터 해야 할지 막막하다면 다음과 같은 방법으로 준비를 하면 됩니다. 먼저 자료를 많이 수집합니다. 네이버뿐 아니라 구글을 통해 검색하면 국내외의 방대한 파티 자료들을 모으는 것이 가능합니다. 그 다음에는 이 자료들을 바탕으로 파티의 콘셉트를 나타낼 수 있는 제목을 정하고, 제목과 콘셉트를 설명할 수 있는 카피를 만듭니다. 이 과정 중 파티의 홍보물을 전체적으로 구상할 수 있는 아이디어나 자료를 구한다면 더더욱 좋겠죠. (단, 여기서 주의해야 할 점은 불법적인 이미지 도용은 차후에 문제가 될 수 있으므로 저작권 사용을 허락 맡거나 이미지 판매 사이트에서 구입을 하는 것이 좋습니다.) 이런 자료들을 바탕으로 홍보물 제작에 들어갑니다. 홍보물 제작은 준비할 양이 적다면 본인이 직접 해도 괜찮습니다만 규모가 커지고 신경 쓸 부분이 많아질 경우 디자이너에게 맡기거나 도와줄 수 있는 사람을 수소문해 맡기는 것이 좋습니다.

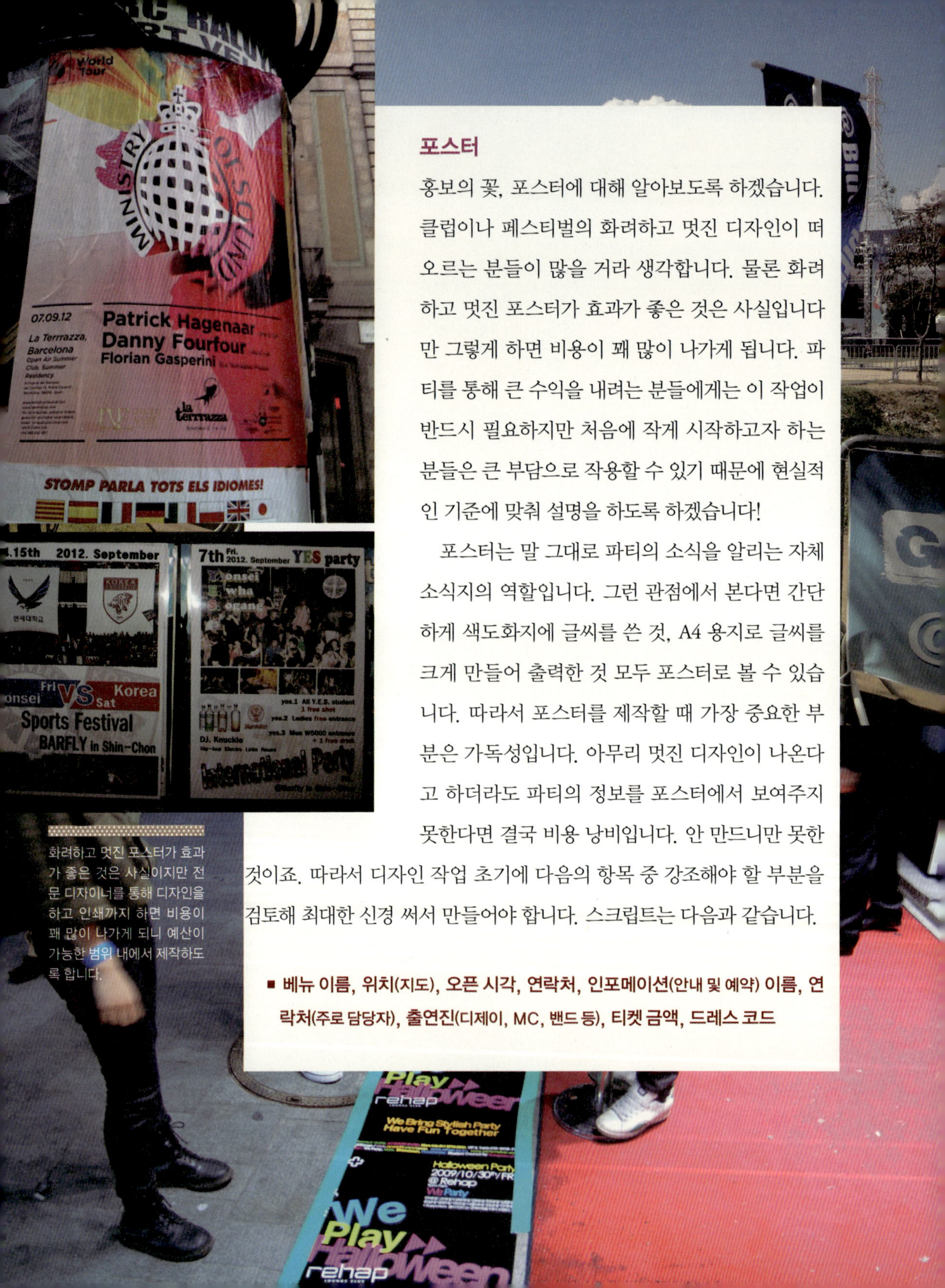

화려하고 멋진 포스터가 효과가 좋은 것은 사실이지만 전문 디자이너를 통해 디자인을 하고 인쇄까지 하면 비용이 꽤 많이 나가게 되니 예산이 가능한 범위 내에서 제작하도록 합니다.

포스터

홍보의 꽃, 포스터에 대해 알아보도록 하겠습니다. 클럽이나 페스티벌의 화려하고 멋진 디자인이 떠오르는 분들이 많을 거라 생각합니다. 물론 화려하고 멋진 포스터가 효과가 좋은 것은 사실입니다만 그렇게 하면 비용이 꽤 많이 나가게 됩니다. 파티를 통해 큰 수익을 내려는 분들에게는 이 작업이 반드시 필요하지만 처음에 작게 시작하고자 하는 분들은 큰 부담으로 작용할 수 있기 때문에 현실적인 기준에 맞춰 설명을 하도록 하겠습니다!

포스터는 말 그대로 파티의 소식을 알리는 자체 소식지의 역할입니다. 그런 관점에서 본다면 간단하게 색도화지에 글씨를 쓴 것, A4 용지로 글씨를 크게 만들어 출력한 것 모두 포스터로 볼 수 있습니다. 따라서 포스터를 제작할 때 가장 중요한 부분은 가독성입니다. 아무리 멋진 디자인이 나온다고 하더라도 파티의 정보를 포스터에서 보여주지 못한다면 결국 비용 낭비입니다. 안 만드니만 못한 것이죠. 따라서 디자인 작업 초기에 다음의 항목 중 강조해야 할 부분을 검토해 최대한 신경 써서 만들어야 합니다. 스크립트는 다음과 같습니다.

- **베뉴 이름, 위치(지도), 오픈 시각, 연락처, 인포메이션(안내 및 예약) 이름, 연락처(주로 담당자), 출연진(디제이, MC, 밴드 등), 티켓 금액, 드레스 코드**

플라이어(유인물)

포스터의 축소판이라고 생각하시면 됩니다. 포스터가 큼지막하고 시원하게 많은 양의 정보를 한번에 압축해서 전달하는 매체라면 플라이어는 파티의 디테일한 정보들을 제공하는 역할입니다. 사이즈는 엽서사이즈(100mmx150mm)가 가독성이 좋고 인쇄 단가에서도 저렴하기 때문에 선호되고 있습니다. 포스터를 제작한 후 앞면은 포스터를 그대로 쓰거나 스크립트를 덜어낸 뒤 강조하거나 설명을 추가해 만들면 됩니다. 플라이어의 장점은 적은 비용으로 많은 양을 제작할 수 있고, 포스터에서 설명하지 못하는 부분들을 자세히 설명할 수 있다는 점입니다. 하지만 플라이어를 아무리 많이 뽑는다고 해도 최종으로 참가자들에게 전달이 되지 않으면 종잇조각에 불과합니다. 온라인에서 쓰는 '웹플라이어'의 경우 별도의 비용이 들지 않지만 오프라인에서의 플라이어는 홍보를 어떻게 진행해 소진하겠다는 계획이 없다면 결국 수량이 남게 됩니다.

최근에는 페이스북, 트위터, 블로그와 같은 SNS서비스를 이용해 파티 정보를 얻는 사람들이 많아 인쇄를 위한 플라이어 파일을 제작한 뒤 온라인용 웹플라이어를 만들어 배포하는 경우가 많습니다.

초대권·티켓

초대권이니 티켓이라고 해서 크게 어렵게 생각할 필요가 없습니다. 10여 년 전 일일호프를 할 때는 종이에 숫자 적은 것 위에 도장 찍고 반으로 나눠 티켓으로 팔고 그랬으니까요! 그래도 나름 21세기에 공들여 하는 파티인데 대충 만들 수는 없겠죠? 앞의 단계에서 밟았던 메인의 콘셉트를 베이스로 티켓을 제작하면 됩니다. 지갑에 들어갈 정도의 가로가 긴 형태나 세로가 긴 형태가 휴대도 간편하고 한눈에 들어올 수 있어 주최자뿐 아니라 참가자 모

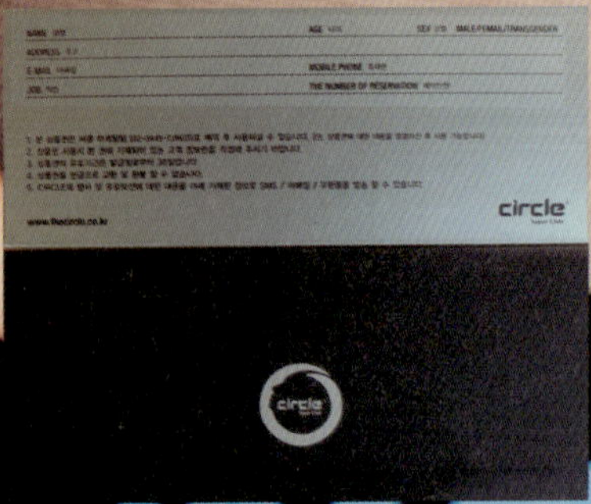

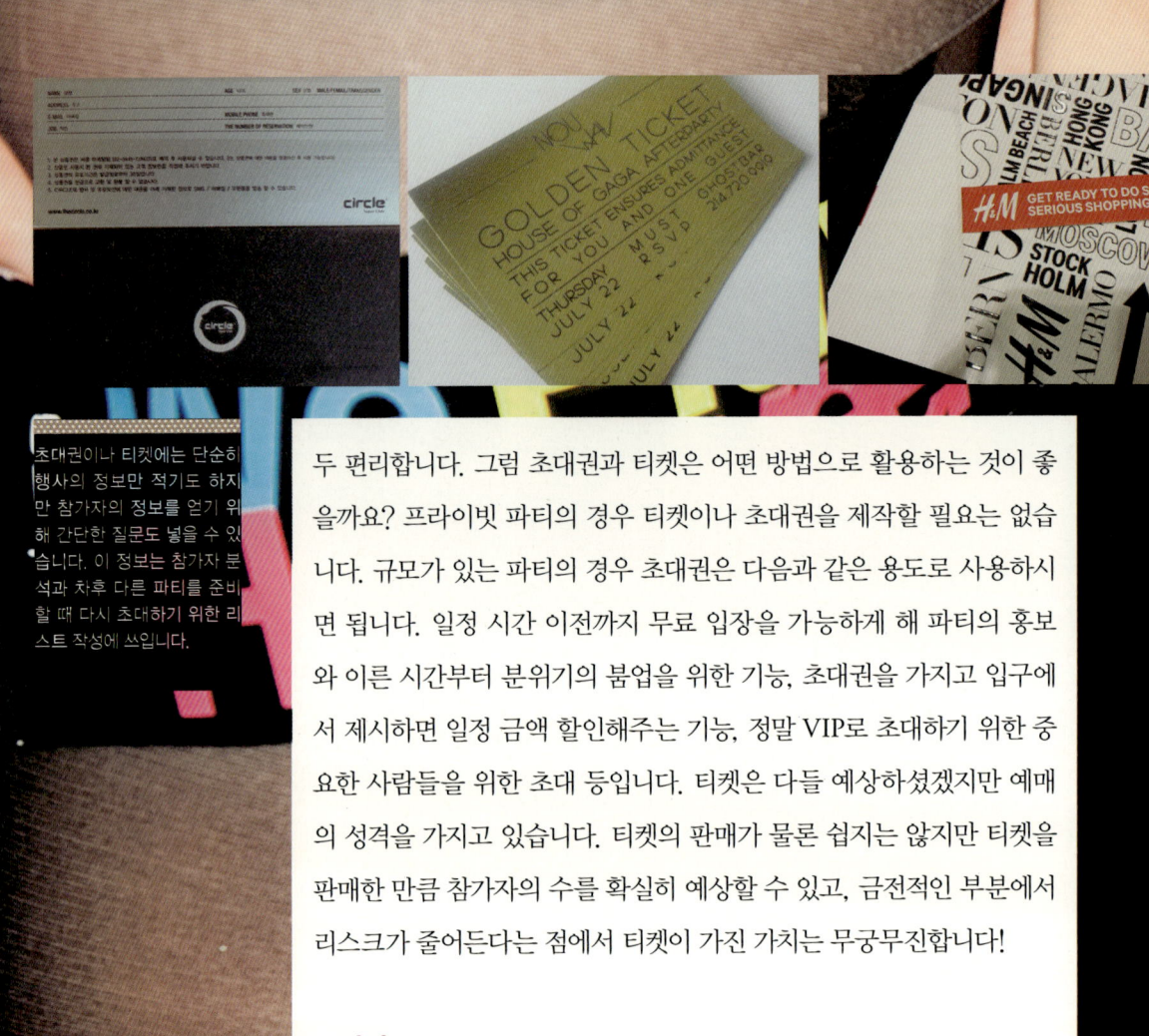

초대권이나 티켓에는 단순히 행사의 정보만 적기도 하지만 참가자의 정보를 얻기 위해 간단한 질문도 넣을 수 있습니다. 이 정보는 참가자 분석과 차후 다른 파티를 준비할 때 다시 초대하기 위한 리스트 작성에 쓰입니다.

두 편리합니다. 그럼 초대권과 티켓은 어떤 방법으로 활용하는 것이 좋을까요? 프라이빗 파티의 경우 티켓이나 초대권을 제작할 필요는 없습니다. 규모가 있는 파티의 경우 초대권은 다음과 같은 용도로 사용하시면 됩니다. 일정 시간 이전까지 무료 입장을 가능하게 해 파티의 홍보와 이른 시간부터 분위기의 붐업을 위한 기능, 초대권을 가지고 입구에서 제시하면 일정 금액 할인해주는 기능, 정말 VIP로 초대하기 위한 중요한 사람들을 위한 초대 등입니다. 티켓은 다들 예상하셨겠지만 예매의 성격을 가지고 있습니다. 티켓의 판매가 물론 쉽지는 않지만 티켓을 판매한 만큼 참가자의 수를 확실히 예상할 수 있고, 금전적인 부분에서 리스크가 줄어든다는 점에서 티켓이 가진 가치는 무궁무진합니다!

스티커

스티커는 자체로 홍보 효과를 대신한다기보다 파티의 소소한 홍보와 재미를 나타낼 수 있는 최고의 아이템입니다. 단가 역시 500매, 1000매 단위로 인쇄소의 규격으로 제작하게 되면 저렴하기 때문에 파티의 홍보부터 행사 당일까지 나눠주고 붙이면서 즐겁게 즐기는 것이 가능합니다.

현수막

홍보물 중 가장 사이즈가 크고 파티를 가장 확실하게 알릴 수 있는 방법입니다. 스마트폰이나 핸드폰이 발달하지 않았던 10여 년 전에 가장 널리 사랑받던 홍보 매체입니다. 생각보다 현수막의 제작은 비교적 저렴합니다. 챕터 2에서 잠깐 다뤘던 '포토월'의 제작 방법과 동일하게 천의 재질과 인쇄의 퀄리티에 따라 단가가 증가하지만 포토월과 다르게 파티의 홍보를 목적으로 하는 현수막은 꼭 좋은 재질을 쓰지 않아도 되기 때문에 저렴한 비용으로 큰 효과를 얻을 수 있습니다. 현수막 홍보물의 제작은 크기가 큰 만큼 다양한 내용으로 채워 넣는 것보다 파티의 중요한 스크립트를 정리해 간단 명료하고 임팩트 있게 전달하는 것이 좋습니다.

스티커의 단점은 파티 후 여기저기 붙인 스티커를 모두 제거해야 한다는 것입니다. 잘 떨어지지 않으면 베뉴가 지저분해지기 때문에 주최 측이 안 좋은 이미지로 비칠 수 있습니다.

현수막에는 대표 이미지를 바탕으로 중요한 내용만 간략히 정리해 넣습니다. 포스터나 플라이어처럼 너무 많은 내용이 들어가 있으면 지저분하게 보입니다.

TIP

- **인쇄를 저렴하게 하는 방법**

홍보물 제작에 있어 많은 분들이 가장 걱정하시는 부분이 바로 인쇄입니다. 인쇄소에 맡기면 포스터의 경우 몇십만 원이 훌쩍 넘어가고 그 밖에 플라이어나 초대권 역시 정보를 잘 모르면 생각지도 않은 비용을 부담할 수 있습니다. 먼저 홍보물을 제작할 때 알아야 할 부분은 크게 두 가지입니다.

첫 번째는 인쇄는 최소 수량을 맞춰야 저렴해진다. 그리고 그 이후부터는 가격이 크게 차이 나지 않는다. 두 번째는 명함판의 곱하기를 뜻하는 배수, 비규격으로 주문을 해야 싸진다는 것입니다. 먼저 최소 수량에 대해 알아보도록 하겠습니다. 모든 인쇄물에는 인쇄의 단가를 맞추기 위한 최소 수량이 있습니다. 예를 들어 포스터를 인쇄하자면 1000매 정도가 최소 수량입니다. 하지만 1000매를 모두 사용하기는 너무나 부담이 돼 100매만 인쇄하겠다고 해도 100매와 1000매의 차이는 불과 몇천 원에서 1~2만 원 밖에 안 나는 경우가 많습니다. 이것이 바로 최소 수량의 법칙입니다.

두 번째는 명함판 비규격 인쇄입니다. 한국 인쇄의 1번지인 충무로나 을지로를 한번쯤 지나가 보신 분들은 아시겠지만 명함을 취급하는 가게들이 굉장히 많습니다. 인터넷을 통해 인쇄소 홈페이지를 들어가 봐도 인쇄소의 첫 번째 상품은 바로 이 명함입니다. 그만큼 쉴새 없이 만들어 내기 때문에 명함을 베이스로 한 인쇄를 하면 매우 저렴하게 인쇄를 하는 것이 가능해집니다. 플라이어, 초대권 모두 이런 명함 비규격으로 작업해 인쇄를 하면 매우 유용하겠죠? 그렇다면 비규격은 사이즈가 어떻게 될까요? 비규격의 경우 인쇄소마다 재단 사이즈가 조금씩 차이 나기 때문에 가장 좋은 방법은 직접 전화를 해 비규격 사이즈를 물어보고 해당 사이즈에 맞추는 겁니다. 엽서 사이즈의 플라이어는 대개 명함의 4배수에 해당하며, 초대권의 경우 명함의 2배수 정도 크기에 해당합니다. 플라이어는 많은 수량을 한번에 들고 다니려면 무게가 나가기 때문에 되도록 가벼운 재질의 종이로(150g, 180g 정도) 만드는 것이 좋습니다. 초대권이나 티켓의 경우는 상대적으로 중요한 사람들에게 주는 만큼 재질에 신경 쓰는 것도 좋습니다. 그리고 명함판의 경우 최소 수량이 300매 정도로 많지 않아 필요한 양만큼 뽑아 쓸 수 있는 상대적인 편리함이 있습니다.

• 알아두면 좋은 인쇄 상식!

그렇다면 인쇄를 보다 효율적으로 할 수 있을까요? 막상 부딪쳐보면 인쇄는 절대 어렵지 않습니다! 잘 모르시는 분들을 위해 몇 가지 팁을 알려드리도록 하겠습니다!

1. 대형 인쇄소일수록 저렴하다!

앞의 팁에서처럼 인쇄는 많은 수량을 찍어낼수록 단가가 내려가게 돼 있습니다. 따라서 가까운 동네 슈퍼나 편의점보다 대형마트에서 물품을 구입하는 것이 저렴한 것처럼 대형 인쇄소에서 인쇄를 하는 것이 훨씬 저렴합니다. 대형 인쇄소는 그럼 어떻게 알아봐야 할까요? 인터넷에서 '인쇄', '명함' 등의 검색을 해 사이트에 올라와 있는 단가를 비교해보면 됩니다. 서울 지역은 충무로, 을지로에 위치한 곳이 대형 인쇄소이니 참조하시기 바랍니다.

2. 샘플을 받아놓자.

충무로, 을지로와 같은 대형 인쇄소에서는 각 종이의 재질과 무게(g)별로 제작된 샘플을 제공하고 있습니다. 이를 가지고 있으면 평소 인쇄물을 주문하게 될 때 가격에 맞춰 원하는 종이를 선택하는 것이 매우 편리합니다!

3. 당일판을 활용하자.

홍보물의 디자인 작업이 여유 있게 끝났다면 천천히 인쇄를 맡겨도 무방합니다만 보통 베뉴나 스폰서의 검토를 거칠 경우 인쇄물을 촉박하게 맡길 때가 많습니다. 이럴 때 오전 10시에서 12시 사이에 인쇄물을 맡기고 당일 오후 3시에서 5시에 출력이 되는 당일판을 이용하면 하루 만에 빠르게 인쇄물을 받아보는 것이 가능합니다. 당일판은 비규격 명함을 활용한 초대권, 플라이어나 스티커 등의 홍보물에서 사용이 가능합니다.

각종 준비물

파티를 진행하다 보면 뭔가 '없어도 불편하지는 않지만 있으면 좋겠다!'라고 생각할 만한 것들이 있습니다. 바로 파티의 진행을 하며 즐거움을 배가시킬 수 있는 아기자기한 아이템들입니다. 또한 기존에 필요한 물품들도 유쾌한 디자인이거나 보는 사람들로 하여금 웃음을 줄 수 있다면 훌륭한 파티 아이템이 될 수 있습니다. 일단 큰 비중을 가지고 있는 준비물과 관련 아이템들에 대해 설명해보도록 하겠습니다. 모두 주변에서 조금만 신경을 쓰면 크게 어렵지 않게 구할 수 있는 물품들이니 관심을 가지고 찾아보도록 하세요!

도장

클럽이나 파티 좀 다녀보셨다는 분들은 입구에서 입장료를 내고 손목이나 손등에 도장을 찍고 들어가본 경험이 있으실 겁니다. 바로 이 때 필요한 도장과 스탬프의 구입입니다. 도장을 따로 제작하는 것도 있지만 추억 속의 '참 잘했어요'와 같이 재미있는 도장을 사용해서 파티 분위기를 위트 있게 내보는 것은 어떨까요?

입장 팔찌

불과 2~3년 전에만 해도 생산 업체가 적어 구입이 어려웠고, 단가가 많이 비쌌던 입장 팔찌입니다. 현재는 대다수의 클럽들이 도장에서 팔찌로 많이 바꿨고, 대형 페스티벌 등지에서도 팔찌를 많이 사용하고 있습니다. 입장 팔찌는 간편한 사용, 입구의 효율적인 관리 그리고 스폰서의 노출을 가능하게 해주는 좋은 아이템입니다.

스텝 목걸이 ID Card

파티 참여자들에게 스텝의 존재를 알리고 스텝들 서로가 관계자임을 알 수 있는 표식입니다. 파티 당일 너무 정신이 없다 보면 스텝과 비스텝 간의 혼란스러운 상황이 나오기 마련입니다. 특히 입구나 무대, 디제이박스, 바와 같은 혼잡한 상황이 벌어지는 곳에서는 길게 설명할 시간이 없고 빠르게 일 처리를 해야 하기 때문에 스텝을 나타낼 수 있는 ID 카드가 반드시 필요합니다.

믹스시디

파티에서 저비용 고효과를 나타낼 수 있는 상품은 어떤 것이 있을까요? 바로 파티의 메인 게스트로 참여하는 디제이의 믹스셋 시디입니다. 물론 믹스시디라고 해서 시디 제작을 생각하시는 분들이 계실지 모르겠지만 여기서 '믹스시디'라는 단어는 믹스셋 파일을 음악 시디로 만들거나, 해당 주소의 링크를 파티 홍보 페이지로 연결해 다운로드 받을 수 있는 등의 방법을 모두 지칭하는 것입니다. 파티는 물론이고 클럽이나 페스티벌 등지에서 활동하는 디제이들은 많아졌지만 상대적으로 디제이들과 대중 간의 커뮤니케이션이 적기 때문에 아무리 좋은 음악을 들어도 그 음악으로 바로 피드백을 받을 수 있는 교집합이 아직까지는 적었습니다. 하지만 파티를 주최하면서 디제이와 이야기를 해 참가자들을 위한 '믹스시디'를 만들어 보는 것은 어떨까요? 파티의 전에는 기대감을 한껏 고조시킬 수 있고, 행사 이후에는 그 분위기를 생각나게 해주는 훌륭한 매개체가 되어 여러분의 파티를 정말로 사랑해주는 팬을 만들 수 있을 것입니다!

야광봉(글로우스틱), 안전봉, 인서트스틱

주로 저녁이나 어두운 분위기에서 열리는 파티의 특성상 무엇인가 손에 반짝거리거나 빛나는 것을 들고 춤을 추면 더할 나위 없이 즐겁겠죠? 콘서트나 축제, 페스티벌과 같은 곳에서 신나게 흔들던 야광봉을 한번 파티에서도 즐겨보는 것은 어떨까요?

시대가 21세기인만큼 야광봉도 많이 진화해 예전처럼 팔목에 차는 동그란 야광봉 말고도 굵직한 야광봉, 눈이 부실 정도의 밝기를 자랑하는 고휘도 야광봉을 비롯해 교통정리 하는 경찰아저씨들이 멋들어지게 사용하는 안전봉(신호봉), 건전지를 넣어 반영구적으로 사용하는 인서트스틱 등 생각지도 못한 다양한 물품들이 있습니다. 꼭 주최하는 파티에서가 아니더라도 신나게 흔들며 즐겨보세요!

분수 폭죽

단일 아이템으로는 가격이 '조금' 나가긴 하지만 그만큼 파티 분위기를 흥하게 만들 수 있는 아이템입니다! 주로 생일 파티나 기념할 만한 일이 있을 때 폭죽과 같이 사용하면 효과 만점입니다! 비슷한 분위기를 연출할 수 있는 '스파클라'라는 아이템도 있지만 실내에서 사용하게 되면 화약냄새가 심해 분위기를 흐릴 수 있어 야외에서 사용하는 것이 좋습니다! 분수 폭죽과 스파클라 모두 인터넷에서 저렴하게 구입이 가능합니다!

집객

여러 가지 파티의 부분들을 설명하다 보니 처음에 파티 별 것 아니다! 하며 말씀 드렸던 기본적인 3가지 요소를 기억하시는 분들이 희미하실 겁니다. 집객은 파티의 3가지 요소 중 하나인 '사람'을 모으는 단계입니다. 홍보는 집객을 위한 하나의 준비 과정인 셈이죠. 항상 이야기하지만 아무리 좋은 파티라도 사람이 없다면 의미가 없는 만큼 집객의 중요성은 다시 한 번

강조해도 부족하지 않습니다. 집객을 효율적으로 하는 방법은 'SWOT 분석'으로 도출한 파티의 강점을 토대로 홍보를 하는 것입니다. 쉽게 이야기를 하자면 파티에 오게 된다면 '어떤 것들이 좋은지'에 대해 알려주고 그 장점을 중점적으로 홍보하는 것입니다. 물론 기회 요소들을 파악해 혹하게 만들어주는 것도 잊지 말아야겠죠? 그럼 지금부터 본격적인 집객에 돌입해보도록 하겠습니다.

내 주변부터

집객의 첫 번째 단계는 바로 지인부터 시작하는 것입니다. 여기서 철칙은 바로 '단체 문자'나 '단체 카톡' 같이 성의 없게 파티 소식을 알리지 않는 것입니다. 한마디로 '오든지 말든지' 식의 진심이 느껴지지 않는 홍보를 하지 않는 것이죠! 별 것 아닌 것 같지만 정말로 파티에 참석을 해주기를 원하는 '소중한' 사람들이라면 직접 전화를 하거나, 메일로 파티의 정보를 알리는 것이 가장 좋습니다. 인원수가 많거나 사회생활을 하는 사람들이 많아 전화를 모두 돌리는 데 현실적인 어려움이 있다면 '페이스북', '블로그' 혹은 '메일'로 파티의 정보를 온라인상에 올리고 파티에 참석할 수 있는지 개인적으로 의사를 묻고 해당 정보를 전달합니다. 이 때 시간적인 여유가 있다면 파티 소식을 전하는 핑계로 약간의 시간을 내 오랜만의 근황 등을 물어보도록 하세요. 비록 시간적인 여유가 안 돼 참석을 못하더라도 우정은 더욱 끈끈해질 테니까요!

지인의 지인

파티의 규모를 처음부터 크게 잡았는데 주변의 지인만으로는 도저히 주최가 힘든 경우가 생길 때가 있습니다. 이럴 때는 다음의 방법으로 접근을 하도록 합니다. 방법은 어렵지 않습니다. 바로 지인에게 파티 소식을 전할 때 주변의 친구들에게도 많이 홍보를 해달라고 부탁하는 것입니다. 사실 파티가 정말로 참신하고 기획이 좋다면 1단계를 거칠 당시 꼭 부탁을 안 해도 친구들은 이미 파티에 함께 갈 동행을 찾을 생각을 하고 있었을 것입니다. 혼자서 파티에 가는 경우는 많지 않으니까요. 또 다르게 해석을 하자면 그 말은 즉 파티에 친구들을 보러 가지만 파티를 통해 친구의 친구들을 인사하며 새롭게 알 수 있기 때문에 그런 인연들이 모여 폭 넓은 인간관계를 만들 수 있다는 것입니다. 이것을 심플하게 전달할 수 있는 몇 가지 예제를 알려드리자면 평소 여자나 남자 소개시켜 달라거나, 외롭다는 친구, 인간관계 적어서 걱정이라는 친구들에게 파티에 참석하라고 제안을 하는 것입니다. 단, 혼자 오면 심심할 수 있으니 동행의 친구를 데리고 오라고 하는 것이죠. 그리고 각자 다른 그룹의 친구들을 파티에서 서로 소개시켜주는 것입니다. 간단하죠? 이렇게 여러 친구들과 함께 어울려서 파티를 즐긴다고 생각하면 의욕이 솟아나지 않나요? (웃음)

단체, 커뮤니티

위의 두 단계를 거쳐 홍보를 진행하다보면 두 가지의 딜레마에 빠지게 됩니다. '진짜 내가 인맥이 좁았구나!', '이러다 파티에 사람 하나도 안 오는 것이 아닌가' 이런 불안이 시작된다면 기운 내서 조금 더 홍보를 밀어붙여보도록 하겠습니다. 살다 보면 학교를 비롯해 동아리, 지역 모임 등의 오프라인과 카페, 블로그와 같은 온라인의 다양한 단체에서 사람들을 접하게 됩니다. 이러한 곳에서 기획하는 파티와 성향이 맞는 사람들이니 단체, 커뮤니티를 통해 홍보를 해보도록 하세요! 단체와 커뮤니티에서의 홍보의 최대 장점은 게시물의 조회수, 게스트의 신청 등으로 홍보의 지표를 얻을 수 있다는 것입니다. 단점으로는 다양한 사람들이 함께 활동하는 만큼 이해관계가 얽혀 상업적으로 하는 파티, 혹은 반대로 커뮤니티에 도움이 되지 않는 파티의 홍보에 대해 거부감을 나타낼 수 있습니다. 따라서 단체와 커뮤니티에 관련된 성향을 조사해 미리 만들어 놨던 기획안을 보여주어 설득을 하거나, 홍보를 부탁하는 대신 초대를 몇 명 해주는 등의 조건을 제안하면 흔쾌히 승낙해줄 것입니다. 부담 가지지 말고 한번 부딪쳐보세요!

불특정 다수

홍보의 가장 마지막에 부딪치는 단계입니다. 가장 어렵고 힘든, 그야말로 효과를 보기 어려운 방법입니다. 규모가 큰 파티를 할 때 가장 많이 신경 써야 하는 부분이며 경우에 따라서는 가장 먼저 시행해야 하기도 합니다. 그렇다고 아주 손을 놓고 포기할 수는 없겠죠? 천천히 하나씩 연구를 해보도록 하죠!

불특정 다수라고 해도 아주 맨땅에 헤딩하는 상황은 아닙니다. 먼저 홍보를 할 대상에 대해 생각을 해보면 대부분 20대와 30대로 타겟이 좁혀질 것입니다. 여기서 크게 두 가지의 방법으로 접근을 하는 것이죠. 선택과 집중이냐, 넓은 범위로 가느냐. 전자의 경우에 대한 간단한 예를 들어보겠습니다. 대학교에서 파티를 주최한다면 학교 입구나 학생회관 앞에서 부스를 설치하고 초대권이나 티켓 홍보를 하는 것은 어떨까요? 물론 하루 내내 홍보를 하는 것보다 사람이 가장 많이 붐비는 11~14시 사이부터 16~18시 사이에 홍보를 하는 것이 가장 효율적이겠죠? 후자의 경우는 관련 대학교들의 모든 건물과 게시판, 주변 상권의 카페, 편의점 등지에 포스터를 붙이거나 유인물을 배치하는 것입니다. 당장의 효과는 없을지 몰라도 자주 보면 정든다는 말처럼 파티에 관심이 없었던 사람들에게도 자주 노출을 해주면서 인지도를 끌어올릴 수 있는 효과를 얻는 것이죠! 얼추 이해가 되셨나요? 이 외에도 홍보 전략의 여러 가지 방법들이 있기 때문에 어렵다고 생각하지 마시고 적당하다고 생각하는 방법을 연구하고 시도해보세요!

TIP

• 맞춤형 홍보를 하자

파티를 직접 준비를 하고 있는 여러분들은 파티를 하면 정말로 즐겁고 재미있겠다는 충분한 동기부여로 뭉쳐서 바쁜 시간을 투자해 파티를 만들고 있지만 그 외 다른 친구 및 지인들은 생각과 달리 파티에 대한 막연한 상상과 두려움, 호기심을 가지고 있곤 합니다. 구체적으로 몇 가지 예를 들자면 다음과 같습니다.

공통적인 파티의 선입견을 깨주기

'파티' 하면 사실 사람들과 즐겁게 시간을 보내는 것이지만 이 단어가 주는 묘한 이국적인 분위기 덕분에 TV나 영화에서만 보던 우아하고 그럴듯하게 차려 입은, 있는 집 자식들의 선남선녀 모임들로 생각하는 경우가 많습니다. 하지만 절대 그렇지 않다는 것을 구체적으로 설명해 주는 것이 좋습니다. 이를테면 친구의 친구들이 참석한다는 것을 어필하거나, '미디어에서 보여지는 것은 엄청난 비용이 발생하는 파티들이며 직접 주최하는 파티들의 경우 그렇지 않다.' 등의 간단하지만 핵심적인 요점을 잡아 설명을 해주도록 합시다.

여자편

■ 파티에 관련된 디테일한 정보 제공의 필요성

파티에 대한 관심도는 단연 남자보다 여성분들이 월등히 높습니다. 돌아오는 답변의 유형을 살펴보면 어떤 옷을 입어야 하는지, 어떤 사람들이 오는지, 어떤 주최의 파티인지, 음악은 어떤 것들인지, 장소는 어디인지, 사람이 많은 시간대, 언제까지 가야 하는지 등 자세한 정보를 요하는 분들이 많습니다. 이에 대해 애매하게 이야기를 해주면 파티에 대한 관심을 낮추는 효과를 일으킬 수 있겠죠? 따라서 파티에 대한 문의에 대해 어떻게 답변을 해줄지에 대한 가이드 라인을 세워 놓는다면 망설이는 사람도 참석하게 할 수 있으리라 봅니다!

■ 선정적 이미지에 대한 고민

개개인에 따라 차이가 있겠지만 아직까지도 많은 분들이 파티에 대해 과도한 스킨십, 쉽게 이성을 만나기 위한 도구 등과 같은 선정적인 이미지로 거리를 두고는 합니다. 작은 규모의 파티나 친구들만 모이는 파티라면 큰 걱정이 없지만 사람들이 제법 많이 오는 파티에 대한 홍보를 하게 된다면 이러한 점들에 대해 한번쯤 걱정하는 분들이 있을 것입니다. 이에 대해 설명을 해도 사람마다 받아들이는 경험과 학습 효과에 따라 받아들이는 정도가 달라 모범답안이 딱 있는 것은 아니지만 주최 측의 기획과 의도를 정확하게 전달하여 '선정성과는 거리가 있는 파티다. 걱정할 것 없다.'라고 안심을 시켜주는 것이 가장 중요하리라 생각합니다.

남자편

■ 남자의 자존심!

나이가 적은 20대 초반의 경우는 덜합니다만 연령대가 높아질수록 파티에 참석하는 다른 동성들의 기준에 대해 신경을 많이 쓰고는 합니다. 학벌, 회사, 차, 키, 외모 등 어떻게 보자면 파티와 전혀 상관없고 신경 쓰지 않아도 되는 부분들이지만 남자의 자존심! 내가 조금이라도 못났다는 인상을 받기 싫어서 신경을 쓰는 모습들이 많이 보입니다. 사실 이러한 부분들 역시 파티에는 그럴듯한 사람들만 모일 것이라는 생각의 연장선상입니다. 절대! 파티에 참석한 누구도 서로를 비하해서 생각하지 않습니다! 기억해주세요!

■ **이성에 대한 목적성**

왠지 '파티에 가면 이성의 연락처를 받아내거나 좋은 이성을 소개받아야겠다.' 하고 생각하는 분들이 많습니다. 오픈 된 성격의 파티라면 이 점을 충분히 어필한다면 좋은 홍보가 될 수 있습니다. 하지만 자칫 홍보에서 과도하게 이야기를 한 후 파티의 분위기가 다르다면 역효과가 날 수 있으므로 이런 점은 주의하도록 합시다!

■ **파티를 위해 지불하는 비용**

파티 참석에 대해 왜 애매한 데 돈을 쓰냐라고 생각하는 케이스가 많습니다. 대부분 남자들이 돈을 쓰는 이유는 분명한 목적성에서 나오기 마련입니다. 이성을 만나는 데 쓰거나 혹은 확실한 취미, 개인 관심사 등에서죠. 파티에서 모르는 사람 가운데 애매하게 있는 것보다 친구들끼리 치맥을 먹거나 클럽 가서 노는 것이 낫다고 답변이 돌아올 수 있습니다. 이런 경우에는 직접 주최하는 파티의 장점으로 상업적인 클럽이나 업장 등과의 비용적인 대비를 설명해 줌과 동시에 앞서 제시된 여러 가지 파티의 이점 등을 어필하는 것이 좋습니다.

TIP

- **스마트폰 어플을 이용해 스마트하게 홍보하자**

최대한 많은 사람들에게 효과적으로 접근할 수 있는 방법은 어떤 것이 있을까요? 여러 가지 방법들이 존재하지만 그 중 비용 대비 효과가 가장 큰 것에 대해 여러분에게 쪽집게 과외를 해드리도록 하겠습니다. 제목에서 눈치채셨겠지만 바로 스마트폰의 어플리케이션을 사용해 파티 홍보를 하는 것입니다. 최근 몇 년 사이 한국의 대다수 핸드폰 사용자가 스마트폰으로 기기를 변경하면서 이제는 인터넷보다 스마트폰으로 접속해 있는 시간이 더 길어지는 등 점차 모바일의 중요성이 커지고 있습니다. 여기서 다루는 어플리케이션들은 여러분께서 대부분 접해보았던 것도 있지만 생소한 것도 있을 수 있습니다. 하지만 공통점은 바로 조금만 공을 들여 노력을 한다면 저렴한 비용에 좋은 결과를 얻을 수 있다는 겁니다.

클럽 믹스Clubmix

2010년 이후 서울뿐 아니라 전국 각지 대도시의 중심가에 작게는 500여 명에서 크게는 만여 명까지 수용 가능한 클럽들이 매해 꾸준히 생겨나고 있습니다. 이런 클럽의 새로운 트렌드를 반영하는 어플리케이션이 바로 'Clubmix'입니다. 자체적으로 진행 중인 프로모션의 게스트 초대는 물론 수다방을 이용해 사용자들끼리 클럽&파티에 관련된 정보를 교환할 수 있습니다. 파티를 진행하는 주최자인 여러분들이 눈여겨 봐야할 부분을 설명드리도록 하겠습니다. 클럽 믹스는 파티의 최소 10일 전 파티에 대한 내용을 정리하여 포스터에 '어플리케이션 로고 노출', 파티 당일 '클럽의 LED 스크린에 3회 이상 노출'을 해주는 조건으로 게스트 초대 이벤트 서비스를 제공하고 있습니다. 물론 특정 몇몇 클럽의 경우 제한이 있습니다만 대부분의 베뉴와 제휴 관계가 맺어져 있어 큰 무리 없이 진행이 가능합니다.

1km & Hi There

인터넷은 너무 방대한 양의 자료가 있어 블로그나 카페로 홍보를 하려고 해도 일정 수준의 사용자들이 찾아오게 꾸준히 가꾸고 만들어야 한다는 약점이 있습니다. 하지만 1km와 같은 소셜 어플리케이션을 사용하면 자신의 프로필을 블로그나 미니홈피처럼 가꾸고 게시물을 함께 올리면서 파티의 소식을 여러 사람들에게 비교적 쉽게 노출하는 것이 가능합니다. 물론 지나친 광고성 위주의 활동이라면 아무도 관심을 가지지 않겠죠?(웃음)

Kakaotalk & Line

파티를 준비하다보면 함께 파티를 준비하는 사람들은 물론 주변에 관련된 여러 사람들과 연락할 일이 잦아지게 됩니다. 이럴 때는 국민 메신저로 불리우는 '카카오톡'이나 '라인' 등과 같은 메신저를 사용해 보면 어떨까요? 물론 단체 메시지로 보내는 것은 성의가 없게 보여질 수 있습니다만 학과, 동아리 등과 같은 단체의 프라이빗 파티를 진행할 때는 이보다 더 유용한 어플은 없습니다.

파티 PR에서 가장 공이 들어가고, 비용도 많이 드는 부분이 바로 포스터 제작입니다. 포스터 예시들을 보며 자신이 기획하는 파티의 이미지에 어울리는 레퍼런스를 찾아 작업한다면 훨씬 쉬운 포스터 제작이 가능합니다.

MARIANNE
POOLSIDE PARTY
9 pre-opening party!
16 grand opening party!
DRUNKEN / EQUINOXE / SANGJIN / GLORY
DANBY / KAIKOA / HOTEXX / HADO / 90TAN
uprising
EM
M-CUBE
OPEN PARTY
OPENING
THE
BLANKET
TWO THOUSAND ELLEVEN
DOOR OPEN
20:00-05:00
DRESS CODE
STYLISH OUTFITS ONLY
ENTREE
30,000KRW + 1FREE DRINK
Must Bring Your ID
No Minors Allowed
Beyond Sound
club MÜTE
2012.APRIL
COMING SOON
Info 02 749 3249
facebook.com/districtitaewon
FIX
FREE
HUGS
2012.08.17.FRI
SUMMER TOUR
GUEST DJ SOURCE
POOL
SIDE PARTY
2012.7.20(Fri) ~ 21(Sat)
CHOCOLATE
50
SEOUL
50SEOUL FLEA MARKET PRESENTS
YOUWERESLEEPING
5th ANNIVERSARY POP-UP EXHIBITION
'SLEEPLESS SEOUL'
2012.9.15.SAT PM 2:00-PM 7:00
AT SUN IN JANG SPACE 'WAYSOFSEEING' B1
SUNGLASSES
AT NIGHT!
VENOM
VOLUME.2
8.31
FRI
Naughty
Nurses
Party
13th(Sat),Oct,2012
ee entrance for ladies
BARFLY
Social Link Korea
48 House Party
48 Hour Film Project Seoul 2012 charity event
PUT
YOUR
HANDS
UP
이화이언

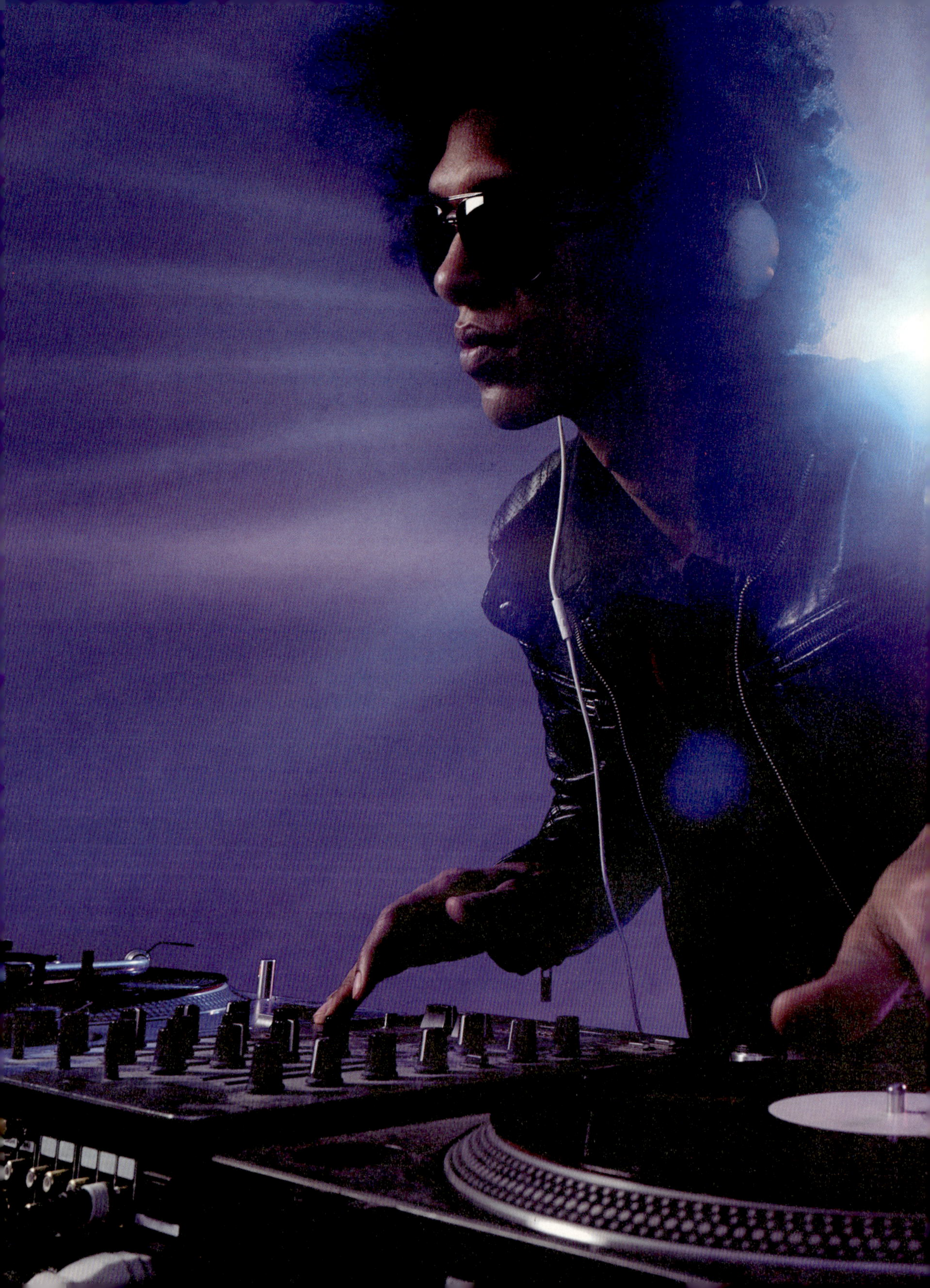

CHAPTER 06

AT THE PARTY, END & AND

파티에 대처하는 방법!

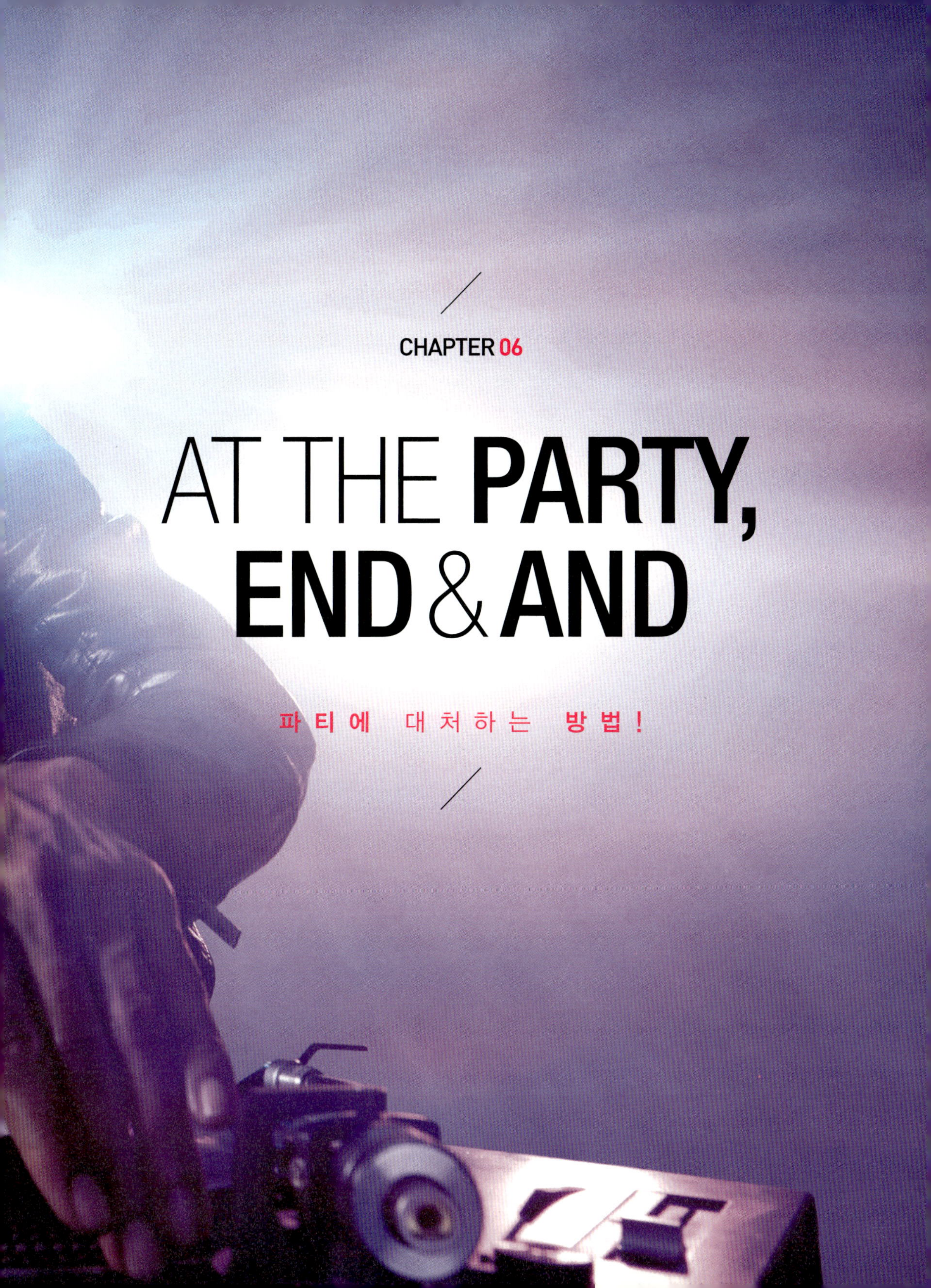

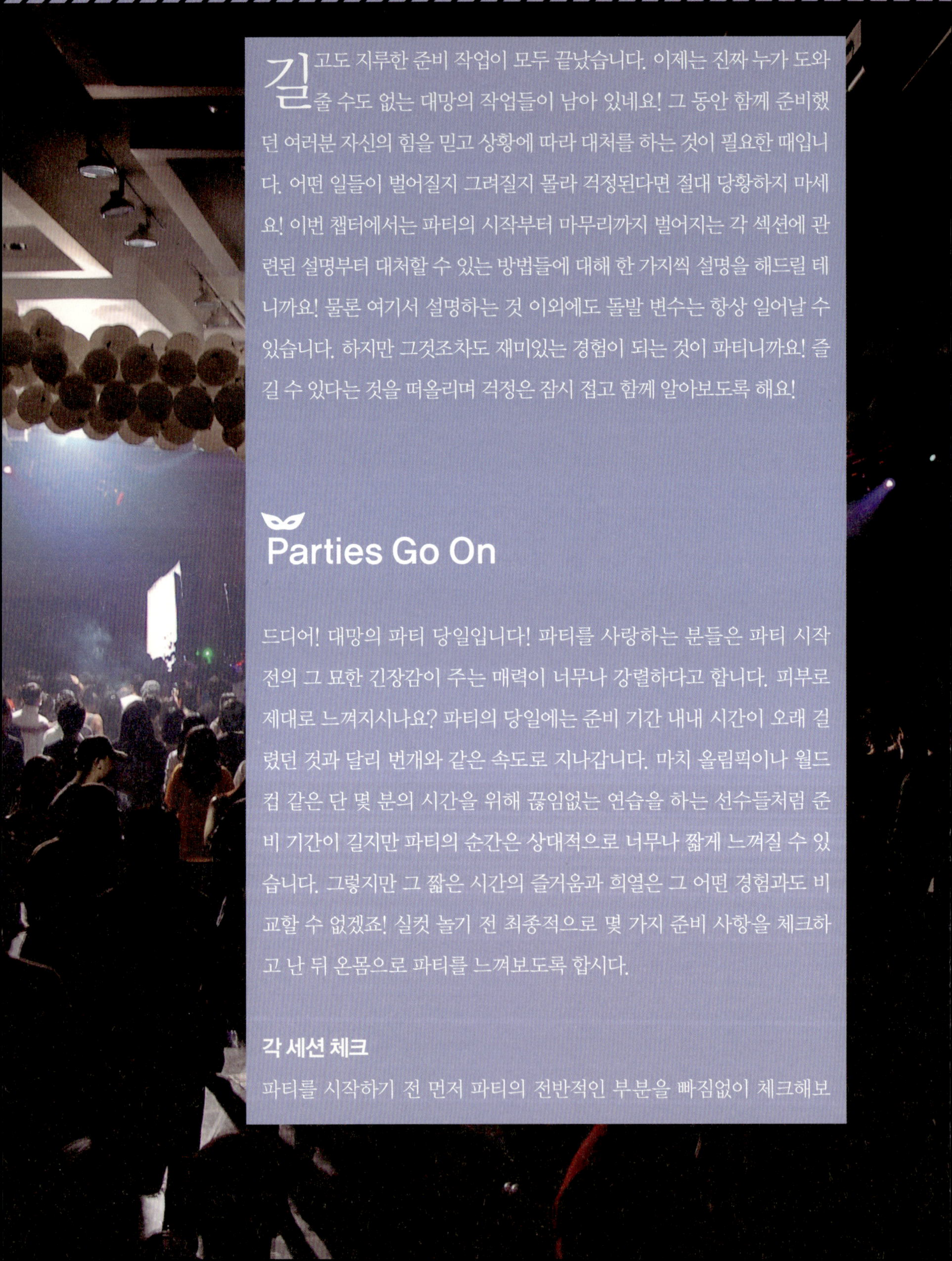

길고도 지루한 준비 작업이 모두 끝났습니다. 이제는 진짜 누가 도와줄 수도 없는 대망의 작업들이 남아 있네요! 그 동안 함께 준비했던 여러분 자신의 힘을 믿고 상황에 따라 대처를 하는 것이 필요한 때입니다. 어떤 일들이 벌어질지 그려질지 몰라 걱정된다면 절대 당황하지 마세요! 이번 챕터에서는 파티의 시작부터 마무리까지 벌어지는 각 섹션에 관련된 설명부터 대처할 수 있는 방법들에 대해 한 가지씩 설명을 해드릴 테니까요! 물론 여기서 설명하는 것 이외에도 돌발 변수는 항상 일어날 수 있습니다. 하지만 그것조차도 재미있는 경험이 되는 것이 파티니까요! 즐길 수 있다는 것을 떠올리며 걱정은 잠시 접고 함께 알아보도록 해요!

Parties Go On

드디어! 대망의 파티 당일입니다! 파티를 사랑하는 분들은 파티 시작 전의 그 묘한 긴장감이 주는 매력이 너무나 강렬하다고 합니다. 피부로 제대로 느껴지시나요? 파티의 당일에는 준비 기간 내내 시간이 오래 걸렸던 것과 달리 번개와 같은 속도로 지나갑니다. 마치 올림픽이나 월드컵 같은 단 몇 분의 시간을 위해 끊임없는 연습을 하는 선수들처럼 준비 기간이 길지만 파티의 순간은 상대적으로 너무나 짧게 느껴질 수 있습니다. 그렇지만 그 짧은 시간의 즐거움과 희열은 그 어떤 경험과도 비교할 수 없겠죠! 실컷 놀기 전 최종적으로 몇 가지 준비 사항을 체크하고 난 뒤 온몸으로 파티를 느껴보도록 합시다.

각 세션 체크

파티를 시작하기 전 먼저 파티의 전반적인 부분을 빠짐없이 체크해보도록 하겠습니다. 일단 참가자들이 들어와 파티를 시작하게 되면 문제가 생겨도 해결할 수 있는 시간이나 상황적인 여유를 내기 어렵습니다. 더군다나 프로그램과 같은 메인 콘텐츠에 차질이 생긴다면 그 타격은 이루 말할 수 없습니다. 따라서 마지막 점검을 꼼꼼하게 하면서 참가자들이 파티에서 큰 불편을 느끼지 않으며 파티에 대한 좋은 인상만을 가질 수 있도록 최선을 다하는 것이 중요합니다. 규모에 따라 체크를 해야 할 부분들은 각각 다르지만 기본적으로 다음과 같은 부분들을 염두에 두고 체크를 하면 큰 무리없이 진행을 하는 것이 가능합니다. 그럼 하나씩 알아볼까요?

동선 정리

먼저 베뉴에 도착해 스텝들끼리 주변 위치를 파악합니다. 파티가 시작되면서 사람들이 몰려올 때 입장을 비롯한 티켓팅, 포토월 촬영, VIP 케어, 대기줄, 코트첵 대기줄과 입장줄 정리 등에 대한 스텝들 간의 최종 의사소통을 마칩니다. 만약 너무나 사람들이 많이 오게 돼 정신이 없더라도 당황하지 말고 최대한 사람들이 불편을 겪지 않도록 동선을 정리하는 것이 관건입니다.

동선 정리를 하는 특별한 방법이나 팁은 없습니다. 최대한 방문해준 사람들에게 양해를 구한 후 일정한 기준에 따라 입장을 순서대로 진행하는

파티 시작 전에 동선이 정리되지 않으면 자칫 혼란스러워질 수 있습니다.

것이 핵심입니다. 그렇다면 기준은 어떤 것들이 있을까요? 그 기준은 파티의 성격에 따라 주최를 하는 여러분이 정하시면 됩니다. 가장 쉽고 간단한 방법으로는 도착한 순서대로 하거나, 예약을 먼저 한 사람 등의 순서대로 진행을 하는 것이 있습니다. 혹은 연장자, VIP 테이블을 예약한 사람, 업체 및 스폰서의 관계자 등으로 파티에서 중요한 역할을 담당하고 있는 사람들을 먼저 입장시키는 방법도 있겠죠.

주류, 식자재

일정 수량 이상의 식자재, 주류가 갖춰져 있는 클럽, 라운지의 규모에서는 별도로 체크를 하지 않아도 괜찮습니다만 파티를 위해 별도로 식자재나 주류를 구매해 진행하게 될 때 예상 외로 참가자들이 몰려오거나, 파티의 분위기가 너무 좋게 되면 준비한 식자재가 동이 나는 기분 좋은 트러블이 생길 수도 있습니다.

보통 핑거 푸드와 같은 식자재가 바닥나는 경우는 드뭅니다. 파티 시작 전 식사를 하고 오거나 정찬 파티가 아닌 이상 식사를 파티에서 본격적으로 하는 경우는 드물기 때문입니다. 주류의 경우로 넘어오면 다소 상황이 다릅니다. 파티의 분위기를 내고자 칵테일의 베이스가 되는 보드카, 리큐

주류가 동이 나면 파티의 흥이 깨지기 때문에 긴급 상황 시 주류를 구입할 수 있는 점포나 도매상의 연락처, 단가 등을 조사해 놓는 것은 필수입니다.

르, 샴페인 등과 같은 주류들은 생각 외로 쉽게 동이 나고는 합니다. 작은 규모의 파티에서는 주류가 떨어져도 간단하게 근처 편의점이나 마트에서 구입이 가능하지만 50명 이상의 제법 참가자의 규모가 있는 파티에서 이러한 상황이 연출된다면 파티의 흥이 급속도로 떨어지기 때문에 이를 미연에 방지할 필요가 있습니다. (물론 파티의 분위기가 너무 과열됐다 싶으면 일찍 종료를 하는 것도 필요하겠습니다.) 따라서 주류 준비는 항상 참가자들의 대략적인 집계를 베이스로 정확하게 하되 베이스가 되는 주류 이외에도 맥주와 같은 기본적인 주류를 사이드로 일정 수량 준비해놓는 것이 필요합니다. 이런 준비가 마무리되었다면 파티 당일 시간대 별로 주류의 소비되는 정도를 파악해 수량이 부족하게 되면 사전에 조사를 해놓은 도매업체나 인근에서 조달할 수 있도록 하면 큰 무리 없이 파티를 진행할 수 있습니다.

데코레이션, 스타일링, 디스플레이

파티를 위한 데코레이션을 비롯해 스폰서 물품의 디스플레이를 살펴보도록 하겠습니다. 미리 베뉴 조사를 하면서 어느 곳에 배치를 할지 정확한 정리가 되어 있다면 빠른 시간 내 끝낼 수 있습니다만 베뉴 자체에 대한 사전 정보 없이 작업하게 될 경우 시간이 부족해 쫓기듯이 일을 할 수 밖에 없습니다. 당연히 결과물은 만족스럽게 나오기 힘들겠죠. 이럴 때는 여유 있게 2시간에서 3시간 전부터 준비를 시작하는 것이 좋습니다. 스타일링의 양에 따라 기본적인 차이는 존재합니다만 준비를 하는 양이 많다면 설치 수량을 고려해 더 시간적 여유를 가지는 것이 필요합니다.

준비를 하는 데 시간이 얼마 안 걸린다고 생각하는 분들이 많을 수 있어 조금 설명을 더 붙여보자면 다음과 같습니다. 첫 번째로 머릿속에 생각한 것처럼 공간을 꾸미는 일에는 시간과 노력이 들어가게 됩니다. 정해진 계획대로 진행되지 않을 경우 시간적인 압박에 시달리는 것보다 현장에서 여유를 가지는 것이 훨씬 이득이겠죠. 두 번째로 현실적으로 제 시간에 인력 및 장

머릿속으로 그려놓았던 데코레이션이 막상 설치를 시작하게 되었을 때 마음에 안 들거나 스텝, 혹은 업주의 반대 의견에 부딪힐 수 있습니다. 이럴 땐 현장에서 급히 차선책으로 바꿔야 합니다.

비들이 맞추어지는 경우는 별로 없기 때문에 10~20분 늦어지는 시간을 감수하고 여유 있게 작업 시간을 잡아 진행을 하는 것이 필요합니다.

프로그램 리허설, 음향 체크 등

자, 이번엔 파티의 진행에 필요한 음향 및 프로그램 등에 대해 점검을 해 보도록 하겠습니다. 프로그램의 리허설 이전 음향의 설치(세팅) 그리고 음량, 마이크 등의 체크부터 하는 것이 순서입니다. 소리가 뻗어 나가는 음향의 경우 관객들에게 좋은 소리를 들려주는 것도 중요하지만 소리가 크다면 주변 업장, 주택가에서 소음으로 인한 민원 제기가 들어올 수 있기 때문에 어느 정도의 수준까지 가능한지 사전에 반드시 체크하세요!

마이크 체크는 소리가 제대로 전달이 되는지 그리고 특정 위치에 가면 '삑-' 소리가 나는 하울링 증상의 해결입니다. 하울링 현상은 선을 사용하는 유선 마이크에서는 잘 일어나지 않지만 주로 무선 마이크를 사용할 때 일어나고는 합니다. 해결 방법은 우선 마이크를 들고 이동할 때 동선 내에서 하울링이 일어나는 공간을 체크하고, 마이크가 연결된 기기의 이퀄라이저 부분들을 조금씩 줄여가면서 체크를 하면 하울링을 잡을 수 있습니다.

디제이의 경우 별도의 리허설을 할 필요는 없지만 장비를 모두 설치하고 장비에 이상이 없는지 테스트를 하는 것이 필요합니다.

음향 설치가 끝났다면 프로그램의 사전 리허설을 진행하도록 합니다. 세션이나 보컬 등의 경우는 모니터가 제대로 되는지, 참가자들에게 잘 어필할 수 있는지 최종적인 점검을 하며 조율하도록 합시다!

안내

파티 당일 많은 분들이 생각지도 못하게 부딪히게 되는 일이 바로 안내입니다. 보통 주최를 하는 사람의 몇 배나 되는 사람들이 한번에 파티에 참석하기 때문에 엄청난 문의와 인파가 몰려오게 되면 자칫 어디서부터 해결해야 할지 패닉에 빠지기 쉽습니다. 따라서 다음과 같은 부분들을 중점적으로 준비하여 파티의 참가자들이 몰려오는 시각에 맞춰 대응할 수 있도록 합시다!

위치 안내

파티 당일 가장 많은 문의가 바로 베뉴의 위치 안내입니다. 아무리 사전 홍보로 베뉴의 위치를 공지했어도 처음 오는 장소라 헷갈리는 것은 당연한 것이니까요. 그렇다면 처음부터 베뉴의 위치를 안내할 가이드라인을 짜놓는 것이 좋겠죠? 홍보 단계에서 만들었던 베뉴의 위치 안내를 중점적으로 기입을 해놓고 포인트가 되는 건물, 정류장, 역 등을 체크해 설명할 수 있도록 문자메시지나 전화로 안내 텍스트 정리를 미리 해놓습니다. 파티의 참가자가 많아질수록 위치에 대한 문의는 비례해 증가하기 때문에 한번에 최대한 많은 수의 문의를 처리하기 위해서입니다.

게스트 리스트 정리가 제대로 돼있지 않다면 현장에서 확인이 어려울 뿐 아니라 조금씩 딜레이 되는 시간 동안 무작정 기다리는 참가자들이 늘어나 파티의 이미지가 떨어질 수 있습니다.

참가자(예매&게스트) 리스트

입구에서 가장 많은 시간을 소요하는 것이 바로 참가자들의 리스트 확인입니다. 대개 예매 고객의 숫자는 게스트 초대나 현장티켓을 구매하는 참가자들에 비해 적습니다. 따라서 예매 고객들의 경우 별도의 리셉션을 두어 빠르게 입장시키는 것이 좋습니다. 게스트 초대를 받고 온 고객들의 경우 파티 전날 엑셀로 이름순으로 정리를 해오는 것이 좋습니다. 게스트 리스트가 많다면 노트북을 현장에 마련해 체크를 하거나 A4로 출력된 게스트 리스트로 빠른 현장 확인이 가능하도록 준비를 하는 것이 좋습니다.

VIP 고객(매출 상위 고객 및 관계자)

먼저 VIP에 대한 정의를 살펴보겠습니다. VIP는 단순히 매출을 올려주는 사람이 아닌 파티에서 중요한 고객을 모두 총칭하는 것입니다. 간단히 몇 가지 케이스로 설명을 드리자면 다음과 같습니다.

- **친구들을 정말로 많이 불러온 사람**(홍보를 많이 도와준, 파티에 신경을 많이 써준 지인)
- **매출 상위 고객**(테이블 예약자 등)
- **스폰서, 업체의 관계자**
- **셀러브리티**(연예인, 방송인과 같은 사회적 인지도가 있는 사람)
- **상대적으로 높은 위치에 계신 분들**(교수님, 고학번 선배, 직장상사 등)

이처럼 파티에서 어떤 기준에 따라 중요한 사람Very Important Person이라면 그에 맞는 서비스를 제공해줄 필요가 있습니다! 그렇다면 파티에서 위와 같은 VIP 고객들에게 어떤 서비스를 제공해주는 것이 필요할까요? 한 문장으로 간단히 설명하자면 무엇인가 다른 사람보다 조금이라도 '더' 대우를 받는 느낌이 들게 해주는 서비스가 되겠습니다.

VIP다운 대우를 해주도록 하자!

당연한 말이지만 VIP는 테이블을 잡거나 파티에 와달라고 부탁할 때만 VIP가 아닙니다. 최근 파티의 경쟁이 치열해지고, 많은 수의 대형 클럽들이 생겨나면서 진짜 VIP들이 대우를 못 받는 경우도 허다하게 생겨나고 있습니다. 이는 과열된 클럽 시장의 단편적인 모습이기 때문에 단기간 내에 개선이 힘들 수도 있습니다. 하지만 기다림 없이 입장을 할 수 있도록 하거나, 코트첵을 비롯한 여분의 짐들의 보관, 필요로 하는 업체의 관계자 및 지인 소개 등 VIP를 위한 부분들을 챙기기 시작하는 것은 좋은 결과로 이어지기 마련입니다. 더불어 스폰서의 협찬 품목이나 서비스, 포토월 등과 같은 파티의 핵심적인 부분에서 VIP는 파티를 빛나게 해주는 제일 첫 번째 고객이므로 단연 최우선적으로 신경을 써주는 것이 좋습니다. 이러한 부분들을 잘 고려해 파티의 성격과 VIP의 성향을 파악해 서비스를 하는 것은 다음의 파티를 위해서도 중요한 포석이 되겠죠?

작은 것부터 신경 써주도록 하자!

위의 설명을 읽고 '엄청나게 많은 것들 해줘야 하는구나'라고 생각하실 수 있지만 규모가 작거나 여건이 열악할 때 과도한 VIP 서비스는 파티를 주최하는 입장에서 오히려 마이너스가 될 수 있으니 상황에 맞게 서비스를 제공하면 됩니다. 그렇다면 부담이 되지 않는 최소한의 VIP에 대한 케어는 어느 것들이 있을까요? 바로 사소하지만 작은 부분들부터 신경을 써주는 것입니다. 파티에서 필요한 것이나 불편한 것들이 있는지 물어보는 것이나, 분위기에 적응하지 못한다면 자주 이야기를 해주면서 어색하지 않게 챙겨주는 등 간단하지만 먼저 다가서서 다른 사람보다 먼저 조금이라도 더 신경 써주는 느낌을 주도록 하세요!

Party Feedback

드디어 시끌벅적한 파티가 끝났습니다. 정말 번개같은 시간이었죠? 막상 처음 주최한 파티를 끝내고 나면 엄청난 준비의 양에 비해 부족했던 것 같기도 하고 시원섭섭하기도 하고 더 잘할 수 있었을 것 같기도 하고 무엇보다 내가 놀자고 만들었는데 막상 많이 못 놀고 일만 한 것 같기도 하는 수많은 감정이 교차합니다. 하지만 파티에서 인사한 수많은 사람들과 친한 친구, 지인들을 비롯해 파티의 즐거웠던 시간들이 머릿속을 스쳐 지나가면 입가에 미소가 번지면서 벌써 다음 번 파티를 준비하는 자신을 발견하게 됩니다.

파티에서는 몸은 하나고 이야기를 해야 할 사람들은 많기 때문에 제대로 인사를 못한 사람들은 꽤 많을 수 있습니다. 챙겨주겠다고 해놓고 신경을 못 써주는 사람들도 있을 수 있고요. 물론 기대할 수 있는 최고의 플랜은 참가자들 간에 알아서 함께 어울려 노는 것이겠지만 그 날의 분위기에 따라 주최자의 의도와는 다르게 파티가 돌아가면 실망하는 사람도 생기기 마련입니다. 복잡하게 돌아가는 파티 당일의 특성상 이러한 사람들을 포함해 자신을 믿고 파티를 즐기러 와준 모든 이들에게 이야기를 전달하는 것은 매우 힘듭니다. 따라서 파티가 정리된 후 여운이 가시기 전 다음의 매체들을 활용해 참가자들에게 각자 감사의 메시지를 전하는 것은 주최자로서 하나의 커다란 의무입니다. 물론 이 과정을 거치면서 이제껏 생각지도 못했던 감동을 경험하기도 합니다. 그럼 그 방법에 대해 하나씩 알아보도록 하겠습니다!

파티 후 연락

피드백을 거치는 방법은 홍보를 했던 방법을 반대로 거슬러 하는 것이 편리합니다. 평소 친하게 지내지 않거나 서먹한 사이, 오랜만에 본 사람들 모두 파티라는 '구실'을 핑계 삼아 연락하는 것이 가능합니다. 파티가 주는 생각지 않은 선물인 것이죠. 물론 연락하고 싶지 않은 불편한 관계에 있는 사람들에게까지 하나하나 연락을 할 필요는 없습니다. 하지만 파티에 놀러와 준 고마운 사람들을 비롯해 파티에서 새롭게 소개받거나 만난 사람들 모두와 이번 기회를 통해 더 친근하게 다가설 수 있습니다. 그런 만큼 파티 후의 피드백 과정은 반드시 하시기 바랍니다! 이 추억의 시간을 거름 삼아 더 드라마 같은 일이 여러분에게 생길 수 있으니까요!

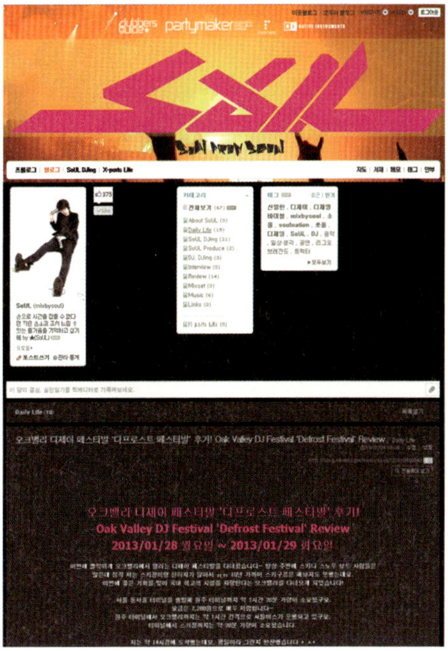

공식 페이지나 페이스북, 블로그를 통해 감사 인사와 파티 피드백을 받습니다.

공식 페이지(페이스북, 블로그 등)

파티를 마친 뒤 공식적인 파티의 종료를 알림과 동시에 파티에 와준 모든 사람들에게 감사의 인사를 돌립니다. 빠른 시간 내에 개개인에게 연락을 하는 것은 현실적으로 어렵기 때문에 파티의 다음날이나 다음 주의 시작이 되는 월요일 정도에 업데이트를 하는 것이 좋습니다. 이 때 파티 사진이나 동영상 등이 있다면 포토그래퍼와 이야기하여 업데이트 일정을 함께 공지하는 것이 베스트입니다.

전화

더할 나위 없는 최고의 방법이죠. 홍보를 위해 전화를 했을 때는 부탁하는 입장이기 때문에 부담을 느꼈던 분들이 많으셨을 겁니다. 이번에는 마음 편하게 와줘서 고맙다는 안부 인사를 하면서 파티에서의 못다한 이야기를 편하게 해보도록 하세요! 세상의 그 어떤 것도 100% 만족스러운 것이 없듯이 파티에 관련돼 서로 아쉬운 부분들이 있을 수 있지만 더 좋은 파티를 기약하며 서로의 안부를 묻고 이야기를 해보시기 바랍니다. 많은 분들이 파티의 모든 단계 중 이 단계에 감동을 많이 받는다고 합니다. 피드백을 위해 안부를 물으면 표현은 대동소이하게 다르지만 100중에 80~90은 '좋은 파티에 불러줘서 고맙다.'는 인사를 건네기 때문이죠. 이 마약 같은 말 한마디가 여러분을 날아가게 만들어줄 것입니다!

메일

전화로 모든 분들에게 연락을 돌리는 것이 힘들었다면 메일을 활용해 피드백을 하겠습니다. 메일로 안부를 전하는 것은 마찬가지로 '성의'를 다하기 위해서입니다. 어쩌면 문자와 다름없이 길지 않은 문장의 메일이라도 문자와 메일이 주는 차이는 큽니다. 인스턴트하지 않은 느낌을 줄 수 있기 때문이죠. 하지만 모든 참가자들에게 메일을 각기 다른 내용으로 작성해 보내는 것은 많은 시간이 걸리고, 현실적으로도 파티를 직업적으로 하지 않는 이상 큰 부담으로 작용합니다. 따라서 스폰서와 VIP, 도움을 줬던 사람들에게는 구체적인 내용을 각각 기입해 보내고, 그 외 대다수의 참가자들에게는 메일의 첫머리에 같은 내용의 편지로 인사를 하는 것에 대해 양해를 구하고, 전하고 싶었던 말들을 써서 보내세요!

문자 메시지

간편하게 보낼 수 있지만 그만큼 신중해야 하는 방법입니다. 홍보 때와 마찬가지로 전체 메시지로 한번에 보내는 것은 가급적 피하는 것이 좋습니다. 설사 보내더라도 문장을 잘 정리해 보내는 것이 낫겠죠? 문자의 장점은 쉽고 빠르게 파티의 피드백을 전달하는 것이 가능하고, 파티에서 처음 인사한 사람들이 있을 경우 전화나 메일로 연락을 하는 것이 부담된다 싶을 때 문자로 정중히 작성하는 것이 오히려 서로 부담을 줄일 수 있습니다. 반대인 단점으로는 답장을 받기 전까지 메시지의 확인 여부를 알 수 없고, 파티 후 문자로 서로 안부를 주고받는 사람이 늘어나면서 그 속의 하나로 묻혀질 수 있습니다.

페이스북

스마트폰의 보급으로 현재 가장 널리 사용되는 소셜 네트워크 서비스입니다. 대부분의 지인들은 친구 추가가 돼 있고, 담벼락을 통해 평소에도 연락을 하기 때문에 부담 없이 빠르게 파티의 피드백을 전할 수 있다는 장점이 있습니다. 하지만 깊은 대화를 나누는 것은 여러 사람들이 보고 있기 때문에 다소 어려울 수 있습니다. 파티의 사진이나 동영상 등이 마련되면 업로드를 할 때 귀찮더라도 태그 작업을 거쳐 친구들에게 업로드 소식을 전할 수 있어 여러 모로 편리합니다. 단, 사진을 마음에 들지 않아 하거나 파티 참석 사실을 숨기고 싶어하는 친구가 있을 수 있으므로 태그 작업을 친구들에게 맡기는 방법도 있습니다.

사진 및 영상

파티 이후 힘들고 귀찮더라도 빨리 해놓을수록 좋은 것이 바로 이것! 사진과 영상의 정리입니다. 뒤에서 정리에 관해 더 자세히 다루겠지만 피드백 파트에서 먼저 언급을 하는 이유는 간단합니다. 즐거웠던 기억일수록 그 기록의 전파가 빠를 때 피드백의 효과는 몇 배로 돌아오기 때문입니다. 이러한 이유로 각 클럽이나 페스티벌에서는 파티 전문 포토그래퍼와의 작업

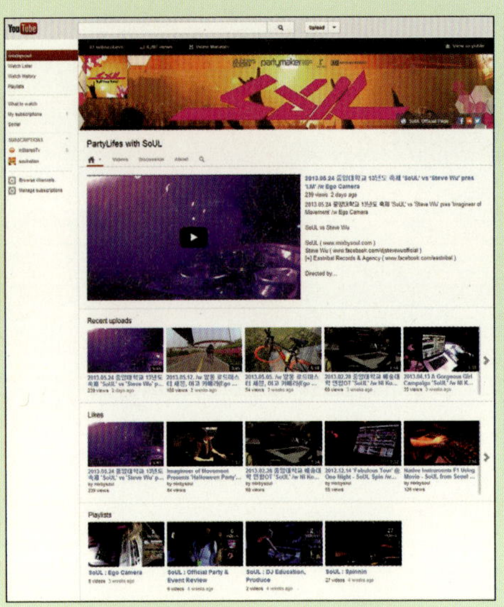

사진과 영상 정리는 힘든 만큼 보람이 있습니다. 즐거운 추억을 공유하는 목적도 있지만 다음 파티의 참고자료로도 유용하게 쓰입니다.

으로 빠른 업데이트를 해 클러버, 관객 간 커뮤니케이션을 강화하고 있습니다. 이는 개인의 프라이빗 파티뿐 아니라 중대형의 축제, 파티 사이즈까지 동일합니다. 관련된 사진과 영상이 많고 적음에 관계없이 빠른 피드백은 사람들이 다시 한번 파티의 기억을 되새기면서 또 가고 싶다는 기대감을 만들게 해주는 최고의 기폭제 역할을 하기 때문입니다. 가장 좋은 것은 참가자들 하나하나 모두가 그 추억을 가질 수 있게 만들어 주는 것이겠죠? 따라서 이런 기록물의 제작에 관련된 기획을 챕터 2의 기획 단계부터 스텝들과 이야기해 놓는 것이 좋습니다. 처음부터 완벽한 결과물을 만드는 것은 힘들지만 경험을 토대로 더 나은 파티를 위해 세부적인 부분들을 하나씩 개선해 나가는 것은 마음만 먹으면 어렵지 않으니까요!

Party Database

파티의 피드백을 끝냈으면 천천히 그 여운을 만끽하면서 정리를 하는 마무리 작업을 하도록 합니다. 어떻게 보자면 정리를 하는 것도 처음에는 쉬워 보여도 막상 하게 되면 일처럼 느껴지는 부분이 많아 재미를 붙여 하는 버릇을 들이는 것이 좋습니다. 그렇다면 대체 무엇을 정리 해야 할까요? 바로 파티의 모든 것입니다. 처음에 베뉴를 알아보기 위해 직접 발품을 팔며 만났던 업주의 명함, 연락처부터 홍보를 하기 위해 제작했던 각종 홍보물, 디자인을 하기 위해 수집했던 파티 포스터, 각종 이미지들, 인쇄소 명함, 카달로그, 영수증, 그 외 디제이 연락처, 음향업체 견적서, 스폰서를 위해 만들었던 기획안, 각 업체 담당자 명함 등등 모든 것들이 포함됩니다. 처음에는 막연하게 어디서부터 어떻게 해야 될지 어리바리 했다면 지금은 대 역사를 이룬 만큼 감이 많이 잡히실 겁니다!

파티의 DB를 정리하는 이유는 간단합니다. 다음 번 파티의 준비를 더 빠르고 쉽고 간편하게 하기 위해서입니다. 너무 힘들어서 파티를 두 번 다시 안 하겠다는 분들이 계실 수 있습니다만 파티를 신나게 즐긴 친구들이 '너무 재미있게 놀았다' 고 이야기하며 또 다음 번에 할 때 불러달라는 이야기를 듣는 순간! 과연 두 번 다시 안 하리라고 생각하지 않습니다.(웃음) DB의 정리는 그럼 어디서부터 시작해야 할까요? 꼭 방법이 정해져 있는 것은 아니지만 하나의 파티를 준비했던 과정 대로 정리를 하는 방법과 각각의 부분들을 카테고리 별로 정리를 하는 방법이 있습니다.

기획 단계(회의록, 요점정리)

굳이 회의록을 남길 필요가 있냐고 느끼는 분들도 계실 것이라 생각합니다. 혼자 준비하는 작은 규모의 파티에서는 회의록의 존재 유무가 크게 중요하지 않습니다만 지속적으로 파티를 준비해야 하는 파티 동아리, 회사 등 최소 3명 이상의 단체인 경우에는 파티를 준비하면서 겪었던 상황들의 기록물인 '회의록'의 제작은 필수입니다. 파티를 처음 준비할 당시에는 시행착오를 겪을 것이라 생각하지 못하기 때문에 필요성을 크게 못 느낄 수 있습니다. 하지만 자칫 사소하게 느껴질 수 있는 상황들에 대해서도 파티의 준비와 행사 당일의 차이점이 존재한다거나 생각지도 못한 문제점들이 나올 수 있습니다. 이러한 점들에 대해 가장 좋은 방법은 준비 단계부터 꼼꼼히 기록을 하거나 파티 이후 준비 단계에서 달라졌던 부분들에 대해 A4 용지 한 장 정도로 요점을 정리하여 남겨두면 파티를 만드는 데 있어 훌륭한 자료가 됩니다!

콘텐츠, 프로그램, 인쇄소, 실사출력, 연락처 및 견적 등

파티를 준비했던 기획 단계(챕터 2)에서의 구체적인 파티의 준비를 위해 부딪쳤던 베뉴, 디제이, 인쇄소 등 모든 자료들을 하나씩 정리해보도록 하겠습니다. 기획, 홍보 단계에서 처음에 아무 정보도 없이 시작했을 때 막막했던 기분과는 달리 이제는 조금 프로세스가 어떻게 돌아가는지 이해가 되실 겁니다. 다음 파티를 주최할 때 이런 막막함을 다시 느끼지 않으려면 처음에 정신 없이 조사해 준비했던 것들에 관련된 단가, 프로필, 업체, 연락처 등등을 기록함과 동시에 좋았던 점과 나빴던 점, 대안 방향 등을 기록해 놓는 것이 필요합니다. 차후 파티를 주최할 때 이 자료를 바탕으로 더 빠르고 디테일한 준비가 가능하기 때문입니다!

기획안 & 제안서(기획안, 업체 및 담당자 DB)

이번에는 결과물들을 정리를 해보도록 하겠습니다. 먼저 파티의 진행을 위해 만들어놨던 기획안과 각종 제안 서식, 메일 텍스트 등에 대한 정리입니다. 제안서를 정리하는 방법은 생각보다 간단합니다. 먼저 [파티의 날짜_파티의 이름]으로 폴더를 만들어 관련 기획안, 제안서 등을 모은 후 파일명만 보고도 바로 알아볼 수 있도록 각 파일명을 [파티의 날짜_파티의 이름_업체별, 담당자]를 기입해 일목요연하게 정리를 합니다. 이렇게 정리를 해놓게 되면 차후에 파티를 진행할 때 참고를 할 수 있으며 관련 파일들을 찾는 시간을 줄여줄 수 있기 때문에 시간의 효율적인 분배가 가능합니다. 이러한 정리를 활용하면 제안서 작업을 두세 번씩 되풀이하지 않아도 되며 드롭박스나 네이버 N 드라이브와 같은 클라우드 서비스를 활용해 백업을 해놓을 시 스마트폰, 타블렛 PC 등을 이용해 실시간으로 재열람이 가능하기 때문에 갑작스런 미팅이나 업체 담당자, 파티에 관심을 표하는 사람들을 만났을 때 빠른 대처를 할 수 있어 차후 업무의 효율성이 높아지게 됩니다!

홍보 : 인적 DB, 홍보 DB

파티를 준비하면서 끝마치기까지 얻게 된 다양한 사람들에 대한 인적 DB를 관리하기 가장 좋은 방법은 역시 깔끔하게 정돈된 주소록입니다. 1차적으로는 핸드폰에 저장하는 분들이 많으리라 생각합니다. 하지만 핸드폰은 분실의 위험성이 높고 명함과 같은 인쇄 매체는 나중에 잃어버리거나 보관 위치를 떠올리기 힘들게 되면 사실상 활용이 불가능합니다. 따라서 작성에는 조금 귀찮고 시간이 걸릴지 몰라도 차후 빠른 검색과 활용에 큰 힘이 되어 주는 주소록을 만듭니다. 보통 많이 쓰이는 툴로는 구글 드라이브(도큐먼트), 엑셀 등의 스프레드시트 프로그램이 있습니다. 이름, 회사, 연락처, 메일 주소, 특이사항 등을 포함해 정리를 하면 됩니다. 구글 드라이브(도큐먼트)의 경우 게스트 리스트의 폼을 웹상에서 간단한 서식과 함께 만드는 것이 가능하고 이 항목들을 스프레드시트로 정리할 수 있기 때문에 매우 유용합니다. 덧붙여 함께 관리를 하거나 DB를 확인하고자 하는 사람들과 공유도 가능하기 때문에 준비를 함께하는 많은 팀원들과 DB를 직접 파일의 형태로 별도로 전송하지 않아도 웹상에서 모두 같은 정보를 실시간으로 수정하고 확인하는 것이 가능합니다.

엑셀로 정리한 게스트 리스트

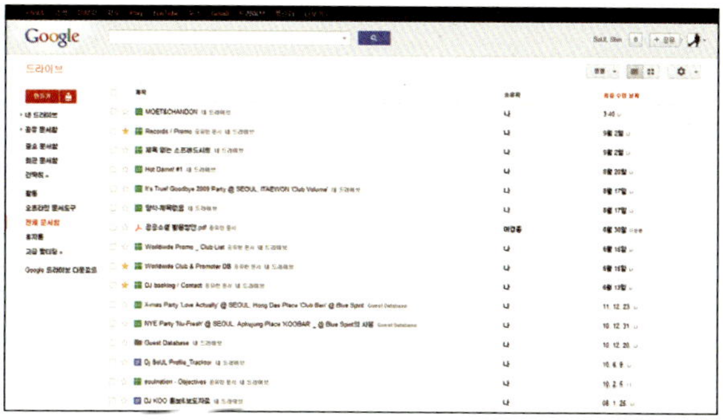

구글 드라이브로 정리한 게스트 리스트

홍보물(각종 이미지 및 시안, 포스터, 플라이어, 영상 등)

홍보물을 제작하면서 참고로 했던 모든 이미지, 영상의 샘플 그리고 파티

잘 만들고 모아놓은 홍보물 자료들은 자칫 안 쓰이는 더미(덩어리) 같지만 활용 가능성이 무궁무진합니다!

를 위해 제작했던 관련 모든 것들을 지칭합니다. 앞서 홍보물의 콘셉트를 기획하고 제작하는 과정에서 매우 힘들었던 기억이 있을 겁니다. 처음 만들어 놓은 홍보물 자료를 잘 정리해 가지고 있으면 후속 파티를 계획할 때 컬러나 배경 이미지의 변화를 주면서도 전체적인 콘셉트의 통일감을 주면 종전에 했던 파티와 다른 것이라는 차별성을 줄 수 있습니다.

지난 파티 사진 및 후기, 영상

앞의 파티 후 피드백Party Feedback 파트에서 배운 것과 마찬가지로 지난 파티의 자료를 모아놓는 것은 향후 주최할 파티의 홍보는 물론 기획안 제작, 스폰서 컨텍까지 그 동안의 파티를 주최했던 레퍼런스의 강력한 증거물이 되어줍니다. 따라서 평소 틈틈이 자료를 모아 놓고 관리를 해주는 것은 두말 할 것 없습니다. 데스크탑이나 usb, 노트북에 1차적으로 보관을 하는 것도 좋지만 드롭박스나 네이버 N 드라이브 등의 대용량 스토리지 서비스를 이용하면 자료들을 인터넷에 올려놓을 수 있고, 빠른 검색이 가능해 이 방법을 사용하는 것을 추천합니다. 또한 웹을 통해 공유해 놓으면 실시간 업데이트 및 확인 작업은 물론 1차 파일들이 컴퓨터의 오작동, usb의 분실 등으로 모두 손실되어도 웹상에서 백업의 기능을 해주기 때문에 큰 손실을 미연에 방지하는 막대한 효과를 얻을 수 있습니다.

Dropbox

폴더나 파일들을 공유 설정하여 친구들과 함께 실시간으로 체크를 할 수 있다는 것 역시 드롭박스의 강점입니다.

드롭박스(www.dropbox.com)

현재까지도 많은 사랑을 받고 있는 클라우드 서비스Cloud Service입니다. 처음 가입을 하면 2G 무료 용량이 제공되며 친구들을 초대하거나 드롭박스의 사용 후기를 남기는 등의 조건을 충족하면 미션 당 용량을 추가해 줍니다. (업무적인 용도로 사용하기 위해 대용량이 필요하신 분들의 경우 유료 옵션도 있습니다.) 드롭박스의 최대 강점은 핸드폰, 노트북, 데스크탑에 구분 없이 드롭박스의 어플리케이션을 설치하면 파일이 어느 곳에 있더라도 모두 동기화가 되어 어디서든 손쉽게 열어서 볼 수 있다는 것입니다.

네이버 N드라이브(http://ndrive.naver.com)

네이버에서 제공하는 클라우드 서비스Cloud Service로 가입만 하면 처음부터 30G라는 엄청난 용량을 제공해줍니다. 드롭박스와 마찬가지로 iOS를 사용하는 아이폰, 안드로이드 계열 스마트폰은 물론 IBM, MAC 모두 기종에 구분 없이 프로그램 설치만 하면 실시간으로 이용할 수 있습니다. 무엇보다 가장 큰 강점은 별도의 큰 노력을 기울이지 않아도 넉넉한 용량을 제공해 주기 때문에 자료들을 손쉽게 백업해 놓고 사용하기 편리하다는 것입니다.

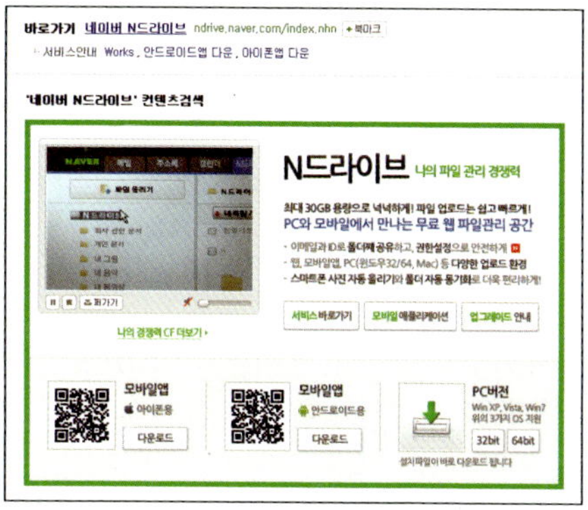

네이버 N드라이브는 대용량을 제공한다는 장점이 있지만 속도 면에서는 다소 느리기 때문에 인터넷 연결이 원활하지 않은 경우에는 사용이 다소 불편할 수 있습니다.

CHAPTER 07

PARTY CASE

당신을 위한 속전속결 팁!

파티를 빨리 준비해야 하는데 시간은 없고 어디서 어떻게 해야 할지 고민이 되는 분들을 위한 서비스 챕터입니다! 앞 챕터에서 다뤘던 파티의 종류, 베뉴 등을 세부적으로 참조하신다면 보다 완벽한 파티 준비를 할 수 있지만! 당장 눈앞에 닥친 생일, 축제, 기념행사 등을 준비하려니 막막한 사람이 분명 있으리라 생각하며 간단한 예제들을 통해 어떻게 준비하는지 알아보겠습니다.

파자마 파티

큰 부담 없이 친구들과 조촐하게 즐길 수 있는 파티입니다. 빠른 준비를 위해 가이드를 정해 보자면, 보통 파티를 제안한 주최자가 프로그램에 대한 준비 및 장소(베뉴)에 대한 조사를 하고 참가를 하고자 하는 인원들은 음식

이나 주류에 대한 비용 및 준비를 책임지는 것이 편합니다.

장소 : 집, 레지던스, 부티크 호텔, 파티 플레이스, 카페 등

모임의 중요성에 따라 비용을 어느 수준에서 부담할지에 대한 기준이 잡힌 후 장소를 정하는 것이 좋습니다. 파자마 파티의 경우 큰 부담 없이 집에서 조촐하게 모이는 것도 가능하지만 기분 전환 겸! 레지던스 호텔이나 파티 플레이스, 부티크 호텔 등의 공간에서 다 같이 재미있게 수다를 떨며 시간을 보내는 것도 가능하겠죠! 레지던스 호텔이나 파티 플레이스의 장점은 별도의 요리가 가능하며 준비한 음식을 펼쳐놓고 먹는 것이 비교적 자유롭다는 점이고 부티크 호텔이나 펜션과 같은 공간은 상대적으로 좁거나 거리가 멀어 접근성이 떨어지는 단점이 있습니다.

음식 : 과자, 치킨, 간단한 디저트

간단하게 즐기는 만큼 인원수에 맞춰 근처 마트에서 장을 보고 준비하는 방법, 혹은 함께 재료를 사서 요리를 하는 방법 등 상황에 맞춰 준비를 하면 됩니다.

술 : 샴페인, 칵테일, 와인

경우에 따라 큰 지출이 요구되는 부분입니다. 간단하게 소주와 과일주스를 섞은 소주 칵테일부터, 축하를 할 일이 있다면 샴페인이나 스파클링 와인을 준비하고, 화끈하고 신나게 놀고 싶다면 에너지드링크와 여러 술을 곁들여 마시는 것도 방법입니다. 주류 구입은 주류 전문점보다는 대형 마트가 저렴하며 와인의 경우 종종 할인 행사를 하기도 하니 인터넷을 통해 잘 알아보고 구입하시는 것이 좋습니다!

프로그램 : 음악, 영화, 게임 등

함께 모여 있는 시간 동안 이야기하는 것만으로도 시간이 흘러가겠지만 막상 오랜만에 보는 친구들이나 처음 보는 몇몇 친구들이 껴있는 경우 다소 어색할 수 있습니다. 이 때 함께할 수 있는 프로그램들을 만들어 놓는다면 처음 보는 사이라도 어색하지 않게 함께 파티를 즐길 수 있겠죠.

참고 영화 및 드라마 : 〈가십걸〉

파티 종류별로 다양하게 볼 수 있는 드라마로는 단연 미드 〈가십걸〉을 따라올 수 없습니다. 그 중 파자마 파티가 가장 빈번하게 나오는 것은 시즌 1입니다. 여자들끼리 집에서 파자마 혹은 드레스를 입고 아기자기하게 모이는 파티를 보면서 친구들과 파티 계획을 세워보세요!

생일 파티

파티를 가장 편하고 쉽게 접할 수 있는 방법이 바로 생일 파티입니다. 생일 파티의 경우 친구들이 대신 준비를 해주는 경우가 정말 드물기 때문에 조금 귀찮고 힘들더라도 처음부터 하나씩 준비를 하시는 것이 좋습니다. 파자마 파티와 마찬가지로 장소와 프로그램까지 주최자가 신경을 쓰고, 데코레이션 부분 정도는 몇몇 친한 친구들한테 도와달라고 하는 것이 좋습니다. 그 외 음식이나 주류는 생일 선물 대신에 회비를 모으거나 따로 참가를 하는 친구들에게 들고 오라고 정확하게 전달을 하는 것도 좋습니다.

장소 : 집, 레지던스, 부티크 호텔, 파티 플레이스, 카페 등

비용을 주최자가 부담하는 만큼 모이는 인원에 맞춰 알맞게 장소를 정하는 것이 필요합니다. 다수의 인원이 시끌벅적하게 놀기에는 레지던스 호텔이나 파티 플레이스가 좋지만 정말 친한 친구들끼리 축하 겸 제대로 기분을 내고 싶다면 부티크 호텔이나 작은 카페를 대여하는 방법도 있습니다. 꼭 공간을 빌려 모이는 것이 아니더라도 모일 수 있는 위치가 집 근처라면 옥상에서 돗자리를 깔고 함께 앉는다거나 날씨만 좋다면 근처 공원에서도 파티를 할 수 있는 것이니까요! 상황에 따라 유동적으로 아이디어를 내보세요.

음식 : 케이크 및 머핀, 파티 푸드 등

생일 파티인 만큼 이야기를 하지 않아도 케이크는 누군가 알아서 챙겨오기 때문에 굳이 준비할 필요는 없으리라 생각합니다. 하지만 주최자가 좋아하는 케이크가 있다면 과감히 이야기를 해주세요! 파티에 참가하는 사람들이 먹고 싶은 것을 싸오는 포틀럭 파티가 서로 부담도 덜하고 음식의 수량도 맞출 수 있어 선호됩니다.

술 : 샴페인, 칵테일

모임에 참가하는 친구들에게 필요한 주류의 양을 정해서 알려주거나 오는 인원별로 자신이 마실 술은 각자 알아서 들고 오라고 하는 방법 등 주최자가 큰 비용을 부담하지 않고 친구들로부터 도움을 얻는 것이 일반적입니다. 반대로 생일 선물을 들고 오는 조건 하에 주최자가 쿨하게 모든 술을 준비해 시원하게 파티를 즐기는 것도 재미있겠죠?

데코레이션 : 풍선, 고깔모자 등

생일 파티엔 역시 풍선과 생일 모자죠! 파티용품을 파는 인터넷 쇼핑몰을 통해서 저렴한 가격에 구입이 가능하며 오프라인에 위치한 파티용품점에서 구입하는 것도 방법입니다!

참고 영화 및 드라마 : 〈프로젝트 X〉

생일 파티의 끝판 왕 격으로 볼 수 있는 영화입니다! 간단하게 하고자 했던 생일 파티가 집 주변을 초토화시킬 만큼 엄청나게 커져버린 이야기인데 이것이 실화라면 더더욱 믿어지지 않으시겠죠? 실제로 호주, 미국에서 고등학생들이 가볍게 생일 파티를 하려고 친구들을 초대한 뒤 파티가 엄청나게 커져버려 큰 사건으로 해외 토픽에 실리는 경우가 있습니다. 생일 파티를 준비하시는 분이라면 꼭 시간을 내 〈프로젝트 X〉를 보시기 바랍니다!

웨딩 애프터, 총각&처녀 파티

인생의 새로운 출발점을 장식하는 큰 이벤트인 만큼 신경을 써서 준비하는 분들이 많습니다. 하지만 꼭 많은 비용을 들인다고 해서 최고의 효과로 이어지지는 않죠. 큰 비용 없이도 준비할 수 있는 몇 가지 예를 들어보도록 하겠습니다. 먼저 바쁜 결혼 준비로 인해 애프터 파티까지 준비를 하는 것이 벅찬 분들이 많을 것입니다. 이러한 경우에는 친구나 지인들을 통해 애프터 파티를 할 수 있는 업장에 대관료 및 식사를 일임하고 음악이나 프로그램 정도만 가까운 친구에게 부탁을 하는 정도가 가장 편리합니다. 종종 웨딩 업체를 통해 맡기시는 분들도 있지만 웨딩 업체도 결국 비슷한 루트를 통해 업장을 계약하면서 수수료를 꽤 많이 가져 갑니다. 그래서 지인을 통하는 것이 훨씬 좋은 결과로 이어지는 경우가 많습니다. 가장 좋은 방법은 시간이 들더라도 직접 준비를 하는 것입니다. 장소를 알아보고 베뉴의 업주와 대관료 및 기타 식자재의 사용 등에 관해 미팅을 최소 2회에 걸쳐 마무리를 하고, 계약한 뒤 세부적인 프로그램들은 지인에게 맡기는 정도만

으로도 간편하게 마무리가 가능합니다. 물론 욕심을 내시는 분들을 위한 세부적인 사항은 아래에 설명을 하겠습니다.

장소 : 라운지, 카페 등

가장 중요한 것은 날짜와 시간 그리고 지출하기 위한 예산이 되겠습니다. 이전 챕터에서 자세히 설명했지만 모든 것을 만족하는 것은 어렵습니다. 보통 결혼식 전에 이루어지는 총각&처녀 파티의 경우 상대적으로 여유 있는 목요일 저녁 시간대를 추천하고 싶습니다. 대관료가 저렴하고 준비를 하기에 부담이 적습니다. 애프터 파티의 경우 식장 근처에 있는 카페나 자그마한 호프집, 혹은 모이기 좋은 위치의 라운지가 좋습니다. 대개 결혼식이 끝나면 거사를 치른 만큼 신랑, 신부는 물론 하객들까지 꽤 지치기 마련입니다. 따라서 식을 모두 마치고 멀리 이동하지 않으면서 짧은 시간이라도 다함께 즐길 수 있는 여유 있는 위치 선정이 중요합니다. 혹은 시간대를 식이 끝나고 정리할 여유를 가진 뒤 저녁 시간으로 잡는 것이 좋습니다.

음식 : 케이크, 파티 푸드(케이터링)

술 : 샴페인, 와인, 칵테일

업장 자체적으로 맡기는 것이 베스트이지만 업장에서 많은 수의 파티 푸드를 감당하기 힘들고, 혹은 비용을 무리하게 요구한다면 전문 케이터링 업체에서 견적을 받아 인원수에 맞게 진행을 하는 것이 좋습니다. 주류의 경우 수량 파악이나 반품 문제 등 사후 처리가 달려 있기 때문에 조금 비싸더라도 업장에 맡기는 편이 좋습니다!

데코레이션 : 포토월, 꽃 장식

보통 라운지나 카페에서 파티를 주최하게 되면 내부 인테리어를 직접 활용하는 것도 좋지만 간단한 포토월이나 꽃으로 장식을 하는 것도 좋습니다.

포토월의 경우 시상식 등에 쓰이는 전문 포토월부터 간단하게 현수막으로 제작하는 포토월까지 가격대가 천차만별이므로 인터넷 검색이나 전문 인쇄 업체를 통해 알아보면 좋은 결과를 얻을 수 있습니다. 마찬가지로 플로리스트를 통해 장식에 대한 견적과 함께 데코레이션에 대한 조언까지 얻는 방법을 추천합니다.

프로그램 : 축가(보컬), 디제이, 세션 등

파티의 프로그램을 구성하는 것은 전적으로 기획을 담당하는 주최자의 몫입니다. 막상 파티를 준비하며 프로그램을 구성하기 위한 섭외를 하는 것도 또 다른 일이 될 수 있기 때문에 업장에 맡기는 것이 편할 수도 있습니다. 하지만 '한 번밖에 없는 파티인데 신경 써서 하고 싶다!'는 경우는 지인에게 부탁을 하거나 업체를 통해 소개를 받아 진행하는 방법이 있습니다.

축제, 야외 파티

예제로 드는 파티의 사이즈 중 가장 큰 파티입니다. 물론 큰 규모의 파티이지만 여러 사람이 함께 각자 파트를 맡아 준비를 하면 큰 어려움 없이 해낼 수 있습니다! 걱정 말고 다음의 팁을 활용해 준비해 보도록 하죠.

장소 : 학교, 펜션, 캠핑장 등

축제에서는 장소의 선정 과정이 처음과 끝일 정도로 가장 큰 부분을 담당하고 있습니다. 학교의 경우 보통 총학생회의 문화기획부나 축제기획단이 별도로 조직되어 총괄하므로 각 학과 학생회, 동아리연합회 등을 통해 장소의 대여, 물품, 지원 여부 등 사전에 문의를 하는 것이 좋습니다. 보통 축

제 시즌 한 달 전부터 공고를 통해 참여를 받으니 처음 도전하는 분들이라면 사전에 주최를 했던 선배들이나 친구들로부터 정보를 얻어 최소 45일 전부터 구체적인 기획과 준비를 한 후, 공고가 나는 동시에 빠른 접촉을 하는 것이 좋습니다. 펜션이나 캠핑장에서 파티를 하는 경우 사전에 업주의 허가를 받아야 하며 주변의 소음 문제에 대해 어떻게 대처를 할 것인지 로드맵을 그려놓는 것이 필요합니다.

술 : 맥주, 칵테일

2013년 새롭게 바뀐 법으로 인해 교내에서 술을 직접적으로 판매하는 것이 금지돼, 축제를 주최할 경우 주류의 판매가 상당히 제한됩니다. 따라서 학교에서 축제를 위한 주류 판매를 계획하고 있다면 반드시 학교 측에서 정한 가이드 라인에 맞춰 주류를 준비해야 합니다. 주류 구입은 마트에서 하는 것도 좋지만 근처의 도매를 책임지고 있는 주류 도매상으로부터 구입을 하는 것이 일반적입니다. 보통 학교 축제를 진행할 경우 총학생회나 학과 단위로 주류업체 본사와 직접 계약해 공급하니 문의해 보면 됩니다. 수입 주류들의 경우 수량이 많다면 주류 회사 쪽으로 직접 연락하여 공급 수량을 알려주고 가격 견적을 요청하여 구입하는 것이 좋습니다.

데코레이션 : 주점, 무대, 각종 깃발 등

축제의 인테리어는 무엇보다 사람이죠! 별다른 데코레이션 없이도 사람이 많다면 충분히 멋있는 파티로 보여지기 마련입니다. 하지만 사람이 없다면 매우 휑하게 보일 수 있겠죠? 주점과 공연을 하는 디제이 부스 등 초라하게 보일 수 있는 부분들부터 간단하게 스팽글 소재의 원단이나 메뉴판, 풍선 등으로 장식을 해보세요.

프로그램 : 디제이, 음악

최근 인기를 끌고 있는 클럽 형식의 학교 축제에 대해 먼저 알아보겠습니다. 먼저 음향은 학교 혹은 학과 내에서 지원을 해주는 경우가 있고, 그 외의 경우 자력으로 스피커를 조달해야 하지만 작은 규모라면 100~200W 내외의 행사용 스피커를 사용해도 무방합니다. 대략 대여 비용은 10~20만원 내외이기 때문에 부담이 된다면 컴퓨터 스피커 출력이 좋은 것을 가지고 있는 친구가 들고 와도 괜찮겠죠? 디제이는 주변의 친구에게 부탁을 하거나 자체적으로 노래를 고르는 선별 작업을 하여 틀어놓는 것만으로도 큰 효과를 기대할 수 있습니다.

참고 영화 및 드라마 : 〈가십걸〉, 〈더 이상 참을 수 없어〉, 〈프롬〉

〈더 이상 참을 수 없어〉, 〈프롬〉은 졸업 파티에 관련된 영화입니다. 다소 축제와 거리가 멀 수 있다고 생각할 수 있겠지만 하나의 파티를 만들기 위해 여러 사람들이 함께 준비하는 과정은 어떤 파티든 비슷합니다. 영화 속 파티의 모습을 보면서 축제에서의 성공적인 파티를 머릿속으로 그려보세요!

CHAPTER 08

PARTY PEOPLE INTERVIEW

'파티'하는 사람들을 만나다!

중앙대학교, 숙명여자대학교 공식파티동아리
Imagineer of Movement

IMAGINEER OF MOVEMENT의 약자로 "변화를 만들어 가는 사람들"이란 뜻을 가진 I.M은 대학생들이 즐길 수 있는 파티를 직접 기획하고 만들어나가면서 문화의 수혜자가 아닌 제작자를 목표로 한다. 또한 파티를 통해 팀원뿐만 아니라 게스트들과도 함께 소셜 네트워크를 형성하여 서로에게 도움을 줄 수 있는 발전적인 관계를 지향한다. 클럽 파티에서부터 휴먼 네트워크 파티, M.net의 20's Choice 시상식 파티 등의 다양한 활동으로 대학생 파티동아리의 발전적 미래상을 제시하고 있다.

■ **공식 페이지(Official URL) : www.impartypeople.com www.facebook.com/IMparty**

처음 파티를 하게 된(혹은 접하게 된) 계기는 무엇인가요?

신우철 : 지인의 추천으로 워커힐에서 열린 Rainbow Festa라는 파티에 처음 가보았습니다. 이 때 두 가지 때문에 매우 놀랐습니다. 첫 번째는 할리우드 영화에서나 나오던 느낌의 파티가 실제 눈앞에서 펼쳐지고 있었기 때문이었고, 두 번째는 그러한 파티가 예상 외로 상류층 사람들이 아니라 일반인들로 가득 차 있다는 것이었습니다. 이후 지인을 따라서 몇 번 파티를 다녀보다가 파티플랜팀 창설을 마음먹게 되었습니다. 대학생들의 놀이 문화라는 것이 사실 호프집

에 가는 것 외에는 크게 없는데, 술을 잘 마시지 못하는 저에게는 고역이었어요. 새로운 문화를 접해보고 싶었습니다. 분명 다른 대학생들도 이런 생각을 하고 있을 것이라 봤고, 또 대학생들에게 맞는 파티 문화를 제공할 수 있다면 좋은 경험이 될 수 있을 것이라 생각해 파티플랜 팀을 창설하게 되었습니다.

서지인, 장보람 : 제대로 된 파티를 처음 접하게 된 게 I.M 동아리 활동을 시작하면서입니다. 스무 살 때부터 클럽 파티를 많이 다니는 편이었는데, 즐겁긴 한데 진부하다는 느낌이 들었어요. 어느 순간부터 단순히 놀고 춤추고 음악만 듣는 파티가 아니라 색다른 파티를 즐기고 싶었죠. 또 파티를 다니더라도 좀 더 창조적이고 결과가 남도록 하고 싶어서 파티 팀에 들어가게 되었어요. I.M을 통하여 다양한 요소가 복합되어 있는 파티 문화를 알게 돼 흥미를 갖고 참여를 하게 되었습니다.

윤영국 : 대학교에 입학한 1학년, 입시 제도하에 수동적일 수밖에 없었던 나날에서 벗어나 변화를 갈망하고 있던 시기였던 것 같습니다. 주도적으로 무언가를 만들어 나가고 싶다라는 생각을 막연하게 가지고 있었습니다. 그러던 어느 날 학교에서 수업을 마치고 집으로 돌아가던 길에 중앙대학교 파티 플랜 팀 I.M 창립 모집 공고가 눈에 들어왔습니다. 위에 말할 심리적 상황 때문인지 자연스레 이끌리게 되었고, 파티 플랜 팀에 들어오게 되었습니다.

이준모 : 전역 후에 '내가 무언가를 스스로 해볼 수 있으면 좋겠다'는 생각을 막연하게 하고 있던 때였어요. 연예인을 준비하는 친구로부터 클럽에서 진행하는 패션쇼 애프터 파티에 참석하라는 권유를 받아 갔습니다. 일반적인 클럽 파티와는 다르게 패션과 관련된 다양한 분야의 사람들이 모여 서로의 정보를 공유하기도하고 처음 보는 사람끼리 매우 빠르게 가까워지고 같이 춤도 추며 더 친밀해지는 것을 보고, '아, 진짜 파티는 사람과 사람을 이어주는 거구나.'라는 생각을 하게 되었습니다.

I.M 구성원들이 생각하는 '파티'란 어떤 것인가요?

신우철, 성대경 : I.M은 초창기부터 대학생들이 직접 만드는 파티에 초점을 두었습니다. 보통 한국에서 클럽 파티라 하면 클럽에 놀러 온 사람들만을 주인공으로 생각하기 쉬운데, 저희는 그뿐 아니라 호스트의 중요성을 항상 강조했습니다. 실제로 외국 파티 문화에서는 파티를 주최한 호스트가 그 파티의 주인공이죠. 저희가 주최하는 파티는 색깔이 조금 다르지만, 대학생들이 스스로 우리에게 맞는 파티를 주최하고 준비하고 그 과정을 통해 무언가를 배우고 성장해 가는 것이 모토입니다. 하지만 물론 놀러 오신 분들을 재미있게 해 드리는 것이 또 하나의 주 목표이긴 하죠. (웃음)

그런데 시중에 널리 알려진 메이저 클럽들은 학생들이 할 수 있는 재량의 범위가 크지 않은 편이고 이미 많은 부분이 규격화 정형화되어 있습니다. 때문에 저희는 조금 새로운 방법으로 많이 접근을 해봤어요. 바로 아직 발전 가능성이 많은 라운지 클럽이나 중형 bar에서 개최하는 파티입니다. 파티 팀들이 대부분 얼마나 큰 클럽에서 파티를 주최하느냐로 성과의 척도를 삼는데, 저희는 재량권이 많은 라운지에서 저희만의 색깔을 나타낼 수 있는 파티를 주최하고 있습니다. 물론 균형을 위해 메이저 클럽에서 파티를 하기도 합니다.

윤영국, 서지인 : 저는 파티란 '즐거운 사람들의 놀이', '다같이 즐길 수 있는 최고의 놀이 문화'라고 생각합니다. 한 치의 망설임 없이 파티 문화가 가장 즐겁고 흥미로운 문화라고 말할 수 있습니다. 중요한 점은 '사람들의'라는 단어인 것 같네요. 두 명이든 세 명이든 사람들이 모여 있는 곳은 곧 파티라고 생각합니다. 사람들이 모여 즐기는 분위기, 음악이 더해지고 맛있는 술이 함께하는 곳이 바로 파티이죠. 이러한 분위기에서 새로운 사람들을 만나고, 그들의 이야기를 듣고 그들과 함께 놀 수 있다면 파티로서 충분합니다.

홍지민, 장보람 : I.M 구성원으로서 파티란 사교의 장이자 다양한 사람들과 소통할 수 있는 장이라고 말하고 싶어요. I.M의 파티는 단순한 클럽파티가 아니라 대학생들이 주체적으로 만들어내는 파티인 만큼, 파티를 통해 I.M팀원들의 지인들 또한 서로 친해질 수 있는 계기가 되며 그것은 또한 나의 인적 네트워크가 되고 더욱 더 파티를 즐겁게 만듭니다. 파티에 온 모든 사람이 즐거운 추억을 안고 가면 된다고 생각해요.

파티의 매력은 무엇이라고 생각하나요?

신우철,성대경 : 문화 콘텐츠를 만들어내고, 이를 경험하는 사람들이 즐거워하는 모습을 보며 느끼는 성취감과 보람이 아닐까 합니다. 거창하게 생각하지 않아도, 흔히 친구들을 불러모아서 집에서 음식을 해 먹거나 MT를 간 경험 정도는 모두들 있을 것입니다. 이 때 사람들이 즐겁게 놀고 있으면 비록 준비하는 동안 힘들었던 것이 있어도 다 잊고 보람을 느끼게 되죠. 파티 또한 그와 같습니다. 일상의 피로에 찌들어 있던 사람들이 잠시나마 스트레스를 내려놓을 수 있는 문화 콘텐츠를 제공하는 것이 파티플랜의 매력이죠.

윤영국, 이동현, 김정재, 강민화, 장보람, 이준모 : 일단 다양한 분야의 멋진 사람들을 만날 수 있고, 일상과는 전혀 다른 분리되고 이중적인 느낌, 평소에는 주위의 제약으로 못해봤던 것들을 시도할 수 있는 점이 파티의 매력 같아요. 일상 속에서는 새로운 사람들을 만날 기회가 많지 않은데 파티 속에서 남의 눈이 신경 쓰여서 하지 못 했던 것들을 맘껏 할 수 있잖아요. 예를 들어 소리를 맘대로 지른다거나, 춤을 미친 듯이 춘다거나 하는 행동을 하며 매 순간 순간에 아드레날린을 분비시키는 힘, 그것이 바로 파티의 매력이 아닐까 생각합니다.

서지인 : 파티의 매력은 무수히 많지만 첫째

로 다양한 브랜드 체험을 할 수 있습니다. 파티에는 여러 회사가 본사의 제품을 홍보하거나 제공해주기 때문에 알지 못했던 좋은 제품들을 알고 가는 경우가 많습니다. 둘째, 인생에서 제일 중요한 인맥을 얻을 수 있습니다. 저 또한 실제로 파티를 하면서 알게 된 지인 덕분에 다양한 혜택과 정보를 공유할 수 있었습니다. 마지막으로는 힘든 대학 공부와 학비 마련 같은 지친 일상으로부터 벗어나 모든 걸 다 잊고 아주 신나게 놀 수 있으니 생활에 활력을 불어 넣을 수 있죠. 안 믿으실지도 모르지만 저는 시험 기간에도 머리에 휴식을 주러 가끔씩 파티를 가요. 오히려 파티를 하고 나면 공부에 집중이 더 잘되어 학점을 잘 받게 됩니다.

파티를 진행하면서 가장 힘들거나 보람을 느꼈던 기억은?

신우철, 윤영국, 강민화 : 청담동에 있는 소규모 라운지에서 할로윈 파티를 진행했습니다. I.M이 2010년에 기반을 다지고 2011년으로 넘어오면서 상반기 내내 팀 내부 체제를 다졌습니다. 그 이후 기획한 2011년 할로윈 파티는 I.M이 처음으로 콘셉트 아이디어, 파티 기획, 내부 데코레이션, 스폰서, 포스터·플라이어 디자인, 영상 제작, 홍보까지 자체적으로 팀원 모두가 한 명도 빠짐없이 참여하여 이뤄낸 파티였습니다.

처음 계획은 음악과 술이 가미된 대학생 사교 파티로 진행할 생각이었고 이에 맞는 스탭 교육과 이벤트 준비도 모두 마친 상태였습니다. 그런데 당일에 사람이 너무 많이 몰려서 처음 콘셉트를 도저히 진행하기 불가능한 상황에 처했습니다. 말 그대로 바닥을 볼 수 없을 정도로 사람들이 들어차는 바람에 팀원들이 제대로 이동하기도 힘들었고, 여러 가지 불편한 점도 생겼지요. 하지만 감격스런 순간이었습니다. 파티 준비를 하며 작은 트러블도 많이 생기고 팀원들 간에 감정 충돌이 일어나기도 했는데 아이러니하게도 파티 당일에 가득 찬 사람들을 보며 보상을 한꺼번에 다 받은 기분이었죠.

이 날 파티 때는 고생한 팀원들을 위해서 특별히 파티 말미에 영화관처럼 엔딩크레딧을 띄웠는데 팀원들도 그걸 보면서 감격에 겨워 울먹이던 기억이 나네요. '아 이번에도 우리가 하나 이루어냈구나'라는 생각, 파티를 만들면서 고생한 모든 기억들이 떠오르면서 감정이 벅차 올랐습니다. 파티가 끝나고 나니 바닥이며 주변 골목이 전쟁터로 변해 있었지만 팀원들 모두가 달라붙어서 클럽 직원들을 도와 즐겁게 청소를 했습니다.

홍지민, 장보람, 김정재, 김성빈, 강석호, 박소현 : M'net 20's choice때 반얀트리에서 진행한 파티가 가장 힘들면서 또 기억에 많이 남았던 파티였습니다. 아무래도 엠넷이라는 방송 대기업과 함께하는 대규모의 기획이다보니 방송 스케줄에서 독립해 자유롭게 저희의 파티를 구성하고 싶어도 제한이 있고, 그 외에도 여러 가지로 준비할 것도 많고 해서 아침 일찍부터 새벽까지 땀 흘리며 뛰어다녔죠. 게다가 날씨 또한 너무 더워 모두가 힘든 상황이었습니다. 하지만 수많은 게스트를 통솔하고 관리하는 과정에서 힘든 일이 있을 때마다 I.M스태프들은 서로 돕고 협동했습니다. 오전부터 시작된 파티를 다 마치고 뒷정리를 할 때 사람들이 서로서로 배려해냈던 이야기들을 들었습니다. 그 과정에서 알 수 없는 복받쳐 오는 감정을 느끼게 되었고, 더욱더 끈끈한 I.M이 된 것 같아 감동했습니다. 또 지인들이 '덕분에 좋은 경험하고 즐겁게 놀았다.'라고 말해주니 그날의 고생이 헛고생이 아니라는 생각이 들더군요. 매번 파티마다 항상 재미있게 즐기다 간다는 말을 듣는 그 순간이 가장 보람되죠. 그 동안의 고생이 모두 보상받는 느낌이랄까요?

성대경 : 강남 굴지의 대형 클럽에서 주관했던 Kidult Party가 가장 기억에 많이 남습니다. 단독으로 I.M만의 파티를, 그것도 모두가 인정하는 대형 클럽에서 주관하고 싶었습니다. 도전이라고 생각합니다. 협상 테이블에 클럽 관계자를 앉히는 것 자체부터 난관이었습니다. 28명 팀원이 모두 머리를 맞대고 기획안을 완성하고 좋은 스폰서와도 미리 협력 관계를 구축하는 등, 한 달 전부터 준비하여 클럽 관계자와 미팅을 했습니다. 다행히 좋은 날짜에 대학 파티 팀 최초로 강남 대형클럽에서 단독으로 파티를 주관하게 되었습니다. 그날 파티는 해당 클럽의 집계로 1년 7개월 만에 가장 많은 관객이 온 날이라더군요. 그렇게 파티가 성공했고, 함께 파티를 준비했던 모든 팀원들의 가슴에도 '자부심' 석자를 새길 수 있었던 행복한 날이었습니다. 리더라는 짐을 지고 팀을 이끌었던 저도 많이 울었던 기억이 나네요.

파티플랜 팀의 장단점이나 프로 팀과의 차이에 대해 알려주세요.

신우철 : 대학생 파티플랜 팀은 사실 애매한 위치에 있습니다. 표면적으로는 대학생들이 모인 동아리지만, 실제로 들어가보면 동아리보다는 기업에 가깝습니다. 처음에는 파티 동아리라 하면 생일 파티를 여는 정도로 생각하던 분들도 실상을 알고 나면 놀라곤 합니다. 얼마 전 모 기업에서 인턴십을 했는데 팀장님과 상무님께 제가 했던 일들을 말씀드리니 실제 기업 비즈니스와 다를 바가 없다면서 놀라셨습니다. 이처럼 대학생 입장에서는 접하기 힘든 기획, 마케팅, 디자인 등을 하다 보니 팀원들도 일을 하면서 재미있어 하고 배워가는 점도 많아요. 이게 대학생 파티플랜 팀의 장점인 것 같습니다. 또 한 가지 더 말씀드리면 파티 팀에는 항상 즐겁고 끼 있는 사람들이 모이다 보니 어떤 모임이건 너무나 즐겁고 유쾌하다는 것입니다. 근데 이렇게 서로 웃기는 걸 좋아하다보니 선남선녀가 모여 있음에도 불구하고 스캔들은 잘 안 나더라고요. (웃음)

단점이라 하면 역시 실전 비즈니스와 관련된 것이 되겠습니다. 직장인들이 야근하느라 여자친구 못 만나서 싸우는 경우가 많죠? 저희도 회의한다, 업체 미팅 나간다, 하다 면 주변 친구들과 약속을 못 지키는 경우도 많고 학과 과제에 충실하지 못하는 경우가 생깁니다. 바쁘게 움직이는 만큼 모든 걸 다 챙길 수는 없는 거죠. 하지만 그럼에도 불구하고 많은 보람을 얻을 수 있기에 청춘이라면 한번쯤 도전해볼 만한 분야라고 생각됩니다. 아, 그리고 모든 팀원이 성적이 안 좋은 것은 아닙니다. 실제로 저희 팀원 중에는 장학생도 꽤 된답니다.

윤영국, 강민화, 박소현, 김성빈, 성대경 : 파티플랜의 단점으로 '자금력'과 '부당한 대우' 두 가지를 꼽고 싶어요. 학생이라고 은연 중에 무시를 하는 경우가 많습니다. 특히 수익 구조는 많이 부당한 것 같아요. 책임과 업무의 중요성 등에서 부담감은 피라미드 구조식으로 대표에게 집중된다고 볼 수 있습니다. 한 전문 파티 팀의 경우 서포터즈나 인턴이라는 명목을 세워 게스트를 모으기 위한 수단으로 많은 사람들을 파티에 끼워 넣습니다. 제대로 된 대접도 안 해주고 수익을 배분해 주지도 않습니다. 파티로 생기는 수익은 거의 상부에서만 가져가고 배분이 잘 안 되는 부당한 점이 많습니다. 이러한 병폐로I.M 같은 비영리 파티 팀은 아무래도 업무를 계속할 만한 인센티브(가령 수익)가 적다는 점이 단점이 되곤 합니다.

윤영국, 장보람, 홍지민 : 소속감을 가지고 공통적인 과제를 지향해 가면서 얻는 가족 같은 팀원들이 가장 큰 장점이라고 생각합니다. 그 외에도 이른 사회 경험도 꼽을 수 있지만 그런 것들은 오히려 부수적인 부분이고요, 무엇보다 가장 중요한 건 파티라는 커다란 프로젝트를 진행하면서 가족 같은 사람을 얻을 수 있다는 점입니다. 사람을 많이 만날 수 있고, 사람의 소중함을 알게 되는 게 파티플래닝 팀의 장점이에요. 또 주변 사람들에게 파티플래닝 팀에 속해 있다고 하면서 자연스럽게 다가갈 수 있다는 것도 한몫하고요. 단점으로는 파티 문화에 따른 일반인의 인식과는 다르게 놀기보다는 일하는 측면이 더 많기 때문에 단체 생활을 할 때 노는 사람과 일하는 사람이 구분되어 있다는 점을 들 수 있습니다.

이동현, 서지인, 김성빈, 이준모, 박소현 : 과감하게 다양한 시도를 해 볼 수 있다는 점인 것 같습니다. 파티플래닝 팀은 비교적 자유롭기 때문에 매번 새로운 콘셉트로 다양한 이벤트를 진행할 수 있습니다. 이렇게 도전하는 것이 저희에게도 좋은 경험이 되고 사람들에게도 신선한 재미를 제공해 줄 수 있어 좋죠.

파티를 상류층이나 외국에서 자란 사람들만 즐긴다는 인식이 아직 있는데, 이에 대해 어떻게 생각하나요?

신우철 : 파티 문화를 즐기는 사람들, 소위 '클러버' 사이에서는 이미 그런 인식은 많이 없어졌다고 생각합니다. 다만 아직 일반 대중들한테는 그런 인식이 남아 있는 것 같은데요, 그러한 인식을 없애기 위해 파티 팀들이 다양한 콘셉트의 파티를 진행할 필요가 있다고 생각됩니다. 또,

대형 메이저클럽에서 진행하는 댄스파티뿐만 아니라 또 다른 색깔의 파티도 많다는 것을 계속해서 알려야 할 것입니다. 더 많은 사람이 편하게 즐기러 올 때 파티 팀들도 더욱 번창할 수 있겠죠?

서지인, 이동현, 성대경, 이준모, 박소현 : 파티 문화에 대해 돈 많은 사람들이나 외국에서 자란 사람들만 즐긴다는 인식에 대해서는 수긍하기 어렵습니다. 이러한 잘못된 인식은 각종 매체에서 포장 되어 나타난 이미지, 한국 사회에서 파티를 접할 기회 자체의 부재 때문인 것 같아요. 사실 파티는 누구나 주최할 수도, 참가할 수도 있는 아주 쉬운 분야입니다. 현재 수많은 젊은 파티 팀, 각종 기획사에서 주최하는 다양한 파티, 페스티벌에 수천 명의 사람들이 참가하고 즐기는 것만 보아도 알 수 있죠.

파티가 생소한 분야라는 선입견 때문인 것 같습니다. 워터파크에서도 즐길 수 있는 파티, 페스티벌에 참가하거나 심지어 생일 파티를 여는 것, 친구들과 클럽에 놀러 가는 것도 파티의 일부분이므로 어렵게 생각하지 않으셔도 될 것 같습니다. 돈 많은 사람들이 즐기는 파티는 소수이며, 예전에 파티 문화가 한국에 자리 잡지 않았을 때의 얘기라 생각합니다. 공통된 관심사만 있다면 돈이 많든 적든, 외국에서 자랐든 아니든 무관하게 즐길 수 있습니다.

김성빈, 장보람, 강석호 : 실제로 한국에서는 파티 문화에 대해 그런 부분이 아예 없는 건 아니에요. 정말 파티를 즐기는 다수의 사람들 중에는 아직까진 돈이 많거나 외국에서 자란 사람들이 많으니까요. 게다가 한국에서 파티 문화에 대한 일부 사람들의 인식은 그저 놀고 즐기는 흥청망청의 이미지로 통하곤 합니다. 그래서 파티를 즐긴다는 건 술과 이성이 있어야 하고 결국 서로를 탐한다는 식으로 생각하는 몇몇이 존재합니다. 외국에서의 파티를 즐겨본 한 사람으로서 유럽 혹은 남미의 파티가 좀더 자극적이고 자유로운 이성 관계 속에서 이뤄지는 것은 맞지만 그건 그들 문화의 일부분이고, 그들은 주어진 테마에 자기 자신을 표현하고 즐기며 적극적으로 파티에 참여하는 생활이 익숙해져 있을 뿐입니다. 아직 보수적인 문화가 잠재하는 한국에서 충분히 받아들여지기에는 시간이 부족하지 않았나 싶은 생각이 듭니다. 이런 인식을 없애는 데 I.M이 한몫했으면 좋겠습니다. 주변 친구들을 초대해서 재미있는 파티를 열고 그 친구들의 인식이 바뀌어서 누구든 파티를 주최하고 즐길 수 있다는 생각이 보편화되고, 주변에 다양하고 재미있는 파티가 많이 생겼으면 좋겠습니다.

윤영국,강민화 : 이 문제는 어떤 관점에서 보느냐에 따라 다른 것 같아요. 홍대의 클럽 파티 문화가 '자유로움'이라면 상류층의 파티가 강남 클럽 파티로 옮겨가는 과정에서 럭셔리라는 이미지와 함께 이식되었다고 생각합니다. 그래서 현재 강남 클럽들은 이러한 성향이 있는 것도 사실이라고 봅니다. 하지만 돈 있는 사람들이나 외국인들이 파티를 즐긴다라는 인식은 분명 잘못되었어요. 요즘 파티 문화는 소수의 클러버에서

20대의 다수를 차지하는 대학생으로 그 범위가 확장, 일반화되어 가고 있는 추세입니다. 또한 대중가요에서도 일렉트로닉 음악을 기반으로 하는 노래들이 히트하듯 사회 전반적으로 클럽 파티 문화는 대중화되고 있고, 여러 가지 페스티벌 형식의 파티들도 확대되는 추세라 이러한 기존의 편견에서 좀더 대중적인 방향으로 바뀌어가고 있다고 생각합니다.

파티를 여는 데 있어 가장 중요하다고 생각하는 점은?

신우철, 김성빈, 서지인, 이준모 : 팀원들 간의 화합 및 소통이라고 생각합니다. 파티 자체가 사람과 사람이 만나는 장을 만드는 것인데 아무리 좋은 테마를 잡고 파티를 기획한다 하더라도 당장 호스트인 팀원들끼리도 마음이 맞지 않으면 무슨 의미가 있을까요? 물론 여러 사람들이 모여 있기 때문에 의견이 안 맞는 상황이 나오기 마련입니다. 그럴 때는 다수결로 의견을 내고 각자 맡은 역할을 해낸다면 성공 여부를 떠나서 좋은 경험과 추억을 만들 수 있을 것이라고 봅니다. 실제로 팀워크나 분위기가 좋을 때에는 파티가 항상 즐겁고 성과도 좋았습니다.

윤영국, 이동현, 장보람 : 무엇보다 파티를 함께 즐길 수 있는 사람들, 즉 집객력입니다. 아무리 좋은 음악이 나오고 좋은 술을 마신다 하더라도 함께 즐길 수 있는 사람이 없다면 결코 즐겁지 않을 것입니다. 파티가 즐거운 것은 다양하고 많은 사람들이 함께하기 때문이니까요. 이왕이면 단순히 친구의 수만 많은 게 아니라 즐길 줄 아는 친구들, 파티를 잘 받아들일 수 있는 친구들이 많으면 좋겠죠. 파티는 사람이 만들어가는 거니까요. 그리고 그 친구들이 즐겁게 놀 수 있는 파티를 만드는 능력도 중요하고요.

강민화, 홍지민 : 하고자 하는 의지, 열정이라고 생각해요. I.M을 해오면서 자신 있게 가입은 했는데 실제로 활동은 하는 둥 마는 둥 하는 경우를 허다하게 봤거든요. 그에 비해 진짜 하고 싶어하는 애들을 보면 먼저 일을 찾아서 맡기도 하고 파티를 여는 당일에도 발벗고 나섭니다. 그런 대조되는 팀원들을 보면서 제일 중요한 것은 내가 얼마나 이 일을 하고자 하는지가 가장 중요하다고 생각했어요. 꼭 전문적인 기술이나 지식이 없어도 하고 싶은 의지만 있으면 그게 가장 큰 추진력이라고 생각합니다.

목표나 꿈으로 삼고 있는 파티가 있다면 어떤 것인지 구체적으로 설명해 주세요.

신우철, 성대경 : 디제이 라인업이나 유명한 아티스트들을 내세우지 않은, 각자의 끼를 가진 대학생들이 한데 뭉쳐서 야외 페스티벌을 한번 해보고 싶습니다. 현재 파티가 대부분 클럽 위주로 진행되고 있고, 페스티벌 형식으로 하더라도 각자 캠퍼스에서 진행하는 경우가 대부분입니다. 대학생들 간의 네트워크라는 것이 생각 이상으로 도움이 되고 재미있는 측면이 많아요.

락 동아리, 힙합 동아리, 마술 동아리와 댄스 동아리, 사물놀이 동아리 등등이 한데 어우러져 클럽이라는 제한적이고 폐쇄적인 지하 공간에서가 아닌 푸른 잔디와 파란 하늘 아래서 대형 프로젝트를 함께 진행해본다면 서로에게 좋은 추억을 넘어 인생 최고의 기억으로 남지 않을까요?

장보람, 홍지민, 강민화 : 클럽 파티보단 집에서 하는 Private party나 Secret party를 정말 해보고 싶어요. 별장이나 수영장이 딸린 펜션을 빌리는 것도 하나의 방법일 것 같고요. 나중에 여건이 된다면 정원에 수영장도 있고 복층 천장으로 뚫린 크고 멋진 집을 지어서 제가 좋아하는 사람들을 모두 부르는 거예요. 초대받은 사람들은 술을 준비해 온다든가 친구를 데려오기도 하고요. 제 주위 사람들을 서로에게 소개시켜 주고 또 그 사람들의 동행을 소개도 받고, 제가 좋아하는 음악들을 틀어놓고 직접 하나씩 준비한 케이터링도 다같이 즐기고, 수영을 즐기고 싶은 사람은 수영을 즐기면 되지요. 집 한 쪽엔 제 수집품 같은걸 전시도 하고 싶어요. 나중에 정말 꼭 해보고 싶네요.

이동현, 이준모 : 외국에서는 많이들 하는 홈커밍데이 파티와 같은 형식으로, 대학에 재학 중인 학생들과 사회에 진출하여 활동하고 있는 졸업생들이 함께 소통하고 즐길 수 있는 파티를 만들고 싶습니다. 단순한 재미뿐 아니라 인생의 선배로부터 많은 것을 배울 수 있는 유익한 자리가 될 수 있을 것 같습니다. 이런 파티라면 유흥문화에 소극적이고 부정적인 학교측에서도 긍정적으로 받아들일 것 같아요.

파티를 처음 시작하려는 사람들에게 해주고 싶은 조언이 있다면?

신우철 : 클럽을 처음 가보는 사람들이 저에게 묻는 이야기는 대부분 비슷합니다. 그런 곳에 가면 예쁘고 잘생긴 사람만 있을 것 같다거나, 자신은 외모가 부족해서 못 들어갈 것 같다거나, 클럽은 무서워서 못 가겠다고 합니다. 또 막상 파티를 오더라도 주변 눈치를 보느라 못 노는 사람들도 많습니다. 그런데 가만히 생각해보면 우리가 클럽에 시험을 보러 오거나 취업 면접을 보러 온 것은 아니잖아요? 눈치보고 신경 쓰느라 바쁘게 살던 일상에서 벗어나는 것인데, 내 외모가 어떻든 앞에 있는 사람 키가 얼마나 되든 몸매가 얼마나 좋든 그냥 무시하고 자신만의 스타일로 즐겼으면 좋겠습니다. 그리고 본인도 남들이 어떻게 놀든 신경 쓰지 말고요.

파티플랜을 시작하는 사람이라면 '정말 열심히 하라'고 조언해주고 싶습니다. 아직 인생을 논하기에는 어린 나이지만 제 견해로는 세상 모든 일이 그렇듯 열심히 하는 사람은 어디서든 무언가 얻어가는 법인 것 같습니다. 특히 파티플랜 같은 경우는 열정 없이 하다 보면 그저 단순 홍보만 진행하다 끝나는 경우가 많습니다. 물론 그것만으로도 재미있긴 하지만 본인이 이왕 발을 들여놨으면 파티라는 문화 콘텐츠에 대해서 좀 더 깊이 생각하고 새로운 파티 콘셉트나 아이디어까지 생각해 볼 수 있는 사람이 되면 어떨까요? 흔히들 말하는 '창의적 인재'라는 것이 바로 이런 데서 출발하는 것이라 생각합니다. 이렇게 열심히 할 때 본인에게 남는 것도 많을 것이라고 자신 있게 대답할 수 있습니다.

서지인, 장보람, 홍지민, 성대경, 이준모 : 파티플랜 팀은 노는 팀이 아닙니다. 파티에 대한 열정이 있고 애정, 책임감을 가지고 일을 열심히 할 각오가 돼 있어야 합니다. 주최자로서의 사명감이랄까요? 생각 외로 정말 힘들 수 있습니다. 사람을 상대하는 직업인 만큼 매력적이지만 마음을 다치기도 하며 3D 업종에 비할 만큼 많은 스트레스를 받기도 합니다. 하지만 경험이 부족하다고 해서 절대 파티플랜 팀에 들어오지 못하는 것은 아닙니다. 파티를 만들어보고 싶다는 강한 끌림과 열정만 있다면 당신이 원하는 파티를 만들 수 있습니다. 이 매력에 풍덩 빠지시기 바랍니다.

강민화 : 파티를 만들어보고 싶은데 전문적인 지식이나 인맥이 없다고 두려워하지 마세요. 본인이 정말 하고 싶은 마음이 있고 성향에 맞는다면 힘든 일은 없을 거라 생각해요. 전문적인 파티 팀이 아직은 부담스럽다면 대학 파티 팀을 들어가는 것도 좋은 방법입니다. 대학교 파티 팀이야 많지만 각 대학 팀마다 추구하는 목표가 다르니 잘 고려해보시길 바랍니다. 예를 들면 저희 I.M같은 경우는 대학생을 위한 파티를 만들고 있고요, 파티의 성공 수익보다는 저희가 파티를 통해 얼마나 많이 배우고 즐겼는지를 중요히 생각합니다. 그리고 힘들게 억지로 일하기보다는 즐길 수 있는 걸 더 중요하게 생각하기 때문에 파티 수익은 팀원들을 위해 많이 쓰입니다. 대표적 예로 다같이 수고했다는 의미에서 MT를 갈 때는 큰 우퍼가 달린 스피커를 들고 전문 DJ와 함께 다량의 보드카를 들고 간답니다. MT도 파티로 생각하고 신나게 즐기며 팀워크를 다지는 거죠.

연세대학교 문화기획동아리 ZINY (Zephyr IN Yonsei)

'연세에서 바람을 일으키다'라는 의미를 지닌 ZINY는 연세대학교 문화이벤트기획동아리로 2008년에 창설되었다. 국내 대학 최초로 종합대학 단위 종강 파티 개최 외에도 졸업 파티, 신입생 환영 파티, 연고전 파티, 다양한 단체와의 연합 파티 등을 기획 및 진행하였고, 대학생으로서 사회적 책임을 다하기 위해 세브란스 소아암 33병동과 연계하여 행사 수익의 일부를 기부하고, 헌혈 지원자 모집, 봉사활동을 기획 및 진행하였으며 연탄 나르기 봉사활동을 하는 등 파티 이외에도 다양한 활동을 이어나가고 있다.

■ **공식 페이지(Official URL) : www.facebook.com/ysziny**

처음 파티를 하게 된(혹은 접하게 된) 계기는 무엇인가요?

대학생활의 단순함을 깨고 싶어 접하게 되었습니다. 주로 놀고 즐긴다고 하면 술집에서 친구들과 술 마시는 것 이외에는 별로 할 게 없었습니다. 그러다가 젊음을 더욱 즐겨보자는 생각을 하게 되었고, 대학교 파티동아리에 들어오게 되었습니다.

ZINY가 기획한 연고전
Pre party 포스터와 파티 장면

ZINY 구성원들이 생각하는 '파티'란 어떤 것인가요?

회장 변지훈(체육교육3) : 젊음을 느낄 수 있게 해주는 것!

Creative Director 이현수(정보산업공학2) : 근심과 걱정을 모두 놓고 놀 수 있게 해주는 것!

홍보팀장 김준환(체육교육2) : 즐거움과 문화를 느낄 수 있는 곳!

대외협력팀장 김인욱(의예2) : 화합의 장!

파티의 매력은 무엇이라고 생각하나요?

파티의 매력에는 여러 가지가 있겠습니다만 한 가지만 꼽자면, 한 공간 안에서 다양한 사람들을 만날 수 있다는 점입니다. 특히 평소에는 같이 즐기기 힘든 많은 외국인 친구들을 만나서 즐길 수 있다는 점이 큰 매력이고, 같은 한국 사람이라 할지라도 다양한 부류의 사람들이 한데 모여 어울릴 수 있다는 점에서 상당히 좋다고 생각합니다.

파티를 진행하면서 가장 힘들거나 보람을 느꼈던 기억은?

얼마 전 성황리에 마친 연고전 Pre party가 생각납니다. 그 전날부터 비가 많이 왔고 심지어 파티 당시까지 계속 비가 왔었습니다. 게다가 날짜도 목요일인데다가 연고대 합동응원전 날짜까지 겹쳐서 정말 최악인 상황이었습니다. 그럼에도 불구하고 많은 학생들이 클럽을 가득 매워줬습니다. 파티 주최자 입장으로서 그렇게 기쁠 수가 없었습니다. 온 사람들마다 너무 재미있었다고 또 오고 싶다는 말을 들었을 때는 나의 노력으로 인해 다른 사람들이 즐거움을 느낄 수 있구나 하는 것을 느꼈습니다.

파티플랜 팀의 장단점을 알려주세요.

저희가 대학생 동아리이기에 행사를 기획할 때 자금의 문제를 항상 안고 갈 수 밖에 없는 것이 안타까운 현실입니다. 그래서 매번 기업으로부터 후원을 유치해야 하는 상황인데, 파티가 늘어날수록 이 역시 쉽지는 않습니다. 하지만 대학생의 입장에서 평소에 하고 싶었던 일들을 직접 기획하고 진행한다는 점에서 그 무엇과도 바꿀 수 없는 장점이 있다고 생각합니다. 그리고 행사를 마쳤을 때의 그 뿌듯함은 이루 말할 수 없을 정도입니다.

파티를 상류층이나 외국에서 자란 사람들만 즐긴다는 인식이 아직 있는데, 이에 대해 어떻게 생각하나요?

기획팀장 김유나(USC1) : 부분적으로 인정합니다. 유학생인 제 인식에서도 해외에서 접한 사람들이 더 많이 즐기게 되고 파티에 대해서도 많이 알기에 찾아다니며 즐기고 있습니다. 금전적인 부분에서도 일단 여유가 되어야 재미있고 편하게 놀 수 있기 때문에 우리나라에서는 유학생들 위주로 파티 문화가 형성되어 있는 것이 사실입니다. 하지만 최근 들어서는 한국 안에서 파티 문화와 일렉트로닉 장르의 대중화로 인해 점차 외국에서 자란 사람들만이 즐긴다는 인식이 서서히 없어지고 있다고 생각합니다.

기획부팀장 김은빈(컴퓨터공학2) : 처음에는 정말 돈 많은 사람들의 문화라고 생각했는데, ZINY에 들어와서 여러 대학생 파티를 기획하고 활동하면서 이러한 인식이 많이 바뀌었습니다. 특히 대학생들이 모두 함께 즐길 수 있는 파티를 계속하면서 돈 많은 사람들만 즐기고, 외국 학생들만 즐긴다는 인식이 바뀌게 되었습니다.

파티를 여는 데 있어 가장 중요하다고 생각하는 점은?

테마Theme라고 생각합니다. 어느 파티나 저마다의 기획 의도라는 것이 있습니다. 그런데 시간이 지나면서 단순히 즐기자는 의미로 그 목적이 단순화되어가는 면이 있지요. 물론 즐기는 것만으로도 충분히 가치가 있지만 그것보다도 항상 대중들에게 새로운 즐거움을 선사하려면 파티마다의 테마를 잘 정하고 이를 위해 파티의 여러 프로그램을 구성하는 것이 무엇보다 중요하다고 생각합니다.

목표나 꿈으로 삼고 있는 파티가 있다면 어떤 것인지 구체적으로 설명해 주세요.

연세대학교 학생들과 졸업 선배님들이 다 같

이 함께할 수 있는 파티를 개최하는 것이 목표입니다. 다양한 연령층을 아우를 수 있는 콘텐츠가 필요하기에 쉽지는 않겠지만, 학생들에게도 졸업 선배님들에게도 분명 의미 있는 시간이 될 수 있을 거라고 생각합니다.

파티를 처음 시작하려는 사람들에게 해주고 싶은 조언이 있다면?

파티라는 문화가 외국에서 들어왔기에 아직까지도 접하기 힘들고 뭔가 나와 다른 문화라고 이질감을 느끼는 사람들이 많습니다. 하지만 파티는 다양한 사람들이 모여 각자의 개성을 뽐낼 수도 있고, 처음 접하는 사람일지라도 분명 자연스럽게 이에 녹아들 수 있는 요소를 갖고 있습니다. 단지 처음이라는 이유만으로 이를 기피하고 두려워한다면 정말 좋은 '즐거움'을 놓치는 거라고 말해주고 싶습니다.

두려워하지 말고! 당당하게 즐긴다면 분명 후회 없는 시간을 보낼 수 있을 거라고 저는 확신합니다.

동덕HRD Contents 박아람 실장

2013년 고저스 걸 캠페인 대표 아티스트 '유건'의 파티 사진 중.

박아람 실장은 한국 파티 씬의 역사 속에 자리잡고 있는 굵직한 기둥이다. 2001년 청담동에 많은 최초로 오픈했던 일렉트로닉 라운지 클럽의 매니저를 시작으로 한국의 전설적인 클럽 'Club Circle'의 총지배인, 청담동 클럽 Answer 등을 거쳐 현재 동덕 HRD 콘텐츠 사업부를 맡고 있다. 박아람 실장은 2013년 다수의 엔터테인먼트 기업들과 함께 아시아 클럽 시장에서 신한류 콘텐츠로 파티를 주최하는 대형 프로젝트인 '페불러스', '고저스 걸 캠페인'의 총괄 기획·진행을 맡고 있다.

처음 파티를 하게 된(혹은 접하게 된) 계기는 무엇인가요?

첫 질문부터 쉽지만은 않네요. 내가, 어떻게, 어쩌다 이 직업을 하게 되었지? 하면서 자신을 뒤돌아 보게 됩니다. 저는 친인척들이 해외에 거주하는 분들이 많이 계셔서 관광 목적보다는 방문 개념으로 해외를 자주 다니게 되었습니다. 90년대 중·후반엔 일본을 자주 가게 되었는데 지금의 한류 문화처럼 아시아 시장은 J-POP과 만화&영화&패션 등등 일본 문화가 지배하던 시기였습니다. 당시 일본은 지금 우리나라처럼 클럽 파티, 힙합, 일렉, 클럽 패션 등이 유행하던 시기였습니다. 그런 문화를 보고, 경험을 하다 보니 몇 년 후엔 분명히 우리나라에도 이런 문화가 유행할 것이라는 믿음이 생기게 되었습니다. 그러다 보니 자연스럽게 전공 과목보다는 일명 F&BFood&Beverage 분야에 관심을 가지게 되었습니다.

2001년에 잘 아는 선배들이 일본 클럽 WOMB을 오마주 한, 당시엔 이름도 생소한 Trance Lounge WOMB이라는 매장을 청담사거리에 오픈했습니다. 두말할 것도 없이 학교는 휴학을 하고 본격적인 F&B Manager로 근무하게 되었습니다.

지금 생각해 보면 빨라도 너무 빠른 시기였습니다. 하지만 누구보다 '최초', '처음'이라는 단어를 쓸 수 있는 프로모션 등을 만들어내며 다수의 마니아층을 보유한 공간이었습니다. 이때 청담동에서 처음으로 '파티'라는 걸 기획해서 진행하게 되었습니다. 지금 어린 친구들은 모를 수도 있지만, '지미기'라는 1세대 파티플래너와 함께 2001년 할로윈 파티를 기획해서 지금의 할로윈 파티처럼 코스튬을 갖추고 진행하는 파티 기획과 연출을 만들게 되었습니다. 신업종으로 파티플래너가 화제로 떠오르던 시기였습니다. 당연히 그전부터 홍대 지역에서 파티 진행을 하였지만, 특정 주제와 콘셉트를 가지고 진행히는 파티는 그때가 처음이 아닌가 생각합니다. 또한 SM엔터테인먼트가 바로 옆 라인에 있어서 당시 최초로 음반 쇼케이스, 스타 프로모션 등을 진행했습니다. 이처럼 뒤돌아 생각해 보면, 국내에서 파티를 접하게 된 경험보다는 처음 파티를 만들어가는 일을 했던 것 같습니다.

박아람 실장님이 생각하는 '파티'란 어떤 것인가요?

'문화적인 소통'이라고 답변 드리고 싶습니다. 저희 동덕HRD contents에서는 클럽 파티뿐만 아니라 다양한 파티 캠페인을 진행하고 있습니다. 파티는 선사시대부터 동서양에 존재하는 '즐김'의 문화입니다. 파티 기획자로서 이 답변은 아직까지도 쉽게 정의하기 어렵지만 크게 파티는 문화이며 문화는 멈춰 있는 것이 아니라 끊임없이 변이하고 행동하기 때문에 유기체처럼 'Live'한 것입니다.

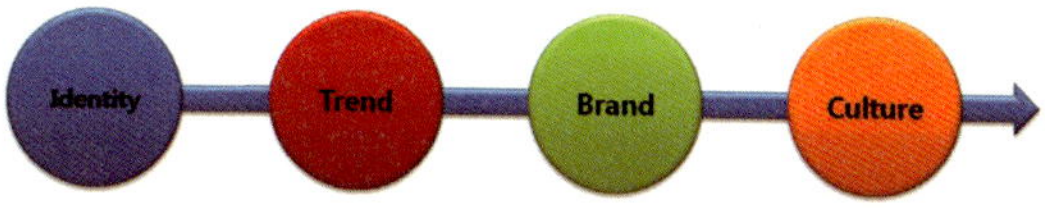

파티의 매력은 무엇이라고 생각하나요?

파티 자체가 매력이라고 생각합니다. 사실 전 파티를 즐기는 게스트 또는 클러버의 입장에서 본 파티의 매력은 잘 모릅니다. 하지만 파티라는 문화 안에서 사람들이 서로 소통하고 공감하며 새로운 라이프 스타일을 즐기는 것을 옆에서 지켜보며 저만의 재미를 느끼죠. 그러다 보니 그 재미에 중독이 돼 버릴 정도로 파티의 매력에 빠지게 됐고 지금도 파티&클럽 콘텐츠를 기획하고 있습니다.

파티를 진행하면서 가장 힘들거나 보람을 느꼈던 에피소드나 기억은?

10년 이상을 클럽과 파티 비즈니스를 해왔습니다. 당연히 수많은 에피소드가 머릿속에서 서로서로 자기가 NO.1이라고 싸우고 있습니다. 가장 보람을 느낀 건 아직까지도 이 비즈니스를 하고 있다는 지금 현실입니다. 제가 생각하고 진행한 것들이 사실 주류보다는 비주류 또는 새로운 시도를 많이 한 것들이다 보니 아직까지도 이 비즈니스를 한다는 사실은 어느 정도는 내 방향이 틀리지는 않았구나 하는 일종의 증거란 생각에 보람을 느낍니다.

사실 가장 보람을 느꼈던 때는 2006년 '클럽 서클'을 준비할 때입니다. 당시만 해도 클럽의 메카는 홍대였습니다. 강남은 클럽보다는 '나이트 클럽'이 주 문화였던 시기였죠. 서클 전에도 몇몇 클럽들이 강남에 있었지만, 전부 경영 악화로 문을 닫은 사례들이 많이 있어서, '절대 강남에서 클럽은 안 된다', '너무 커서 안 된다', '경험이 없어서 안 된다', '3개월 안에 경영 악화로 문을 닫을 것이다' 등등 많은 전문가들이 평가를 했죠. (여담이지만 이런 말씀 하신 선배들이 지금은 전부 강남 클럽 오너가 되셨습니다.) 그런 예상을 깨고 클럽 써클은 대한민국 클럽 시장의 새로운 패러다임을 만들어가게 되었습니다. 좀 더 전문화된 오피스팀(기획&마케팅&디자인&프로그램), 좀 더 전문화된 운영팀(홀&바&보안&키친) 때문에 지금까지도 클럽 서클에서 만든 프로그램과 시스템이 기본 정석처럼 되어 있습니다.

'파티'라는 단어와 문화도 일반적으로 많이 사용하게 되었고, 지금도 활동을 하고 있는 파티 프로모터, 파티 브랜드 들이 시작된 계기를 만든 것도 그 당시라고 생각합니다. 물론 이런 모든 것들을 저 혼자의 힘으로 할 수는 없었죠. 당시 저희는 홍대에서 수 년 동안 클럽을 운영하신 오너들의 운영 노하우도 없었으며 DJ, VJ 등등 업계 관계자들의 인적 네트워크도 탄탄하지 못한 상황이었습니다. 그러다 보니 파티 행사에서 가장 기억에 남는 에피소드는 당연히 '패리스 힐튼'과 '데이비드 베컴'의 셀러브리티 자선 파티였습니다. 타 클럽에선 해외 유명 DJ 아티스트를 섭외할 때 저희는 셀러브리티들을 섭외했습니다. 그 또한 당시 시대의 분위기와 강남이라는 특수성 때문에 아주 좋은 반응을 만들었습니다. 이처럼 어느 특정 사람이나 오너의 노하우보다는 전문적인 팀 비즈니스를 통해 조직적이고 좀더 체계적인 시스템을 갖추었기 때문에 성공할 수 있었다고 생각합니다.

파티플랜 팀의 장단점이나 프로 팀과의 차이에 대해 알려주세요.

파티플래닝 팀, 회사의 장&단점을 어떻게 바라보느냐에 따라 다를 수 있다고 생각합니다. 대기업과 중소기업처럼 대기업은 자본력, 시스템, 안정성이 장점이라면 반대로 안정적인 틀을 깨지 못하기 때문에 소극적이며 결정을 내리기 힘든 시스템의 단점이 있습니다. 반대로 중소기업이나 아마추어 팀은 자본력과 안정성은 부족하지만 의사결정이 빠르고 시장의 변화에 민감하게 반응, 대처할 수 있는 시스템을 가지고 있습니다. 이런 부분 때문에 각자의 주 전문 분야에서 경쟁력을 가져야 한다고 생각합니다.

'규모가 작고 전부 사이드 잡이기 때문에', '우린 전문적인 회사 시스템이기 때문에'라는 스펙과 환경의 중요성보다는 얼마나 이 시장을 진지하게 바라보며 우리만의 유니크한 부분을 찾아내느냐가 중요하다고 생각합니다. 흔히 이런 말들을 많이 들었을 거라 생각합니다. NO.1보다는 Only 1이 되라고. 그렇다면 장단점의 비교는 무의미하다고 생각합니다.

파티를 상류층이나 외국에서 자란 사람들만 즐긴다는 인식이 아직 있는데, 이에 대해 어떻게 생각하나요?

아직도 이런 인식을 가지고 있는 사람들이 많다면, 보다 분발해서 다양한 사람들에게도 파티가 특수 사람들만 즐기는 문화가 아니라는 인식을 주고 싶네요. 그러기 위해선 얼마 전부터 많은 사람들이 이야기하는 '클럽 문화', '파티 문화'의 '문화'라는 방향성이 과연 옳은 길로 가고 있는 것인가? 한번 더 생각해 봐야 한다고 봅니다.

물론 저만의 개인적인 생각이며 다수가 그렇지는 않지만 '파티 문화'는 '클럽 문화'의 한 카테고리에 속해 있다고 생각하는 사람들이 많기 때문에 이런 인식이 생긴다고 말하고 싶습니다. 파티 문화는 파티 문화로서의 다양성을 가져야 하며, 클럽 문화가 오히려 파티 문화의 아래 카테고리에 속해야 하는 것이 파티 문화의 대중화를 이끌어 낼 수 있을 거라 생각합니다. 파티 문화를 즐기고 경험하기 위해 꼭 클럽이나 라운지를 가야만 하는 건 아닙니다.

또한 우리나라의 클럽들은 다양한 문화적인 체험이나 경험을 주는 콘텐츠보다는 음악과 만남, 사교적인 부분에 포커싱 된 운영을 하기 때문에 클럽을 간다고 문화적인 우월감을 가진다면 큰 착각이라 말하고 싶습니다. ('잘 노는 사람이구나'라는 평가는 충분히 받을 겁니다.)

몇 년 전부터 진행되고 있는 각종 페스티벌, 갤러리에서의 이벤트, 상호를 말하기는 힘들지만 유명 복합 어뮤즈먼트 공간들, 이런 곳들에서 '파티'라는 단어 자체가 놀고, 마시고, 즐기는 것이라는 느낌보다는 느끼고, 공감하고, 소통하는 것이라는 개념을 줄 수 있으면 보다 많은 사람들이 즐길 수 있는 문화가 될 거라 생각합니다.

또한 파티 문화라는 것 자체가 너무 거창하게 포장되어 있다고 생각합니다. 우리의 일상엔 파티 문화가 존재합니다. 가장 쉬운 예로 생일 파티, 기념일 이벤트, 동호회, 가족&친구 모임 등이죠. 특정한 공간에서 일렉&힙합 음악이 나와야만 '파티'라는 생각보다는 편안한 장소에서 공감대가 형성되는 사람들과 우리가 좋아하는 음악&음식&장소만 있다면 그것이 '파티'를 즐기는 진정한 셀러브리티라고 생각합니다.

파티를 여는 데 있어 가장 중요하다고 생각하는 점은?

'책임감'이라고 생각하고 있습니다. 저 스스로도 책임지지 못한 결정과 진행을 한 경험이 있습니다. '요번엔 어쩔 수 없었어.' '시험 기간이니까.' '다들 휴가 갔어.' '비 때문에' 등등 핑계거리는 참! 많습니다. 요즘 우리만의 '브랜드', '차별성' 같은 말을 하는 선후배들에게 '핑계거리를 만드는 파티는 하지 말자.'라고 말하고 싶습니다.

파티를 만들기 위해서 당연히 좋은 콘셉트가 필요합니다. 좋은 맨파워와 안정적인 시스템, 차별화된 콘텐츠, 좋은 비주얼, 뛰어난 마케팅 능력, 오랜 노하우… 전부 다 중요합니다. 하지만 파티 디렉터는 책임감과 진지함을 가지고 있어야 합니다.

우리의 파티를 찾는 고객과 우리를 믿고 후원하는 기업, 우리에게 무한한 신뢰를 주는 클럽에게 만족스러운 결과물을 줘야 한다는 책임감이 필요합니다. 전 그런 진지한 책임감이 진정한 프로 마인드라고 생각합니다.

물론 지금 저와 저희 스탭들은 이러한 프로 마인드를 가지고 있지 못합니다. 아직도 즉흥적인 의사 결정을 내려야 하는 상황 속에서 최선의 결정을 하려고 노력하죠. 또한 아직도 주변에 좋은 신뢰 관계보다는 부족한 부분이 먼저 이야기됩니다. 하지만 지금 그렇다고 해서 앞으로도 그런 건 아니죠. 저희도 진지하게 노력할 것이며, 우리의 이름과 나아가 회사의 이름에 책임질 수 있는 프로그램을 만들 수 있도록 멈추지 않고 끊임없이 생각하고, 창조하는 모습을 보여드릴 것을 약속합니다.

파티 시장은 수입이 일정하지 않은 프리랜서나 영세한 기업들이 많아 직업적 제약이 있습니다. 동덕HRD Contents에서 맡은 프로젝트 파티 및 캠페인이 한국뿐 아니라 동아시아권에서 주목받는 콘텐츠로 자리잡고 있는 만큼 파티 시장의 전망에 대한 의견을 말씀해 주세요.

시대는 변하고 있습니다. 그렇게 때문에 패러다임의 전환이 필요합니다. 클럽 시장의 비즈니스 파이는 더욱 더 커지고 있습니다. 당연히 시대와 트렌드, 문화, 라이프 스타일의 변화 또한 빠릅니다.

이렇게 급변하는 시대엔 위에서도 잠시 언급한 부분이지만

1. 진지한 책임감을 가진 프로 마인드
2. NO.1 보다는 Only 1이 되는 유니크한 아이템
3. 매니지먼트 관리 능력
4. 도전할 수 있는 열정
5. 소통하고 공감할 수 있는 조직

이런 부분이 필요하다고 생각합니다.

(故)박영석 대장의 말씀을 빌려오고 싶네요.

"더 이상 지구상에 신대륙이나 오지는 존재하지 않습니다. 다만 남들이 가지 않는 새로운 루

트를 가는 사람이 현대의 탐험가입니다."

목표나 꿈으로 삼고 있는 파티가 있다면 어떤 것인지 구체적으로 설명해 주세요.

구체적인 설명은 회사 기밀이기 때문에 힘듭니다만 위 질문들의 답변을 종합해서 느끼신다면, 저와 저희 사업부가 추구하는 것들의 개념을 이해하지 않을까 생각합니다.

우선 저뿐만 아니라 저희 회사에서 진행하는 목표와 목적은, 지금보다 조금 더 전문적인 회사를 만들어가는 것입니다. 파티나 음악을 배우고 싶어 하는 사람들이 이용할 수 있는 부담 없고 자유로운 공간과 시스템을 만들어가고 싶습니다. 또한 전문적으로 배우고 싶어하는 사람들이 국내에서도 다닐 수 있는 아카데미를 만드는 것도 저희의 목적입니다. 최후의 목표는 M.O.S 같은 아시아를 대표할 수 있는 글로벌 클럽 엔터테인먼트가 되는 것입니다.

파티를 처음 시작하려는 사람들에게 해주고 싶은 조언이 있다면?

"21세기는 문화 산업에서 각국의 승패가 결정될 것이고, 승부처가 바로 문화 산업이다." 피터 드러커의 말입니다. 파티와 클럽 문화 비즈니스를 하고 싶다고 결정했다면, 탁월한 선택을 한 것입니다. 다만 문화 콘텐츠 비즈니스라는 것은 일반적인 회사 업무하고는 아주 많이 다릅니다. 화려해 보이지만 그만큼의 책임감이 필요하며, 재미있어 보이지만 그만큼의 외로운 싸움을 해야 합니다.

지금도 파티나 문화 콘텐츠 비즈니스를 하고 싶다면 누구를 따라 가기 보다는 나만의 유니크함을 믿고 앞만 보며 달려 가야 합니다. 무모한 도전을 무한 도전으로 만들 줄 아는 사람이 되어야 합니다.

클럽·라운지 전문 컨설턴트, 클럽 엘루이 기획이사 정연승

처음 파티를 하게 된(혹은 접하게 된) 계기는 무엇인가요?

대학을 졸업하고 바로 군대를 갔습니다. 또래에 비해서 굉장히 늦게 입대를 한 전형적인 아저씨 케이스죠. 군대를 전역한 후, 제가 상상했던 사회 생활을 바로 시작할 수가 없더라고요. 군인 신분에서 사회 구성원의 한 명으로 돌아가는데 적응 시간이 필요하다는 자기 합리화에 의해서 한 달 정도는 백수로 놀면서 지냈던 것 같아요. 하지만 막상 맘 놓고 한 달 정도 지내다 보면, 생각보다 답답하거든요. 그렇다고 남들처럼 바로 회사에 입사하고 싶지는 않았어요. 그래서 놀면서 할 수 있는 일이 뭐가 있을까 생각하며, 아르바이트 사이트를 검색하게 되었죠. 그 당시가 2005년이었습니다. 힙합 클럽이 한창 절정에 이르렀을 시기였죠. 저는 여러 가지 공고를 검색하다가, “새로 오픈하는 힙합 클럽 직원 모집”이란 문구를 보게 되었고, ‘아, 저기서 아르바이트를 시작하면 좋은 음악도 들으며 용돈도 벌 수 있겠구나'라고 단순하게 생각하고 입사 지원을 하게 되었어요.

사실 제가 교육학 전공에 군대도 소장 운전병으로 이력서에 기재되어 있었거든요. 그때 면접을 보는데 회장님이라고 불리는 분께서 제 이력서를 보시더니, "이 새끼 양아치인 줄 알았더니 조금 쓸만하겠네? 너 오늘부터 여기 매니저 해라"라고 시원하게 말씀하시곤 나가시더라고요. 그렇게 저는 어이없게도 백지 상태에서 한 클럽의 매니저가 되어버렸습니다. '클럽 매니저가 별거냐? 군대 제대한 지도 얼마 안 됐겠다. 무조건 하면 된다. 모르면 배우자'라는 무모한 생각으로 클럽을 운영하며, 클럽 파티 기획일을 처음으로 시작하게 되었어요. 당시 일하면서, 이 일을 본업으로 삼아도 충분히 미래가 있다는 생각을 하게 되었고, 조금 더 미래에 투자하자는 요량으로 낮에는 음반회사 직원, 저녁엔 클럽 컨설턴트 개념의 직원으로 지내며 홍대, 강남, 이태원 등 여러 곳의 클럽들을 오픈하고 지금까지 지내고 있습니다.

대표님이 생각하는 '파티'란 어떤 것인가요?

제가 생각하는 파티란, 좋은 사람들이 모여서, 좋은 시간을 함께 공유하며 느끼는, 시간과 장소의 교집합이라고 생각해요. 사람은 기쁘거나 혹은 슬플 때, 주변의 사람들과 함께 공유하고 그로 인해 몸과 마음을 치유하는 신기한 능력을 가지고 있는 것 같아요. 이러한 본능적인 요소들이 모여서 최종적으로 만들어진 문화가 잔치 혹은 파티라고 생각합니다. 파티라고 불리든, 잔치라고 불리든 이 문화는 과거에도 존재해왔고, 먼 훗날 미래에도 이어져 갈 인간의 가장 중요한 문화 중 하나니까요.

파티를 진행하면서 가장 힘들거나 보람을 느꼈던 기억은?

파티를 진행하면서 가장 힘든 점은 현실과 이상의 틀을 깰 수 없는 금전적인 문제에 봉착했을 때인 것 같아요. 파티 기획이란 것이 사람들이 행복해하는 모습을 보면 점점 더 규모와 콘텐츠를 늘리고 싶은 욕심이 생기거든요.

제가 가장 힘들고 보람 있던 에피소드는, 오래되긴 했지만 비욘세 국내 첫 내한 공연 때였어요. 당시 세계적인 트렌드였던, 슈퍼 디바 비욘세가 한국에서 공연을 한다는 것 자체가 놀라운 일이었죠. 공연 자체는 모 기업에서 주최를 하였고, 이때 저는 비욘세를 제 파티에 꼭 초대하고 싶었어요. 하지만 세계적인 슈퍼 디바가 국내 파티에 참석한다는 것은 거의 불가능한 일이었죠. 그래서 저는 모 기업의 협찬으로 금전적인 부분 전액을 지원받기로 결정하고, 계획을 세우고 접근을 했어요. 비욘세 에이전시와의 접촉이 수포로 돌아가기도 했고, 미친놈이란 말도 들었죠. 하지만 간절히 원하면 이루어진다고 했던가요? 마지막 고민 끝에 생각해낸 아이디어가 미국에 거주 중인 비욘세의 아버지에게 부탁하는 거였어요.

여러 곳의 에이전시와 접촉한 끝에 비욘세 아버지과 통화를 했고, 그분께 부탁해 진행할 수 있게 됐죠. 지금 생각해보면 웃긴 일이에요. 비욘세 아버지가 비욘세에게 전화를 해서. "욘세야, 오늘 공연 끝나고 OOO 파티에 참석하고 오렴." "네, 아빠!" 이런 식으로 일이 진행된 거예요, 하하. 물론 이날 파티는 큰 성황을 이루었고 처음으로 국내 모든 미디어를 한눈에 담은 날이었죠. 역시 가장 기억에 남아요.

파티를 상류층이나 외국에서 자란 사람들만 즐긴다는 인식이 아직 있는데, 이에 대해 어떻게 생각하나요?

파티란 외국 문화가 아니에요. 저희도 오랜 전통인 '잔치'가 있잖아요? 형식과 운영 방식만 현대인들이 가장 빠르게 접근할 수 있는 현대식으로 바뀌었을 뿐이지. 결코 돈 많은 분들이나, 외국에서 자란 분들만을 위한 것이 아닙니다. 현대의 파티란 서로를 아끼고 사랑하며 그 긍정적인 에너지를 발산 혹은 보충받는 에너지쉐어 타임이라고 생각하시면 될 것 같아요.

파티를 여는 데 있어 가장 중요하다고 생각하는 점은?

파티에 있어서 가장 중요한 요소는 파티 주최자들과 참가자들의 소통 부분이라고 생각합니다. 제 아무리 좋은 아티스트와 좋은 스탭이 있더라도 참석자들과 함께 호흡을 맞추지 못한다면 크게 성공할 수가 없다고 생각합니다. 단지 보여주기만 하는 일방적인 공연 모드의 파티가 아닌, 운영 스텝과 아티스트 그리고 파티 참가자가 함께 커뮤니케이션하며 감성을 나눌 수 있는 콘텐츠들이 가장 중요한 점이자 기본이라고 생각합니다.

최근에 많은 클럽이나 라운지가 생겨나면서 파티를 직접 주최하거나 외주로 맡겨 진행하는 등 파티가 점차 대중적이 됐죠. 하지만 아직 장소를 제공하는 업주와 파티를 준비하는 사람들 사이에 거리감이 있는 것이 사실입니다. 많은 사업장을 운영해 본 입장에서 이런 부분을 어떻게 풀어나갈 수 있는지 말씀해 주세요.

파티 기획자들과 클럽 오너들과의 분명한 입장 차이는 항상 존재합니다. 갑과 을 문제는 항상 존재하게 되거든요. 물론 갑과 을의 형식을 깨버리고, 파트너십으로 진행할 수도 있습니다. 하지만 클럽이란 곳은 기본적으로 상업성을 기반으로 만들어진 공간이라 수익성 문제도 검토해야 하고, 클럽 이미지 브랜딩도 신경 써야 하기에 자연스레 입장 차이가 발생하곤 합니다. 예를 들어 1일 평균 매출 1억 원을 창출하는 클럽이 있습니다. 이 클럽은 그간의 운영 노하우와 클럽 브랜딩 작업으로 인해, 이제는 문만 열어놔도 1일 1억 원의 매출을 올리는데, 굳이 독립된 파티팀의 파티를 진행하여 수익을 쉐어하려고 할까요? 총 수익에 대한 부분은 절대 타협하지 않습니다. 그럼 정답은 한 가지입니다. 계약사항에 있어서 1억 이상의 매출을 올릴 시 1억을 제외한 나머지 매출 금액의 쉐어죠. 콘텐츠적으로는 클럽 담당자가 구미를 느낄 정도의 신선하고 재미있는 콘텐츠를 제안하여 클럽과의 파티 대관 계약을 이끌어내시면 됩니다. 그 외 여러 가지 타협 방안이 있지만 아무튼 중요한 부분은 양측 간의 합리적인 대화와 활발한 교류가 필요하단 걸 말씀드리고 싶습니다.

목표나 꿈으로 삼고 있는 파티가 있다면 어떤 것인지 구체적으로 설명해 주세요.

제가 최종적으로 꿈꾸고 있는 파티는 웨딩 파티입니다. 물론 국가별로 문화적 차이점이 있지만, 저는 외국의 합리적이고 인간적인 결혼식 행사가 너무 아름답다고 생각을 해왔어요. 어릴적부터 영화나 드라마를 보면 가까운 지인들과 친인척들이 함께 뒤뜰에 모여 진심으로 행복을 염원해주는 결혼식을 즐기며 진행하잖아요. 지금 우리나라의 결혼식 문화를 음식으로 비유하자면 패스트푸드 같다고나 할까요? 물론 땅의 활용도가 최고치인 한국에서 하우스 뒤뜰 결혼식은 어렵기 때문에, 전문 웨딩홀에서 빠르게 행사를 진행하긴 하겠지만, 과연 이렇게 쫓기듯이 웨딩홀 형식에 맞추어 식을 진행하면서, 과연 당사자들이 생애 제일 행복한 이 순간을 즐기고 있을까? 의문이 들곤 합니다.

파티를 처음 시작하려는 사람들에게 해주고 싶은 조언이 있다면?

파티는 결코 어려운 것이 아닙니다. 또한 다른 세상의 문화도 아니고요. 모두 태어나면서 돌잔치를 비롯하여 자신이 주인공인 생일 파티 등 여러 행사를 경험해보셔서 아실 거예요. 생일 파티가 어렵나요? 클럽 파티 혹은 야외 페스티벌 모두가 내용은 같습니다. 진행 방식에 조금씩 차이가 있을 뿐이죠. 에너지가 필요한 사람들과 에너지가 넘치는 사람들을 한 자리에 모아 에너지를 공급해주고 해피 바이러스를 심어준다는 제일 중요한 사항은 언제나 변함이 없을 겁니다. 단지 '멋있어 보이기 때문에' 혹은 '투자한 노동 대비 금전적 수익성이 클 것 같아서'란 이유로 본업을 버리고 파티를 주업으로 바꾸려는 분들이 많이들 계시더라고요. 저는 솔직히 이러한 생각으로 파티를 시작한다면, 오래 못 하실 거라고 조심스레 생각해봅니다. 이런 말이 있죠? "열정만 있으면 무엇이든 할 수 있다." 파티는 열정과 꿈으로 만들어가는 희망 찬 작업입니다.

항상 가슴을 뜨겁게 간직하고, 실패를 두려워하지 마세요. 실패는 세 걸음 앞으로 나아가기 위한 한 번의 뒷걸음입니다.

자신만의 독특한 아이디어만 있다면 규모와 인원에 상관없이 언제 어디서든 시작해보세요. 훗날 당신만의 특별한 파티에 제가 초대될 수 있는 영광을 주세요!

Culture Group의 프로모션 팀장 겸 RAON Party Director
노현준 팀장

한화S&C 자회사인 (주)휴먼파워 문화사업본부 Culture Group의 프로모션 팀이 보유한 브랜드 "RAON"은 순우리말 '즐거움'을 뜻하는 말로 즐거움 그 이상을 창조한다. More Than a Party라는 모토를 가지고 있다. Culture Group은 국내 최대 규모의 친환경 뮤직 페스티벌인 GGF 2011, 2012를 개최했을 뿐 아니라 다양한 문화사업을 진행하고 있으며, 풍부한 문화 콘텐츠와 IT 활용 사업을 수행해 급성장하고 있는 한국 파티 시장의 청사진을 보여주는 선구자적 기업이다.

- **공식 페이지(Official URL) : www.facebook.com/raonparty**

처음 파티를 하게 된(혹은 접하게 된) 계기는 무엇인가요?

대학생 때 방학 기간이었습니다. 일찍이 사업을 시작하여 Le Nuit Blanche (現 클럽ANSWER)와 연계되어 있던 광고대행사를 운영하는 친구를 도와주었는데, 당시 Le Nuit Blanche 대표님 및 광고대행사 대표자 친구와 많은 기획회의를 거치며 클럽 운영 및 진행하는 기업 프로모션과 파티 브랜드들의 파티를 지켜볼 수 있는 좋은 계기가 있었습니다. 그러면서 자연스럽게 관심을 가지게 되었고, 뜻이 맞았던 소꿉친구와 함께 Escape Korea라는 파티프로모션 사업자(現 존재)를 설립하여 공동대표로 운영하면서 처음 파티를 2010년 5월에 열었습니다. 이후 운 좋게도 대학 졸업 시즌에 맞춰 IT기반의 문화콘텐츠 사업체

CultureGroup 창립 과정에서 좋은 제안이 들어오게 되어 회사 지분을 정리하고 입사를 하게 되었고 현재 프로모션 팀장을 맡게 되었습니다. 그리하여 중장기 사업계획하에 RAON이라는 파티 비즈니스 플랫폼의 프로젝트를 다시금 시작하게 되었습니다.

RAON

'RAON' 에서 생각하는 '파티'란 어떤 것인가요?

RAON Party의 고객 가치 제안은 뜻 그대로 누구나 즐길 수 있는 '즐거움'을 제공하는 것입니다. 미래지향적인 파티의 모습은 콘텐츠 없는 단순 술 장사나 억지스러운 영업 행위나 예쁜 여자, 돈 많은 VVIP 모시기가 아닌 문화 콘텐츠가 기반되고, 다양한 분야의 실력 있는 아티스트들과 콜라보레이션 하며 모든 고객이 편하게 즐길 수 있고 그들의 Wants를 충족하는 가치 제안, 핵심 파트너, 핵심 활동, 핵심 자원, 고객 관계, 채널, 고객 세그먼트, 비용 구조, 수익 모델이 있는 복합적 비즈니스 모델입니다.

파티의 매력은 무엇이라고 생각하나요?

파티를 주최하는 입장에서의 매력은, 내가 재미난 상상을 하며 기획한 파티로 인해 온 사람들이 '즐거움'을 느끼며, 그 사람들이 나란 사람을 떠올릴 때 '즐거운 사람'이라는 이미지가 형성이 되는 것이며, 즐거운 일로 'Make Money'를 할 수 있습니다. 또한 파티 안에서 이루어지는 자연스러운 사교 행위들로 인한 새로운 인적 네트워크 형성이라는 치명적인 '관계적 매력'이 있습니다.

파티를 진행하면서 가장 힘들거나 보람을 느꼈던 기억은?

RAON Party는 클럽 파티 안에 다양한 콘텐츠를 녹여내는 데 강점이 있습니다. 대표적인 사례를 하나 소개하자면 2012년 6월 1일에 주최하였던 Galleria 백화점·JYP Entertainment·Monster社와 함께한 Diamond Tears Head Set 런칭파티 때 행사장 브랜딩·DT패션쇼·박진영 씨 공연·해외 아티스트 공연·Celebrity Attendance까지 여러 프로그램들이 산재해 있어 준비 과정이 꽤나 힘들었습니다. 하지만 파티 당일 만족스러운 행사장 연출은 물론 한국 최고의 모델들의 패션쇼와 더불어 세계적인 가수 박진영씨의 Live Set 5곡의 공연 그리고 LMFAO의 DJ Lucky Lou를 비롯해 당일 굉장히 많은 유명 연예인들이 참석해 포토월-행사장 케어까지 빈틈없이 완벽하게 진행을 하였습니다. 이를 보고 고객들이 열광하는 모습에 담당자들과 함께 기뻐하였습니다. 개인적으로는 역대 주최했던 파티 중 가장 큰 보람을 느꼈습니다.

Galleria 백화점, JYP Entertainment, Monster社와 함께 연 Diamond TearsHead Set 런칭 파티 포스터와 공연 장면.

파티플랜 팀의 장단점이나 프로 팀과의 차이에 대해 알려주세요.

현재 개인사업체로 영세한 파티프로모션 팀들이 굉장히 많습니다. 이들은 전문 BTL Below the Line 프로모션 업체로 도약을 하고 싶어도 '클럽 의존적 수익 구조'로 인해 규모 있는 사업체로 발전하는 데 어려움을 겪고 있습니다. 이로 인해 파티를 메인 직업으로 하고자 하는 사람들이 급여의 문제와 4대 보험이나 정직원 등록이 되지 않아 쉽게 결정하지 못하는 것이 현실입니다. 또한 아이디어는 많으나 앞서 말한 수익 구조의 병폐 때문에 비용을 아끼며 내실 있고 규모 있는 파티를 진행하지 못합니다. 그나마 이름 있는 파티 브랜드의 경우 1년에 두세 번 B2B 영업수주로 현금 협찬사를 확보하여 괜찮은 콘텐츠와 수익을 내는 행사를 하기도 합니다.

장점 아닌 장점은 이런 문제만 해결하면 더욱 전문적으로 파고들고 메인 직업으로 삼고 싶음에도 불구하고 현실을 극복하지 못하고 파티브랜드 대표자 혹은 핵심 인력 1~2명 외에는 'Side Job으로써 편하게 일을 한다는 것'인데 저는 단순 홍보-영업-진행 아르바이트 용역 정도에 지나지 않는다고 봅니다.

파티를 상류층이나 외국에서 자란 사람들만 즐긴다는 인식이 아직 있는데, 이에 대해 어떻게 생각하나요?

물론 유학생들이 대거 들어오는 여름-겨울 방학철이 행사의 매출적으로나 전체적 그림으로나 성수기라고 표현하지만, 최근에는 서울뿐만 아니라 전국 각 지역에 클럽이 늘어나고 있으며 페스티벌, 파티 등이 보편화되어 클럽 및 파티 문화를 즐기는 인구가 점차 늘어나는 추세로 보입니다.

파티를 여는 데 있어 가장 중요하다고 생각하는 점은?

파티브랜드를 대표하는 분들마다 중요시 여기는 것은 다르겠으나 저는 일차적으로 파티브랜드가 회사의 '틀'을 갖추는 것을 말하며 이는 B2B 후원 프로젝트 영업수주에 기여됩니다. 또한 구성원들의 세심한 노력으로 기획되어 그들만의 '색깔'이 생기고 만들어진 지속적인 '좋은 파티'를 통한 '브랜드 이미지'도 중요시합니다. 고객들은 압니다. 대충 준비되었고 누구나 할 수 있는 파티인지, 얼마나 준비되었고 공들여진 파티인지에 대해서 말이죠.

파티 시장은 수입이 일정하지 않은 프리랜서나 영세한 기업들이 많아 직업적 제약이 있습니다. RAON은 한국 내에서 주목받는 파티플래닝 회사인 만큼 파티 시장의 전망에 대한 의견을 말씀해 주세요.

파티 프로모션 시장은 점점 좋아지고 있습니다. 대한민국 전국의 젊은이들이 점차 파티 문화를 이해하고 열광하는 가운데, 20대 타깃의 제품군을 소유한 기업의 마케팅의 일환으로 파티 부분을 빼놓을 수 없는 것이 현 시대의 흐름이라고 생각하기 때문입니다. 따라서 영세한 개인사업체 파티 브랜드들도 중장기적 사업계획하에 자체적으로 회사로서의 '틀'을 잘 갖춰나가고 전문성을 띄며 노력해 나간다면 충분히 좋은 결실이 있을 거라 생각합니다.

RAON이 목표나 꿈으로 삼고 있는 파티가 있다면 어떤 것인지 구체적으로 설명해 주세요.

간단히 말씀 드리자면, RAON은 단순 Party에 멈추지 않을 것이며, RAON Party, Festival 외에도 Sports, Classic, Gallery, Fashion, Game, Education 등의 이벤트 프로젝트성 또는 브랜드 라인을 늘려나가는 방향을 잡고 있으며, 홈페이지뿐만 아니라 모든 것이 통합적으로 표현될 수 있는 Application 개발 기획 중에 있습니다. 멀게는 아시아를 시작으로 해외 무대 진출의 계획을 세우고 있습니다.

파티를 처음 시작하려는 사람들에게 해주고 싶은 조언이 있다면?

'유흥'이 아닌 '문화'를 생각해야 합니다. 아, 국내 최고라 평가받는 공연기획사를 운영 중이신 스승님은 제게 'Flexible'이라는 단어를 선물하셨습니다. 유연해야 좋은 일이 생깁니다. 모든 일은 사람과 사람이 하는 것이기 때문이죠!

소셜데이팅 아임에잇(Im8.net) 본부장
이민선

패션 디자이너, 기획자, 뱅커 등의 다양한 직업을 거치며 활동 중인 '이민선'은 수많은 이슈를 남겼던 2006년 서울대학교 제1회 졸업파티에서 '서울대 의상디자인학과'의 졸업작품 패션쇼를 기획한 인물로 잘 알려져 있다. 그 이후에도 재직 중이던 '도이치뱅크'의 사내 행사 때 패션쇼를 선보였으며, 모 방송국의 프로그램에 출연해 또 한번 화제를 불러일으키기도 했다. 현재는 국내 제일의 광고기획사 기획자로 재직 중으로 파티뿐 아니라 페스티벌 등에 참여하면서 한국의 문화 트렌드에 다양하게 관여하고 있다.

처음 파티를 하게 된(혹은 접하게 된) 계기는 무엇인가요?

처음 파티를 접하게 된 계기는 미국에 살 때 중학교에서 열리는 School Dance였죠. 고등학교 때는 프람Promo이 있었고, 모스크바 고등학교에서는 모스크바 강에 보트를 띄워 멋진 드레스를 입고 파티를 하는 Boat Dance도 우리 친구들

사이에서는 아주 큰 파티였어요. 개인적으로 파티를 하게 된 계기는 한국 와서 대학교 때 생일이라고 그때 한참 유행했던 클럽 NB 전체를 빌렸어요. 친구들에게 티켓을 1만 원으로 판매했는데 놀랍게도 파티에서는 저와 수업을 같이 듣는다며 자신을 소개하는 친구들까지, 아주 많은 사람들이 와서 재미있게 같이 놀았어요.

민선 님이 생각하는 '파티'란 어떤 것인가요?

나만의 뮤직비디오?

파티의 매력은 무엇이라고 생각하나요?

다양한 에너지! 나를 더 creative하게 해주는 매력이 있어요. 파티를 좋아하는 사람들이 모여 있는 곳은 각종 에너지가 많이 흐릅니다. 다양한 에너지를 맛볼 수 있어서 머리가 아플 땐 파티를 하러 가요. 인생에 대한 새로운 아이디어를 얻어서 올 수 있어요.

파티를 진행하면서 가장 힘들거나 보람을 느꼈던 기억은?

모스크바에서 홈 파티를 크게 연 적이 있어요. 프라이빗으로 30여 명만 초대했지만, 입소문이 어떻게 났는지 거의 100명이 집으로 찾아왔어요. 예상했던 것보다 손님이 많이 와서 컨트롤이 안 되면서 집 정원과 거실이 엉망이 된 게 생각나요!

그 동안 참여했던 파티 중에 인상 깊었던 파티가 있다면 말씀해 주세요.

최근에 서울에서는 처음 열린 Sensation White Party를 다녀왔어요. 인상이 깊이 남은 이유는 모두가 드레스 코드를 잘 지켜주었기 때문이에요. 굉장히 기뻤고 그런 자세를 가진 사람들이 모여 있는 파티라 더 인상적이었죠. '오늘밤은 여기서 노는 데에 집중할 거야'라는 사람들이 기특하기도 하고 '한국도 이제 파티 선진국이 되어 가는구나'라는 생각이 들기도 하고요. (웃음)

파티를 상류층이나 외국에서 자란 사람들만 즐긴다는 인식이 아직 있는데, 이에 대해 어떻게 생각하나요?

외국에서는 4~5명만 있어도 파티가 가능합니다. 샴페인과 술 없이도 파티가 가능하고요. 파티라는 것은 사람들과 함께한다는 것이 중요한 것이지, 그 자체가 화려한 것은 아닙니다. 파티는 사람이 만드는 것입니다. 사람을 만나면 새로운 영감을 받아 내 삶에 여러 가지로 응용하며 계속해서 나를 업그레이드 할 수 있는 엄청난 장점이 있습니다. 그 영감이 크거나 화려하지 않아도 괜찮습니다. 영화를 보면 새로운 생각이 들듯이, 파티도 한 편의 영화로 볼 수 있습니다. 영화도 어떻게 결말이 나는지 모르면서 기대하듯 파티에서도 그날 밤 나에게 일어날 놀라운 일들을 기대해도 좋습니다. 아니면, 다음 기회를 또

기다리면 되는 것이고요. 다음에 또 새로운 영화표를 구입하듯이 말이죠!

파티를 하는 데 있어 가장 중요하다고 생각하는 점은?

누가 함께 가느냐가 제일 중요합니다! 하지만 누가 가느냐를 정해주는 것은 콘셉트입니다. 콘셉트를 확실히 가지고 참여자들에게 인식시켜야 됩니다. 무엇이든 지켜서 참여해야 할 가이드를 정확하게 해주는 것이 파티를 가는 사람들에게도 도움이 되는 것 같습니다. 그래야 모두 같은 생각을 가지고 놀 수 있죠! (웃음)

목표나 꿈으로 삼고 있는 파티가 있다면 어떤 것인지 구체적으로 설명해 주세요.

저는 제가 어딜 가든 그 곳이 파티가 되기 때문에 다른 곳을 특별히 찾지 않을 것 같아요. 하하. 하지만 엄청난 옷을 입은 사람들이 가득한 구역과 그 사람들을 구경하는 사람들이 가득한 파티가 있으면 신날 것 같습니다.

파티를 처음 시작하려는 사람들에게 해주고 싶은 조언이 있다면?

아무튼, 기본적으로 파티는 즐거워야 합니다. 파티에 오는 사람들은 손님들, 즉 관람객이고 파티를 여는 사람들은 그 손님들을 맞이하고 호스트 역할을 해야 된다는 것을 분명히 기억해 두셨으면 합니다! 어렵게 생각하지 말고 기본적인 것들을 잘 해나가야 한다는 사실을 잊지 말아주세요!

"I'M GOING OUT TONIGHT. WHAT SHOULD I WEAR?"

by 이민선

1초

2초

3초

땡!

당신의 이미지가 타인에게 인식되는 시간은 딱 3초. 그 3초에 중대한 영향을 미치는 것은? 바로 패션. 그래서 당신 머릿속에 늘 배회하는 질문 하나.

"오늘 뭐 입지?"

이 질문에 대해 명확한 대답을 드려볼까 한다.

외국에서 자란 나에게 상대적으로 파티는 매우 익숙한 문화다. 어릴 때 내가 매일매일 들었던 질문은 "Are you going out tonight?"였다. "너 오늘 파티 가니?" 혹은 "너 오늘 클럽 가니?"가 아니라 "너 오늘 나갈 거니?"라는 질문이다. 왜냐하면 외국에서는 기본적으로 나가서 신나게 노는 것 자체를 'Party'라고 하기 때문이다. 이 칼럼에서도 '옷'은 '파티 의상'으로 간주하여 이야기해 보겠다.

먼저 상식 하나. 근무 시간 혹은 학교 수업에 입고 간 옷이라면, 저녁에는 기본적으로 어울리지 않는 의상일 것이다. 아니, 어울려선 안 된다. 여자일 경우 근무 시간에 손바닥만 한 미니스커트나 가리비를 연상시키는 커다란 귀고리를 하고 있는 건 주변 사람들을 불편하게 하는 노센스. 자신을 위해서도 좋지 않다.

생각해 보자. 오전 미팅 시 클라이언트에게 스마트하고 프로페셔널한 모습을 보여줬는데, 똑같은 그녀가 파티에서 망가진 채 놀고 있다면? 오전에 당신이 쏟은 노력과 힘겹게 만든 이미지는 물거품이 될 수도 있다. 저녁의 당신은 오전의 당신과 확실한 타인이 되어야 한다. 물론 몇 가지 아이템으로 전혀 다른 룩을 연출할 수 있는 방법도 있지만, 안전하게 당신을 지키기 위해 오전에 입었던 의상과 저녁 의상은 달라야 한다는 것을 먼저 기억하고 본론에 들어가자.

제일 멋지면 된다, 뭐든지!

아시다시피 패션은 1+1=2의 수학처럼 정답이 있는 영역이 아니다. 즉, 당신을 멋지게 해 줄 룩은 딱 한 가지로 정해진 것이 아니라 여러 가지가 있을 수 있다는 것. 파티 문화를 처음 접해서 혼란스럽기만 한 분들을 위한 아주 기본적인 Rule에 대해 이야기해 보겠다.

"패션에서는 TPO(Time, Place, Occasion)를 지켜

야 된다"라는 말은 익히 들어왔을 것이다. 하지만 정확히 어떻게 TPO에 맞게 입어야 될지는 꽤 애매하다. 특히 파티를 간다고 하면 '나 혼자 너무 튀지 않을까?' 혹은 '나만 너무 촌스러워 보이지 않을까?' 걱정부터 되는 게 사실이기 때문이다.

나는 패션을 전공해서 그런지 친구들이랑 클럽이나 파티를 가면 사람들의 옷을 즐기는 재미가 쏠쏠하다. 이것은 나만의 이야기는 아니고 많은 이들에게 '파티 = 사람들의 시선을 의식해야 하는 장소'라는 암묵적 인식이 있다. 그래서 꽤 신경 쓰이지만 파티에 즐기러 가는 마당에 우리 스트레스 받지 말고 쉽게 신나게 배워보자. 우선 파티를 하러 나갈 때는 딱 한 가지에 집중한다. 바로 나.

"나한테 집중해라."

그리고 자신에게 세 가지 질문을 하는 것이다.

1. 오늘 내 기분이 어떻지? → 하이힐 vs 하이탑?
2. 누구랑 놀고 싶지? → 모노톤 vs 컬러풀?
3. 나는 오늘 어떻게 놀고 싶지? → 원피스 vs 청바지?

STEP 1 오늘 내 기분이 어떻지?

전체적인 룩을 정하는 데 도움이 된다.

회사에서 정장에 하이힐에 바쁘게 돌아다녀 다리가 너무 아프지만 그래도 놀고 싶을 때가 있다. 이때 나의 기분을 잘 파악하여 편안한 파티룩으로 갈지 아니면 컨디션업, 하이힐업 콘셉트로 나갈지를 정하는 것이다.

또 하나의 팁. 나가서 논다고 해서 이성을 유혹하겠다는 생각이 밖으로 여과없이 드러나는 룩은 매력 없다. 오히려 '내가 편안하고 재미있게 놀기 위해서'라고 생각해라. 그래야 목적에 상관없이 이성에게 더 매력적으로 보인다는 아이러니를 기억하시길. 또한 남들이 화려한 보석을 두르고 몸매가 드러나는 원피스를 입었다고 해서 나도 그렇게 해야 되는 것은 절대 아니다. 내가 오늘 기분이 이렇고 저래서 이렇게 입겠다고 하는데 무슨 이유가 더 필요하겠는가? 하지만 기본적인 예의는 앞서 말했듯 TPO. 즉 'Partying'을 하러 가는 것이기 때문에 운동하러 가는 것처럼 무릎 나온 트레이닝복을 입는 건 안 되겠지.

조금 편안하게 놀고 싶은 날에는 남들 다 킬힐 신는 마당에 나는 하이탑 운동화를 매칭해 주는 센스를 보여주는 것도 좋

은 아이디어! 그렇다고 해도 더러운 운동화는 절대 절대 금지! 센스 만점 시선을 주목시키는 포인트 컬러 스니커즈나 블링블링 하이탑도 좋다. 운동화 하나만 포인트로 잘 사용하면 나머지 탑과 하의 혹은 드레스는 아주 베이직한 컬러로 선택하면 고민 끝!

STEP 2 누구랑 놀고 싶지?

같이 노는 그룹이 주로 어떤 톤인지 파악이 돼야 혼자 이상하게 튀지 않는다.

오늘은 친한 친구들과 편안하게 놀 것인지, 아니면 미친 듯이 잘 노는 친구들과 정신 없게 놀고 싶은지 생각하자. 즉, 스트레스를 어떤 방식으로 풀 것인지에 따라 룩이 달라진다. 파티는 친목의 목적도 있지만, 당신의 스트레스를 푸는 것도 매우 중요한 목적이니까. (하지만 너무 많이 하면 파티 자체로 몸의 스트레스가 될 수 있다는 걸 잊지 말자!) 친한 친구들은 대강 스타일을 알고 있기에 내가 오늘 더 주목받고 싶다면 그들보다 조금 튀게 입을 것. 하지만 친구가 주인공인 자리라면 친구를 위해 살짝 톤 다운해서 옷을 입는 것도 매력적인 센스가 될 것이다. 반대로 파티할 때만 주로 만나는 친구들이라면, 아끼지 말고 당신을 마음껏 표현하라. 이것은 '내 기분이 어떻지?'와도 연결되어 있다. 파티를 하겠다는 친구들과 함께라면, 화려한 프린트가 된 타이트원피스를 선택해도 된다. 즉 온화하고 느낌 있는 모노톤인지, 발랄하고 자신감 넘치는 컬러풀한 콘셉트인지는 주변 친구들에 따라 정할 수 있는 것이다.

모든 것의 포인트는 하나다. 밤을 불태우라는 것, 조금 피곤하더라도 스타일은 적당히 잘 유지하라는 것이다. 하지만 가장 중요한 것은 나만의 무기 하나를 확실히 챙기라는 것. 그 무기는? 바로 자신감이다. 자신감을 가져야 당신이 살고, 당신이 살아야 룩도 산다.

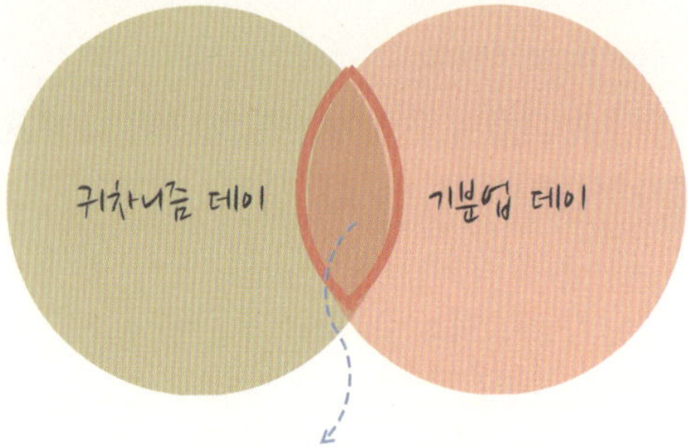
귀차니즘 데이
기분업 데이
자기 자신을 잘 파악하고 중간을 잘 유지한다면 당신은 어디를 가나 가장 멋진 파티 피플이 될 수 있다!

STEP 3 나는 오늘 어떻게 놀고 싶지?

어떤 스타일을 입을지 드디어 결정한다.

기분도 업이고 잘 노는 친구들과 함께 놀기로 결정했다면 '오늘 나는 완전히 주목받으면서 놀겠다'는 뜻. 이런 날은 킬힐과 과감한 디자인의 블랙 원피스나 아이돌 스타 분위기의 톡톡 튀는 콘셉트 중 아무거나 선택해도 좋다. 그저 그날 밤을 불태우면 되는 것이다. 하지만 친한 친구들과 편안하게 놀기로 결정한 것이라면 스키니 팬츠와 프린트 티셔츠 하나로 보이시하게 입어보자. 편안하게 입더라도, 편안하기만 하면 안 된다. 귀여운 Rock Star 느낌으로 편안하되 나를 표현하며 입는 센스가 필요하다.

파티포토그래퍼 라쿤

클럽과 파티 씬의 대표적인 파티포토그래퍼를 뽑자면 '라쿤'이 있다. 파티포토그래퍼로 활동하고 있는 개인 사이트는 물론 스트리트 패션 잡지인 CRACKER의 포토그래퍼로 활동 중이며 개인 작품 전시회를 파티와 함께 녹여내는 그는 비밀스런 파티의 분위기를 누구보다 더 리얼하게 앵글에 담아 제공하는 트렌드의 최전선에 있다.

- **공식 페이지**(Official URL) : www.the-raccoon.com/

처음 파티를 하게 된(혹은 접하게 된) 계기는 무엇인가요?

한국에서도 디제이로 유명한 '스티브 아오키Steve Aoki'와 함께 다니는 것으로 유명한 파티포토그래퍼 '코브라 스네이크'의 블로그를 보고 관심이 있어 시작하게 되었습니다. 그 당시 사진에서 보여지는 파티들의 느낌이 너무 신선하고 충격적이어서 재미있을 것 같다는 생각에 발을 들여놓게 되었습니다.

파티 사진을 찍으면서 가장 힘들거나 보람을 느꼈던 기억은?

주말에는 대부분 파티가 열리는 곳인 클럽에서 사진을 찍습니다. 예전에 한 번은 한 유명 여가수가 클럽에 놀러와 사진을 찍었는데 자신의 신분을 과시하

듯 찍은 것을 당장 삭제하지 않으면 고소를 하겠다며 상상 이상의 험한 말을 해 굉장히 불쾌하고 언짢았던 기억이 있습니다. 클럽이나 파티에서 사진을 찍는 포토그래퍼들 대부분은 파티의 주최자나 클럽의 관계자로부터 의뢰를 받아 홍보 및 기록물로서의 일로 사진을 찍습니다. 따라서 포토그래퍼들 대부분 사진을 찍을 때는 정중히 부탁을 하는 편입니다. 저 역시 마찬가지고요. 그럼에도 불구하고 막상 클럽이나 파티에서 사진을 찍다보면 마치 나쁜 짓을 하다 걸린 사람들처럼 도망가거나 숨으시는 분들이 많습니다. 클럽이나 파티 모두 다함께 즐기는 곳이라고 생각합니다. 연예인, 일반인 할 것 없이 즐기러 왔으면 거리낌 없이 당당하게 사진을 찍혀줬으면 하는 바람입니다!

파티포토그래퍼 활동의 장단점에 대해 알려주세요.

한국의 내로라 하는 멋쟁이들이 모두 모여 있는 곳이다 보니 빠르게 변화하는 패션을 한눈에 볼 수 있다는 장점이 있습니다. 그리고 사회 각층의 여러 사람들을 만날 수 있죠. 법조인, 대사관, 연예인, 모델 등등 일반적인 사회생활에서는 접하기 어려운 사람들입니다. 전부 알아두면 어떻게든 저한테 도움이 되는 사람들이고, 반대로 저 또한 도움을 줄 수 있겠죠.

파티를 상류층이나 외국에서 자란 사람들만 즐긴다는 인식이 아직 있는데, 이에 대해 어떻게 생각하나요?

오해하는 것 같습니다. 생각을 바꾸면 한국에서도 충분히 모두가 가능한 일입니다. 그렇지 않으면 한국에 현재와 같은 세계적으로도 주목받는 엄청난 클럽들이 왜 생겼을까요? 똑같이 즐길 수 있는 시대적인 공감이 있었기 때문에 만들었고, 유지가 되는 것이겠죠. 마음가짐을 바꾸시기 바랍니다! 부끄러워할 일도 아니고요!

얼마 전 파티 사진 전시회 겸 파티를 열었는데, 이에 대해 간단히 설명해 주세요.

파티 사진을 찍으면서 제일 마지막으로 하고 싶었던 것이 전시회였는데 뜻하지 않은 기회를 주셔서 감사하게 일을 진행하였습니다. 그 동안 모아왔던 파티 사진들로 첫 번째 전시회를 가졌습니다. 클럽에서 사진 찍히면 안 된다는 오해, 나쁜 행동, 퇴폐적인 것, 그런 생각들을 바꾸진 못하겠지만 이번 전시를 통해서 조금이라도 인식을 바꾸고 싶었습니다. 클럽이나 파티의 있는 그대로를 보여주고 싶었고요. 지인분들이 많이 와주셨고 격려와 축하를 많이 해주셔서 기뻤던 기억이 있네요. 하하. 기념 삼아서 사진집 형태로 책도 하나 만들었습니다. 처음에는 출간을 목표로 잡았었는데 초상권 문제도 있고 해서 5권만 만들어 추억으로 남겼습니다. 후에 가능하다면 좋은 출판사를 만나서 더 많은 양을 출간해 많은 분들에게 파티 사진을 제대로 보여주고 싶은 욕심이 있습니다!

목표나 꿈으로 삼고 있는 파티가 있다면, 혹은 정말 찍고 싶은 파티가 있다면 어떤 것인지 구체적으로 설명해 주세요.

얼마 전에 영화로 개봉된 'Project X'와 같은 홈파티를 주최하고 싶습니다. 미국의 고등학생들이 생일 파티를 주최하면서 벌어지는 에피소드들을 정리한 영화인데 실제로 일어난 일을 바탕으로 각색해 만들었다고 해요. 정말 파티를 주최했던 친구들이 얼마나 대단한지 영화를 보시면 그 분위기를 제대로 느끼실 수 있을 겁니다. 파티에 관심이 있는 분들이라면 정말 꼭 보라고 추천하고 싶습니다. 한국에서도 가능하다면 꼭 한번쯤 그런 파티를 만들어보고 싶네요.

최근 파티포토그래퍼를 꿈꾸는 사람들이 늘어나고 있습니다. 해주고 싶은 조언이 있다면?

일단 먼저 어떻게든 파티의 현장에서 경험해 보라고 하고 싶습니다. 생각처럼 만만하지는 않지만 파티의 공기를 직접적으로 느끼며 즐길 수도 있고 어울리면서 같이 놀 수도 있습니다. 그렇다고 지나친 환상은 금물입니다! 언제까지나 일이 먼저이기 때문에 중점적인 것을 먼저 끝내고, 노는 건 그 뒤의 일이니까요! 프로페셔널 마인드를 항상 가져주시기 바랍니다!

바텐더 제로

한국 최고의 플레이 바텐더로 자리 잡고 있는 바텐더 제로(김현욱)는 바는 물론 라운지, 클럽 등을 종횡무진 넘나들며 활동하는 바텐더계의 멀티플레이어다. 2006년 한국 바텐더 챔피온쉽에서의 우승에 머무르지 않고, 여러 수입 주류 회사들의 칵테일 레시피를 디자인, 어드바이스 하고 있으며, 세계적인 DJ 잡지인 DJ MAG의 클럽 순위에도 올라가 화제가 된 클럽 볼륨(현 에이블), 클럽 엘루이 등의 총괄 바텐더를 거쳐 현재 이태원의 핫플레이스로 떠오르고 있는 Virgin Lounge의 총괄 바텐더 및 총괄 매니저를 역임하고 있다.

처음 파티를 하게 된(혹은 접하게 된) 계기는 무엇인가요?

벌써 10여 년이 훌쩍 지났네요. 2001년에 유엔빌리지에서 열렸던 외교관 파티 행사에 바텐더로 참여하게 된 것이 계기였습니다.

제로 님이 생각하는 '파티'란 어떤 것인가요?

어떠한 주제 혹은 명분을 가지고 축하를 하거나 사건을 알리기 위한 가장 오래된 방식의 사교 모임이라 생각합니다.

파티의 매력은 무엇이라고 생각하나요?

평소 접하기 어려운 다양한 분야의 새로운 친구를 사귈 수 있는 게 가장 큰 매력이라고 생각합니다.

바텐더로 오래 활동을 하면서 가장 힘들거나 보람을 느꼈던 기억은?

제가 바텐더로 일을 시작한 이래로 수 많은 클럽, 바, 라운지에서 일을 하며 손으로 세지 못할 만큼의 행사와 파티를 경험했습니다. 이러한 시간 가운데 파티플래너와 호스트 또는 스폰서들, 아티스트들과 교류하고 배울 수 있었던 경험이 가장 보람되고 값지다고 생각합니다. 기억에 남는 에피소드는 여러 가지가 있지만 특별히 기억나는 한 가지를 뽑자면 매장을 운영하며 스케줄의 변동과 진행의 미숙함으로 오시는 게스트분들은 물론 초빙한 아티스트분들에게 어려움과 불편함을 준 적이 있습니다. 보통의 행사라면 이러한 일이 발생하면 안 되는 큰 실수고, 명백한 실책이었습니다만 미숙하고 준비되지 못한 모습에도 사람들이 모여서 즐기고 호스트와 게스트의 경계를 넘어 서로 존중과 이해 속에서 만남과 대화를 만들어나가는 모습에 큰 보람과 에너지를 느꼈습니다. 이 날의 감동은 아직까지 잊혀지지가 않습니다.

바텐더로 파티를 접하면서 느꼈던 장점 혹은 단점이 있다면 말씀해 주세요.

오픈해 말하기에는 조심스러운 부분이 많습니다만 클럽이나 바, 라운지와 같은 상업적인 공간에서 다양한 파티를 겪다보면 많은 부분에서 장단점이 나올 수밖에 없다고 생각합니다. 먼저 장점을 이야기하자면 많은 사람이 모여 함께하는 즐거운 자리를 꾸준히 접할 수 있다는 것이 있습니다. 대부분 저녁 시간을 지나 새벽까지 일을 하는 직업의 특성상 컨디션이 좋지 않은 때는 체력적이나 정신적으로 매우 힘에 부칠 때가 있습니다. 하지만 기분 좋은 파티, 좋은 인연이 닿는 순간에는 이러한 것도 잊은 채 일하는 것이 가능합니다. 단점은 게스트와 호스트가 교류하지 못하고 세심하게 준비 못 한 모습이라면 같이 참여한 스폰서는 물론 행사가 진행되는 베뉴의 이미지를 실추시키는 부분이라고 생각합니다.

파티를 상류층이나 외국에서 자란 사람들만 즐긴다는 인식이 아직 있는데, 이에 대해 어떻게 생각하나요?

물론 아직까지는 외국 주류와 외국 음악이 주가 되어 파티 문화가 형성되어 있는 것은 분명한 사실입니다. 제가 보는 관점에서 한국의 파티 문화는 외국 것을 맹목적으로 모방하고 있다는 느낌을 많이 받고 있는데요. 한편으로는 이러한 과정과 많은 사람의 참여를 통해서 우리만의 파

티와 사교 문화를 언젠가는 만들어 나갈 수 있지 않을까 기대를 걸고 있습니다!

파티에서 드링크(술)가 차지하는 위치에 대해서 어떻게 생각하나요?

파티의 성격에 따라서 음료와 음식이 중요할 때도 있지만 항상 그렇지는 않습니다. 하지만 술과 음료, 음식은 파티에는 필수조건일 수밖에 없습니다. 그 이유는? 파티의 콘셉트마다 각자의 아이덴티티를 표현하는 데 가장 효율적이고, 이를 매개로 사람들이 보다 파티에 적극적으로 참여할 수 있게 되기 때문입니다.

바텐더로서 목표가 있다면 어떤 것인지 구체적으로 설명해 주세요.

바텐더로서 모든 사람들에게 사랑받는 음료를 디자인하고 싶습니다.

현재 총괄 운영하는 Virgin Lounge에 대해 간단히 소개해 주세요.

고급스러움보다는 스타일과 개성이 중요한 [Downtown Hipster & Uptown Socialite] 세대에 여러 채널로 활동할 수 있는 온오프라인 브랜드입니다.

애프터문 Aftermoon
김주형 이사

한국 클럽 파티 씬의 태동기부터 함께해 온 애프터문Aftermoon은 클럽 파티의 기획은 물론 '하우스룰즈', 'Annie'와 같은 전문 뮤지션이 소속된 일렉트로닉 전문 레이블을 운영하고 있는 전문 기획사로서 자리를 잡고 있다. 클럽에서의 파티는 물론 풀 파티, 라운지에서의 소셜 파티, 소속 아티스트들을 포함해 다양한 아티스트들이 참가하는 대형 프로젝트까지 다양한 콘텐츠를 생산해내며 그것을 파티로 풀어내는 애프터문의 행보가 주목받고 있다.

처음 파티를 하게 된(혹은 접하게 된) 계기는 무엇인가요?

2000년 초반 압구정, 홍대에 위치한 소규모 클럽에서 지인들과 함께 단순히 재미있게 놀자는 취지 아래 시작했던 파티가 예상 외로 성공적이었습니다. 당시 참가했던 사람들 모두 너무 즐거웠다며 이야기해주니 뿌듯함을 느껴 그 이후로 파티 기획을 시작하게 되었습니다.

김주형 이사님이 생각하는 '파티'란 어떤 것인가요?

즐거운 음악과 함께 다양한 분야의 새로운 사람들과 소통하는 것.

파티의 매력은 무엇이라고 생각하나요?

파티라는 주제 아래 다양한 사람들이 모여 서로의 시간을 함께 공유하는 것이 가장 큰 매력이 아닐까요? 그것이 어떤 분에게는 비즈니스가 될 수가 있고, 어떤 분에게는 이성이 될 수가 있듯이 사람과 사람들이 모여 하나의 뜻깊은 시간을 나눌 수 있다는 것은 즐거움 혹은 휴식 등으로 발전할 수 있다고 생각합니다.

파티를 진행하면서 가장 힘들거나 보람을 느꼈던 기억은?

파티를 진행한 경력이 꽤 오래되었지만 파티가 열리는 날은 아직도 조금 긴장이 됩니다. 파티가 끝나고 많은 분들이 와주셔서 즐겁게 보낸 뒤 재미있었다는 한마디에 항상 보람을 느낍니다. 기억나는 에피소드로는 2008년 기획했던 전국 대도시에서의 풀 파티가 생각나네요. 대구 호텔 수영장에서 파티를 하던 날 엄청난 폭우가 내렸죠. 파티에 놀러 오신 분들보다 저희 스텝들이 더 많았던 민망한(?) 파티가 되었죠. 그 날의 파티는 성공적인 행사는 아니었지만 인원이 적은 관계로 모두가 가족같이 친해지며 편하게 놀았던 기억이 있습니다.

파티를 상류층이나 외국에서 자란 사람들만 즐긴다는 인식이 아직 있는데, 이에 대해 어떻게 생각하나요?

특별한 사람들만이 즐기고 참여한다는 인식은 이제 옛날 얘기가 된 것 같습니다. 기업들의 신제품 런칭을 파티로 진행하거나 대학교 축제 및 행사도 파티로 진행하는 등 파티는 이제 모든 사람들이 즐기는 새로운 문화 트렌드로 자리 잡혔다고 생각합니다.

파티를 여는 데 있어 가장 중요하다고 생각하는 점은?

제가 생각하는 파티의 중요한 요인은 콘텐츠라

고 생각합니다. 참고로 저희 애프터문에서 진행하는 파티 브랜드들은 각 파티의 콘셉트나 타겟층이 다르게 구성되어 있습니다.

아티스트들이 중심이 되어 진행되는 'Good Aftermoon' 파티, 놀이동산 콘셉트 파티 'Fantasia', 코스튬 파티 브랜드 'Eyes Cream', 개성 있는 여성들이 모여 만든 'Unique Festa', 휴식을 주제로 기획된 'Moon Lounge' 등 다양한 주제와 콘셉트로 파티를 기획하고 있습니다. 파티 시장의 수요층이 많아지고 대중들의 수준이 많이 높아진 만큼 그에 맞는 참신한 기획력과 새로운 트렌드를 빨리 흡수하는 게 필요하다고 생각합니다.

파티 시장은 수입이 일정하지 않은 프리랜서나 영세한 기업들이 많아 직업적 제약이 있습니다. 애프터문은 다양한 콘셉트의 파티를 꾸준히 진행하고 있는 대표적인 기업인 만큼 파티 시장의 전망에 대한 의견을 말씀해 주세요.

불과 1년 전과 비교해봐도 파티 시장의 규모도 많이 커지고, 수요층도 많이 늘었으며 계속해서 성장해 가고 있습니다. 클럽 파티 외에도 다양한 분야에서 파티들이 이루어지고 현재도 많은 파티 프로모터들이 활동하고 있습니다. 파티 문화의 대중화와 함께 파티의 종류와 목적이 다양해짐에 따라 앞으로의 파티 시장의 전망은 좋다고 말씀드리고 싶습니다.

목표나 꿈으로 삼고 있는 파티가 있다면 어떤 것인지 구체적으로 설명해 주세요.

저희 애프터문은 파티 이벤트를 진행하는 회사이기도 하지만 그 전에 전자음악 전문 레이블 회사입니다. 수많은 최고의 DJ들이 소속되어 있으며 국내외를 무대로 활발하게 활동을 하고 있습니다. 저희 애프터문 DJ들의 이름을 걸고 파티를 하는 것만으로도 많은 파티 피플들이 즐겨찾는 파티가 될 수 있게끔 만드는 게 현재 이루고 싶은 목표 중의 하나입니다. 그 외에도 현재 진행하고 준비하고 있는 이벤트들이 있는데 앞으로 저희 애프터문 파티에 더 많은 관심 가져주시고 계속 지켜봐 주시길 바랍니다.

파티를 처음 시작하려는 사람들에게 해주고 싶은 조언이 있다면?

실제 파티를 기획하고 진행하는 데 있어서 끊임없는 노력과 시간을 투자해야 하며 파티를 즐기며 도전하는 열정이 필요합니다. 단순히 겉으로 보이는 파티의 화려함에 취하기보다는 고객들을 위해 진정한 즐거움을 줄 수 있는 파티 프로모터가 되길 바랍니다.

Coup D'etat

한국의 파티 씬에서 독보적인 존재로 자리잡고 있는 쿠데타Coup D'etat는 2010년 외국 유학생을 중심으로 뉴욕에서 시작되었다. 현재는 국내외 20~30대의 다양한 직업을 가진 회원을 중심으로 매월 정기적으로 천여 명 이상의 입장객을 동원한 대형 파티는 물론 200~300명 정도의 소규모 라운지 파티를 진행하며 다음 대학생 파티, 1km 파티 등의 기업 행사 대행, 브랜드 런칭, 쇼케이스 및 방송출연 등 다방면으로 활동을 하고 있는 엔터테인먼트 회사이다.

■ **공식 페이지(Official URL) : www.coupdetatparty.com**

처음 파티를 하게 된(혹은 접하게 된) 계기는 무엇인가요?

박용대 : 처음 파티를 하게 된 계기는 2008년 생일이었던 12월 25일이었습니다. 유학생 시절 처음으로 맞이하는 생일을 뜻깊게 보내고 싶은 마음에 시작하게 되었습니다. 군대를 제대 후, 자기 개발 및 더 넓은 세상을 느끼기 위해 패션의 선두 도시인 뉴욕으로 갔습니다. 그 곳에서 저의 제2의 인생이 시작이 되었죠. 유학 생활을 하며 투잡을 뛰고 여러 사람들과 어울리며 생활을 하였어요. 1년 6개월이라는 길지 않은 시간을 뉴욕에서 보내면서 '다가오는 내 생일 파티에는 이 사람들을 한 곳에 다 모아볼까?'라는 생각이 들었고, 그것이

바로 실행으로 이어졌습니다. 학원을 다니면서 알게 된 사람, 일을 하면서 알게 된 사람, 인터넷커뮤니티(유학생 모임)를 통해 알게 된 사람, 클럽을 다니며 알게 된 사람 등등 여러 사람들에게 초대장을 돌렸으며 장소를 알아보고, 진행은 어떻게 할 건지 행복한 고민을 한 게 계기가 되었습니다.

제 생일 파티는 100명이 모여 성공적으로 진행이 되었고, 이 파티를 계기로 '나는 한국 가서 더 큰 모습으로 거듭나야겠다'라는 다짐을 하며 귀국했습니다. 한국 파티 시장은 2009년도에는 정말 폭이 좁았습니다. 6개월 동안 파티에 대한 지식 및 한국 시장에 대해 몸으로 뛰고 느껴보고 그 시장에 대해 파악을 한 뒤 2009년 12월 25일 다시 돌아온 저의 24번째 생일에 처음으로 '쿠데타'라는 이름을 만들어 유학 생활을 함께해 온 친구들과 지인이 모여 진행을 하게 되었습니다.

안정용 : 대학 시절 처음 동기들과 함께 성탄절 파티를 통해 파티라는 문화를 접했습니다. 당시 기존의 파티와 다른 것이 있었다면, 화려한 호텔 파티가 아니라 학교 과실에서 하는 소규모 파티였다는 점입니다. 데코레이션과 케이터링, 파티 진행 순서 등 나름대로의 파티 형식을 갖추어서 즐겼던 기억이 납니다. 그저 먹고 마시는 문화보다는 우리들만의 추억을 만들고자 했었던 작은 파티였습니다.

신희범 : 평소 주말에는 친구들과 클럽에 자주 놀러 가는 편이었습니다. 일반적으로 클럽이라는 공간은 음악, 술, 조명, 사람이 공존하는 곳이라는 인식이 많았습니다. 하지만 어느 순간 클럽에서 모두가 즐길 수 있는 콘텐츠를 바탕으로 파티 문화가 활성화된다면 문화생활에 있어서 더 큰 만족을 느낄 수 있을 거라 생각하여 기획을 시작해 보고자 파티 팀에 들어가게 되었습니다.

Coup D'etat 구성원들이 생각하는 '파티'란 어떤 것인가요?

박용대 : 파티란 '모두가 하나가 되어 한 마음, 한 뜻으로 그 분위기를 즐기고 느끼는 것'이라고 표현하고 싶습니다. 어떠한 파티에나 주제가 있습니다. 결혼식, 생일잔치, 개업식에도 주제가 있듯, 파티가 끝날 때까지 주제에 맞는 분위기를 느낄 수 있도록 해야 한다고 생각합니다.

안정용 : 지인들이 모여 즐기는 파티뿐만 아니라, 서로 모르는 사람들이 만나 소통을 하고, 즐길 수 있는 것이라고 생각합니다. 현대 사회에서, 많은 사람들이 공통적으로 느끼는 바는 외로움입니다. 일에 지쳐 인생에서의 소중한 부분을 잠시 잊고 사는 사람들이 대부분입니다. 이런 것을 잠시나마 벗어나 사람들이 만나 스스럼없이 즐길 수 있는 시간, 서로를 통해 좀더 많은 정보를 교류할 수 있는 시간과 장소를 제공하는 것이 파티라고 생각합니다.

신희범 : 현재 한국에서 파티의 인식은 다소 거창하고 부담스러워 보일 수 있습니다. 외국에서는 상당히 자연스럽고 편안한 콘셉트의 사교적이고 즐거운 문화 중 하나이지만, 아직 우리나

라에서는 특별한 사람들만의, 특별한 계층의 구성원들만 즐길 수 있는 문화생활이라는 인식이 남아 있는 것 같습니다. 파티는 어느 누구만의 제한적인 부담스럽고 거창한 모임이 아닙니다. 주최자 및 참여하는 구성원의 마인드나 태도에 따라서 즐거움이나 만족도가 좌지우지되는 자연스러운 문화생활 중 하나라고 생각합니다.

파티의 매력은 무엇이라고 생각하나요?

박용대 : 다양한 사람들이 한자리에 모여 음악, 술을 나누며 하나가 되어 즐길 수 있는 것이 가장 큰 매력이라고 생각합니다.

안정용 : 전 항목에서 언급한 바와 같이, 좀 더 포괄적이고 다양한 사람들을 만날 수 있는 점이 가장 큰 매력이 아닐까 싶습니다. 다른 업종에 종사하거나, 다양한 연령대의 사람들을 만나서 소통할 수 있는 것이 가장 큰 매력입니다.

신희범 : 주최자의 입장에서 참여자의 만족도를 간접적 혹은 직접적으로 느꼈을 때 가장 큰 희열을 느낍니다. 파티플래너로서의 효용 가치를 극대화할 수 있는 무궁무진한 아이디어를 통해 파티를 기획하고 직접 실행으로 옮길 수 있는 파티플래너만의 자율성은 파티의 큰 매력입니다.

파티를 진행하면서 가장 힘들거나 보람을 느꼈던 기억은?

박용대 : 파티를 진행하면서 힘들었던 점은 처음으로 진행하는 야외 단독 행사였습니다. 2주년을 맞이하여 야심차게 준비했던 VIP 시크릿 파티였습니다. 양평에 위치한 펜션에서 일곱 채를 대관하고 무대 및 조명이 없는 곳에 새롭게 무대를 세팅하고 하나부터 열까지 다 저희가 스스로 기획 및 연출을 해야 되는 날이었습니다. 날씨 및 날짜도 애매한 상태에서 무리하게 진행을 할 수밖에 없었습니다. 다행히 파티는 성공적으로 마무리되었지만 행사 진행에 대한 예산 비용이 많이 초과되어 수입이 없었죠. 그래도 정말 큰 보람을 느낀 행사였습니다.

신희범 : ELLUI에서 진행했던 대학생 종강파티 콘셉트의 파티는 정말 많은 기억에 남습니다. 파티 당일 분위기가 최고조에 달했을 때 하늘에서 풍선이 쏟아지는 멋진 장면을 연출하고자 천장에 벌룬드랍을 설치했었지만 사전 시뮬레이션 및 시공 상태의 검토가 부족했던 터라 벌룬드랍이 제대로 연출되지 못하는 사고가 발생하였습니다. 단 몇 초이지만 파티에 참여해준 구성원들에게 강한 임팩트를 남겨주기 위해 준비한 이벤트가 무산되는 순간 너무 많은 허탈감과 상실감에 빠지게 되었습니다. 하지만 이런 에피소드를 통해 이후 파티에 있어서 세세한 부분을 점검하고 한번 더 확인하는 필요성을 몸소 느끼고 실천하게 되었습니다.

양평에서 열린 VIP 시크릿 파티

파티플랜 팀의 장단점이나 프로 팀과의 차이에 대해 알려주세요.

쿠데타 : 우선 장점은 파티에 있어서 내가 생각한 것들을 구성원들과 함께 실행으로 옮길 수 있다는 추진력에 있습니다. 혼자 하기 힘든 부분을 여럿이서 역할을 분담하여 파티를 기획하고 진행하게 되면 더 많은 아이디어가 쏟아져 나오기도 하고, 시간, 비용을 절감할 수 있는 효율적인 프로세스가 가능합니다. 단점으로는 클럽 파티의 경우 클럽 측과 협의하는 부분에 있어 서로 의견이 맞지 않아 파티를 기획하는 단계에서 저희가 생각한 부분을 충분히 어필하지 못하는 경우가 있습니다. 하지만 이것은 어디까지나 어디서든 생길 수 있는 B2B 간의 의견 차이이므로 개인적으로 아쉬운 부분이지 꼭 단점이라고 단정짓기는 어렵습니다.

파티를 상류층이나 외국에서 자란 사람들만 즐긴다는 인식이 아직 있는데, 이에 대해 어떻게 생각하나요?

박용대, 안정용 : 서양의 파티 문화가 동양권으로 들어오면서 가장 큰 오류를 범한 건, 상위층만이 럭셔리하게 즐기는 문화라는 인식입니다. 이는 각종 매체에서 값비싼 호텔 파티와 상류층들만의 고급스러운 의상, 호화스러운 파티 분위기 등이 대중들에게 먼저 보여졌기 때문입니다. 파티라는 사전적 의미는 '친목을 도모하거나 무엇을 기념하기 위한 잔치나 모임.'입니다. 결국 누군가에게 보여주는 것이 아니라 서로가 친목을 도모하고 즐기는 것에 포커스가 맞추어져야 합니다. 결론적으로 파티란, 사람과 사람이 소통하는, 재미있는 하나의 모임이라고 보면 될 듯합니다.

신희범 : 이러한 인식을 가진 사람들에게 일단

한번 파티에 한번 참여해 보라고 권해주고 싶습니다. 일반적으로 파티의 경우 게스트 문화가 많이 활성화되어 있는 실정이라 꼭 돈이 많은 사람들이나 유학생들만의 파티라는 인식은 잘못되었다고 단호하게 말할 수 있습니다. 물론 VIP, VVIP에 대한 프라이빗 파티들도 있긴 하지만 이것은 예외로 하겠습니다. 직접 파티에 참여해 본다면 파티 문화가 어떤 것이고 참여 주체의 제한이 상당히 폭넓다는 것을 체감할 수 있을 것입니다.

파티를 여는 데 있어서 가장 중요하다고 생각하는 점은?

박용대 : 사람들의 호응도 및 참여도를 끌어올릴 수 있는 '콘텐츠'가 중요하다고 생각하며 그 다음으로는 그 콘텐츠를 '어떻게 쉽게 풀이하여 파티 구성원들에게 전달해 줄 수 있는가'입니다. 세부적 설명 및 그 파티에 대해 제대로 전달을 해줄 수 없다면 콘텐츠가 아무리 좋아도 쓸모가 없어집니다. 파티에 온 사람들은 생각보다 파티 콘텐츠에 대해서 적극적이지 않습니다. 그런 사람들에게 쉽게 풀이하여 참여도를 높일 수 있는 파티야말로 두 마리의 토끼를 잡을 수 있는 것입니다.

신희범 : 파티를 하는 데 있어서 중요한 요소는 여러 가지가 있을 것입니다. 개인적으로 그 중 제일 비중을 두는 것은 '모두가 참여할 수 있는 콘텐츠'라고 생각합니다. 아무리 좋은 공간에서 좋은 혜택을 제공한다 하더라도 참여 주체가 흥미를 느끼지 못한다면 그것은 파티가 아닌 단순한 이벤트성 모임 정도로 끝날 것입니다. 어느 누구나 공감하고 즐길 수 있는 콘텐츠를 바탕으로 파티 당일 참여한 모객 한 명 한 명을 적극적인 참여 주체로 만들 수 있도록 세세한 부분까지 신경 써야 합니다. 또한, 엄격한 사후 검토를 통해 과거 파티에서 발생한 문제점을 보완하고 추후 파티에 대해 재참여율을 높이는 노력도 반드시 필요합니다.

목표나 꿈으로 삼고 있는 파티가 있다면 어떤 것인지 구체적으로 설명해 주세요.

박용대 : 세계를 투어하는 페스티벌을 열고 싶습니다. 몇 년이 걸릴지도 모르고, 정말 꿈으로만 만족하고 끝날 수도 있겠지만, 제 자신의 추진력과 쿠데타의 구성원들의 노력을 적용하여 페스티벌로 거듭날 수 있는 행사를 만들고 진행하고 싶습니다.

안정용 : 한국의 결혼 문화는 웃어른들을 모시는 다소 어렵고 형식적인 성격이 강합니다. 결혼식 또한 단순한 의식 차원의 행사를 넘어서서 두 가정과 그들의 지인, 혹은 친구들이 만나 축하해주는 자리입니다. 형식적인 결혼식을 즐기는 사람들이 몇이나 될지를 생각한다면 우리의 결혼 문화도 점차 파티 문화로 바뀌어야 한다고 생각합니다. 최소한 '밥이나 먹고 가자' 혹은 '사회적 인맥 관리' 정도라는 부정적인 사고들은 없

어야 하지 않을까 생각합니다. 엄숙한 자리가 아닌 조금은 서로가 즐길 수 있는 분위기와 이벤트를 만든다면, 신랑·신부뿐만 아니라 그 자리에 모인 모두가 기억하고 싶은 웨딩 파티가 될 것이라고 생각합니다.

또 한 가지는 한류를 알리는 파티가 만들어지면 좋지 않을 까 생각합니다. 매년 한류열풍에 힘입어 일본, 대만 등을 포함하여 유럽에서까지 우리 문화를 체험하기 위해 오는 관광객들이 늘어나고 있습니다. 이들을 위한 한국식의 파티가 있다면 국가적으로도 적잖은 홍보가 될 것입니다. 한국의 의복과 식문화를 결합한 파티를 그들에게 제공함으로써 한국식 파티가 또 다른 문화적 홍보로서의 역할까지 겸할 수 있을 것입니다.

신희범 : 지극히 개인적이고 허무맹랑해 보이지만 저희 쿠데타에서 VJ, DJ, Photographer, 연출, 기획 등의 팀을 전문적으로 구성하여 무인도 같은 섬에서 파티를 해보고 싶습니다. 보통 파티팀에서 접근하지 못하는 분야에 대해서는 외주업체나 협찬을 지원받아 파티를 진행하게 되는데 이 날 하루만큼은 시작부터 마무리까지 시각적, 음악적으로 인정받는 콘서트식 파티를 저희 팀 자체적으로 총괄하여 진행해보고 싶습니다. 스페인의 ibiza 같이 파도 소리가 들리는 예쁜 섬에서 다같이 하루를 보낸다면 참 낭만적이고 기억에 남을 것 같습니다. 섬 한가운데에 저희 깃발도 꽂고, 낚시도 하고, 집도 지어보고, 저녁에는 신나는 음악과 함께 다 같이 즐거운 시간을 보내보고 싶습니다. 생각만 해도 설레네요!

파티를 처음 시작하려는 사람들에게 해주고 싶은 조언이 있다면?

박용대 : 두려워 하지 말고 자기가 계획한 것을 추진하고, 중간에 포기하지 말고 꾸준히 지속적으로 노력하라고 말하고 싶습니다. 하나하나 이루고 나면 그 성취감의 매력에 빠지게 될 것입니다. 저처럼 말이죠. 하하.

신희범 : 한국의 파티 문화는 이제부터 시작이라고 생각됩니다. 최근, 세계 각지에서 한국에 초점을 두고 각종 대형 공연이 굉장히 많이 열리고 있습니다. 파티, 음악 분야의 문화에 있어서 전 세계의 시선이 한국에 집중되고 있고, 상승세를 타기 시작했습니다. 머뭇거리지 말고 생각한 것을 몸으로 옮기는 게 가장 중요합니다. 혼자 하기 힘든 부분이 있다면 그것을 지지해줄 수 있는 사람들에게 도움을 받는 것 또한 게을리하여서는 안됩니다. 백문이 불여일견이라는 말처럼 직접 보고, 느끼고, 즐기는 것이 필요합니다. 파티플래너는 개개인의 색깔을 자유롭게 표현할 수 있으며, 생각이 생각에서 그치지 않고 자신만의 콘텐츠를 직접 현실로 옮길 수 있는 커다란 매력이 있습니다.

파티 관련 업체

라운지

러브 서퍼 라운지(Luv Super Lounge)

현재까지 많은 팬층과 고객들을 보유하고 있는 이태원의 독보적인 라운지인 '러브 서퍼 라운지'는 매 주말 쉬지 않고 그들의 즐거움을 끊임없이 채워주는 '러브마크'로 자리 잡고 있다. 뉴욕의 소호SOHO가 느껴지는 현대적이면서 과하지 않은 인테리어, 공간을 가득 채우는 묵직한 사운드 시스템, 이 두 가지로도 부족하다면 러브에서의 특별한 시간 그리고 그 속에서의 특별한 만남을 느껴보길 권하고 싶다.

주소 : 서울특별시 용산구 이태원동 116-15 B1F
대표번호 : 02-794-8898
사이트 : www.facebook.com/luvsuperlounge

비하이브(Behive)

주소 : 서울특별시 강남구 청담동 78-5
대표번호 : 02-3446-3713
사이트 : www.artbehive.com

믹솔로지(mixology)

단순히 술을 섞는 것을 넘어 '바'라는 공간에서 음악, 음료, 사람 등 가능한 모든 것을 섞어 손님에게 특별한 경험을 제공하는 사람을 의미하는 '믹솔로지스트'. 한국의 대표적인 최초 오너&실력파 믹솔로지스트들로 구성된 청담동 라운지이다. 매 주말 각종 파티는 물론 자체 행사가 계획되어 있으며 자체 프로모션 행사를 통해 고객들에게 양질의 서비스를 제공하고 있다.

주소 : 서울특별시 강남구 청담동 84-9
대표번호 : 02-541-2510
사이트 : www.loungemixology.com

모텔 라운지(Motel Lounge)

주소 : 서울특별시 강남구 신사동 언주로 172길 25
대표번호 : 02-542-5545

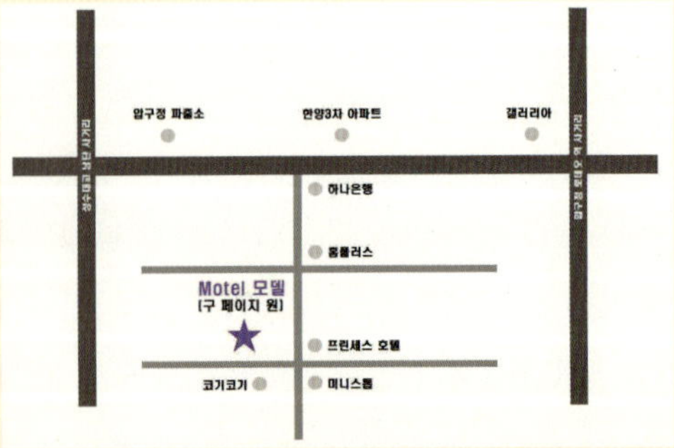

네스트 나다(Nest Nada)

매년 정기적으로 열리는 다원예술축제 Festival NADA가 마련한 복합문화예술 공간. nest NADA에서 발생되는 수익의 2/3는 장애인·비장애인 문화 예술 지원에 쓰여진다. nest NADA의 공간은 다양한 공연을 즐길 수 있는 라이브 무대, 예술 작품이 전시되는 갤러리, 즉석에서 디자인과 티셔츠를 골라 나만의 티셔츠를 제작할 수 있는 아톤티셔츠숍 그리고 맛있는 음식과 술, 커피가 있는 카페로 나누어져 있다.

주소 : 서울특별시 마포구 서교동 336-5 2F
대표번호 : 02-555-3199
사이트 : nestnada.blog.me

버진 서퍼 라운지(Virgine Supper lounge)

주소 : 서울특별시 용산구 이태원동 116-6 1층
대표번호 : 02-790-0501
사이트 : www.virgine.co.kr

토모템즈 라운지(Tomotemps Lounge)

주소 : 서울특별시 금천구 가산동 140-30 1층
대표번호 : 070-8119-4567
사이트 : www.tomotemps.com

우켄주(Wookenju) **카페, 라운지**

트렌드 1번지 홍대에 위치한 우켄주는 '커피바'라는 새로운 콘셉트의 장소이다. 외부에서 느껴지는 인테리어의 느낌처럼 단순히 판매를 위한 업장에서 벗어나 파티나 세미나 등의 이벤트를 통해 지역의 소통이 이루어지는 장소로의 역할을 수행하려고 한다. 커피는 물론 간단한 에피타이저, 리큐르 등의 드링크를 즐길 수 있으며, 이곳을 들르는 사람들에게 또 다시 찾고 싶어지는 특별한 경험을 주고자 한다.

주소 : 서울특별시 마포구 서교동 366-3
대표번호 : 02-322-2261
사이트 : www.facebook.com/WookenjuCoffeeBar

풀문(FullMoon Boutique Club Lounge)

가장 트렌디한 거리 이태원에서 찾을 수 있는 (구)비원(B one) 자리에서 새롭게 탄생한 풀문 부티크 클럽 라운지(FullMoon Boutique Club Lounge)는 멀티플렉스 대형 클럽과 다르게 과하지 않으면서 절제된 인테리어, 완벽한 재미를 위해 노력하는 DJ들, 저렴한 가격대의 음료, 심장을 울리는 사운드 시스템을 통해 파티 피플에게 친숙하게 다가가고자 노력하는 베뉴이다. 드렁큰타이거 DJ샤인이 운영을 책임지고 있다.

주소 : 서울특별시 용산구 이태원1동 119-7번지 지하 2층 Full Moon
대표번호 : 02-794-8200
사이트 : www.facebook.com/FullMoonjsp

믹스 라운지

주소 : 서울특별시 강남구 신사동 532-4
대표번호 : 02-546-4090

믹스 라운지(MIXX Lounge)

주소 : 서울특별시 광진구 화양동 8-8
대표번호 : 02-498-8259
사이트 : blog.naver.com/illhxhl

유니온

주소 : 서울특별시 용산구 이태원동 74-1
대표번호 : 02-797-0741

에반스 라운지

주소 : 서울특별시 마포구 서교동 401-3 지하 1층
대표번호 : 010-8316-6969
사이트 : www.evanslounge.com,
cafe.naver.com/evanslounge

153 라운지

주소 : 서울특별시 종로구 신문로2가 1-153 2F (가든플레이스 2층)
대표번호 : 02-734-0153

쓰리 파운드(3 found)

주소 : 부산시 부산진구 부전동 198-2번지
대표번호 : 051-803-1982

베란다

'사람, 대화 그리고 음악이 있는 공간'이라는 콘셉트로 다양한 종류의 음식과 칵테일, 세계 맥주, 보드카류와 와인, 샴페인을 겸비한 진해 최초의 라운지&펍 스타일의 문화 공간.

브레이크 타임 : 오후 3시~오후 5시
주소 : 경상남도 창원시 진해구 석동 180-14번지
대표번호 : 055-547-4415
사이트 : www.facebook.com/theverandabydiegoj

바, 비스트로

엘 블리스(El Bliss)
주소 : 서울특별시 마포구 서교동 407-12
대표번호 : 02-326-2599

춤 선생
주소 : 서울특별시 마포구 서교동 367-12
대표번호 : 010-3564-3001

붐 바(Boom Bar)
주소 : 서울특별시 용산구 한남동 737-37 한남빌딩 2층
대표번호 : 02-749-9181

서커스
주소 : 서울특별시 용산구 이태원동 124-9
대표번호 : 02-3785-3080

제지마스
주소 : 서울특별시 강남구 신사동 532-4
대표번호 : 02-3445-8069
사이트 : www.jazzymas.co.kr

클럽

엘루이
DJ, 클럽을 다루는 세계적으로 권위 있는 잡지 DJ MAG TOP 100 Clubs 2013 Award에 39위로 이름을 올리며 세계 속의 슈퍼클럽으로 자리 잡은 클럽 엘루이는 레드Red, 블랙Black, 메인 플로어Main Floor로 이루어진 총 3개의 복합 스테이지를 포함해 총 5천 명 이상이 들어갈 수 있는 슈퍼 멀티플렉스 클럽이다.

주소 : 서울특별시 강남구 청담동 129
대표번호 : 02-549-6191
사이트 : cafe.naver.com/ellui

옥타곤
2011년 11월 엄청난 스포라이트를 받으며 오픈한 이래 1년 반 만에 세계적인 DJ, 클럽 잡지 DJ MAG TOP 100 Clubs 2013 Award 12위에 이름을 올리는 기염을 토하며 서울은 물론 아시아의 대표적인 클럽으로 자리 잡고 있다. 타이타닉 100주년을 추모해 열렸던 크루즈 나잇은 현재 옥타곤을 대표하는 콘셉트 파티로 자리 잡았다.

주소 : 서울특별시 강남구 논현동 175-2
대표번호 : 02-516-8847
사이트 : cafe.naver.com/theoctagon

맨션(Mension)
주소 : 서울특별시 마포구 서교동 368-22
대표번호 : 010-3692-6082
사이트 : www.clubmansion.co.kr

베라(Vera)
주소 : 서울특별시 마포구 서교동 356-1 서교호텔별관 B2F
대표번호 : 02-338-0957
사이트 : club.cyworld.com/hybridclubvera

엠투(m2)
주소 : 서울특별시 마포구 서교동 367-11 오후 빌딩 지하 1층
대표번호 : 02-3143-7573
사이트 : www.ohoo.net/m2

뮤트(Club Mute)
주소 : 서울특별시 용산구 이태원동 116-1 해밀턴호텔 별관 2층
대표번호 : 02-796-6853
사이트 : cafe.naver.com/clubmute

에이블(Club Able)
주소 : 서울특별시 용산구 이태원동 34-69 크라운호텔 지하 1층
대표번호 : 070-4130-3910
사이트 : cafe.naver.com/clubvolume

앤서
주소 : 서울특별시 강남구 청담동 125-16
대표번호 : 02-514-4311
사이트 : www.clubanswer.co.kr

클럽 부티크(Club Boutique)
주소 : 서울특별시 강남구 논현동 61-3번지 엠포리아 빌딩 지하 1층
대표번호 : 010-8579-5768

에덴
주소 : 서울특별시 강남구 역삼동 602 리츠칼튼호텔 지하 1층
대표번호 : 02-6447-0042
사이트 : www.eden-club.co.kr

매스
주소 : 서울특별시 서초구 서초4동 1306-8 대동빌딩 지하 1층
대표번호 : 02-599-3165
사이트 : www.clubmass.net

더블에잇
주소 : 서울특별시 강남구 논현동 2-15 지하 1층
대표번호 : 02-543-8803
사이트 : cafe.naver.com/doubleeight

클럽 루시드림(Club Lucidream)
목요일 힙합, 금요일, 토요일의 일렉트로닉 음악 계열을 다루고 있는 하이브리드 스타일의 클럽으로, 다양한 음악을 한 공간에서 가장 좋은 사운드 시스템으로 전달하는 데 주 목적을 두고 있다.
획일적인 일렉트로닉 음악과 이태원의 라운지 음악을 배제하고 에너지 넘치면서 가볍지 않은 음악을 전달하는 데 중점을 두고 있는 클럽이다.

주소 : 서울특별시 용산구 한남동 737-1 B1
대표번호 : 010-2293-1113
사이트 : www.facebook.com/lucidream.kr

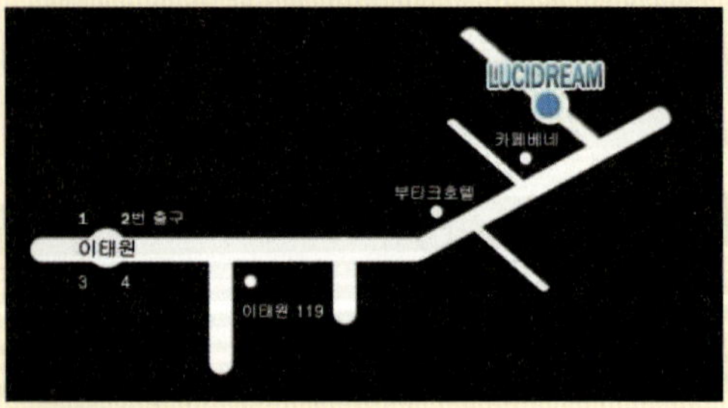

픽스
주소 : 부산광역시 부산진구 부전동 186-1 쥬디스태화 신관 8, 9층
대표번호 : 051-905-5777
사이트 : www.clubfixkorea.info

엘룬
주소 : 부산광역시 해운대구 중동 1394-286
대표번호 : 051-802-0555

하이브
주소 : 부산광역시 해운대구 우1동 651-2
대표번호 : 051-744-5337
사이트 : www.clubhive.co.kr

블로썸
주소 : 부산광역시 부산진구 부전동
대표번호 : 1577-0845
사이트 : www.blowsome.com

레지던스 호텔

매리어트 이그제큐티브 아파트먼트
주소 : 서울특별시 영등포구 여의도동 28-3
대표번호 : 02-2090-8000
사이트 : www.measeoul.com

서머셋 펠리스
주소 : 서울특별시 종로구 수송동 85
대표번호 : 02-6730-8888
사이트 : www.somersetpalace.co.kr

거기
주소 : 서울특별시 강서구 화곡1동 901-25
대표번호 : 02-2696-5202

아르누보 시티
주소 : 서울특별시 강남구 역삼동 701-1
대표번호 : 02-560-9000
사이트 : www.ancsr.com/common

스카이 세븐 공덕점
주소 : 서울특별시 마포구 신공덕동 172 팬트라우스 오피스텔 105동
대표번호 : 02-6925-0990
사이트 : www.stay7hotel.com,
www.stay7hotel.com

까사빌 신촌
주소 : 서울특별시 마포구 노고산동 57-26
대표번호 : 02-6220-4000
사이트 : www.casaville-shinchon.co.kr

바비엥 스위트
주소 : 서울특별시 중구 의주로1가 32-2
대표번호 : 02-2076-9000
사이트 : www.vabiensuite.com

담양 스파
주소 : 전라남도 담양군 금성면 원율리 399번지
대표번호 : 061-380-5000
사이트 : www.damyangresort.com

팔레드 시즈
주소 : 부산광역시 해운대구 중동 1124-2
대표번호 : 051-746-1010
사이트 : www.paledecz.co.kr

부티크 호텔

호텔 더 디자이너스
주소 : 서울특별시 강남구 삼성동 144-7
대표번호 : 02-568-8371
사이트 : www.hotelthedesigners.com

라 까사 호텔
주소 : 서울특별시 강남구 신사동 527-2
대표번호 : 02-546-0088
사이트 : www.hotellacasa.kr

아이피 부티크 호텔
주소 : 서울특별시 용산구 한남동 737-32
대표번호 : 02-3702-8000
사이트 : www.ipboutiquehotel.com

메이트 호텔
주소 : 서울특별시 강서구 화곡동 921-6
대표번호 : 02-2605-1700
사이트 : www.matehotel.net

동서울 관광호텔
주소 : 서울특별시 광진구 구의동 595
대표번호 : 02-455-1100
사이트 : www.idshotel.co.kr

호텔 엘르인
주소 : 서울특별시 용산구 갈월동 98-14
대표번호 : 02-792-8700
사이트 : www.hotelelleinn.com

베니키아 아카시아
주소 : 서울특별시 중구 을지로5가 99
대표번호 : 02-2277-4917
사이트 : www.hotelacacia.co.kr

트리아 호텔
주소 : 서울특별시 강남구 역삼1동 677-11
대표번호 : 02-553-2471
사이트 : www.triahotel.co.kr

R 호텔
주소 : 서울특별시 영등포구 영등포동1가
대표번호 : 02-2675-4800
사이트 : www.r-hotel.co.kr

제이에스 부티크 호텔
주소 : 경기도 화성시 석우동 34-3
대표번호 : 031-8015-0009
사이트 : www.jsboutiquehotel.com, blog.naver.com/jsboutique

어반 부티크 호텔
주소 : 경기도 안양시 동안구 관양동 1504-6
대표번호 : 031-421-0000

파세(Passe)
주소 : 인천광역시 옹진군 영흥면 내리 725-38
대표번호 : 032-888-9972
사이트 : www.passecompose.co.kr

카페, 파티룸, 모텔, 펜션

카페 이안
주소 : 서울특별시 중구 남산동2가 27-1 301호
대표번호 : 02-763-3674
사이트 : www.cafeean.com

Art Gallery Pittoreco.
주소 : 서울특별시 강남구 신사동 637-11 6층
대표번호 : 02-518-3345
사이트 : www.pittoreco.com

카페 자스(Café Jass)
주소 : 서울특별시 성동구 성수동2가 281-16 휴먼테코 1층 카페자스
대표번호 : 070-7865-2529
사이트 : partyjass.com

이젠(Ezen)
주소 : 서울특별시 서대문구 창천동 20-38
대표번호 : 02-392-9700

박스 도로시
대표번호 : 02-544-0204
사이트 : www.vaxdoroci.co.kr

야놀자
대표번호 : 1644-1440
사이트 : www.yanolja.com

마리안느 펜션
주소 : 강원도 홍천군 서면 팔봉리 323-17
대표번호 : 033-433-1111
사이트 : www.themarianne.net

케이터링, 플라워 디스플레이

라벤더 그레이
주소 : 서울특별시 강남구 역삼동 823-2
대표번호 : 02-569-3534
사이트 : www.lavendergray.kr

더 바움
주소 : 서울특별시 동작구 흑석동 332 해가든상가 1층 136호
대표번호 : 02-817-7720
사이트 : www.baumflower.com,
blog.naver.com/thebaum2012

세인트 블루 101
주소 : 서울특별시 서대문구 대신동 50-7번지 101 그룹 빌등 5층, 6층
대표번호 : 02-393-7101
사이트 : www.saintblue.com

파티용품

파티하우스
대표번호 : 02) 511-4799, 02)517-0168
사이트 : www.partyhouse.co.kr

스마일 파티
대표번호 : 02-2062-2253
사이트 : www.smileparty.co.kr

파티앤데코
대표번호 : 02-584-5747
사이트 : www.partyndeco.com

파티쇼
대표번호 : 02-3492-8828
사이트 : www.partyshow.co.kr

파티마트
내표번호 : 02-425-0104
사이트 : www.party-mart.co.kr

셀프파티해
대표번호 : 02-6012-0208
사이트 : www.selfpartyhae.com

파티공구
대표번호 : 031-564-0456
사이트 : www.party09.co.kr

007이벤트
대표번호 : 02-6012-0208
사이트 : www.007event.com

파티앤데이
대표번호 : 070-8774-8568
사이트 : partynday.com

벌룬마트
대표번호 : 042-521-3337
사이트 : balloonmart.co.kr

선물발상전환공작소
대표번호 : 02-2069-0672
사이트 : www.stupid.co.kr

의상 대여

할로윈
대표번호 : 02-581-0661
사이트 : www.halloween.co.kr

국향
대표번호 : 02-6711-3333
사이트 : www.kook-hyang.com

라라힐
대표번호 : 1688-9788
사이트 : lalahill.com

큐티베베
대표번호 : 031-890-4338, 233-6338
사이트 : cafe.daum.net/cutiebebe

음향 장비

V10 사운드
대표번호 : 031-796-6795
사이트 : v10sound.com

알렉스 마스(Allex Mars)
움직이는 EDM 스튜디오, 움직이는 EDM 파티, 장비 렌탈뿐만 아니라, 소규모 파티 및 공연 음향, 제휴 업체를 통한 모든 규모의 음향 설비 가능. 무대 및 대형 LED 설치, 무빙 조명 및 무대 설치 등 모든 시설 가능. 파이오니어 DJ 장비 소규모 파티 패키지 및 단품 대여 가능.

대표번호 : 010-2878-7963
주소 : 서울특별시 송파구 거여동 20-5번지 지하 1층 알렉스 마스
사이트 : www.allex.co.kr

사운드몰
대표번호 : 02-719-2077
사이트 : www.sound-mall.com

파티 관련 에이전시

동덕HRD, 파티메이커
2000년대 한국 클럽, 파티 시장의 변화의 큰 축을 담당해온 실무진들이 자리잡고 있는 회사로 동덕HRD는 청담동 클럽 서클 외 다수의 강남 클럽의 운영을 넘어 현재 한류 콘텐츠 프로젝트인 '셀러브리티 DJ' 기획을 맡고 있다. 이와 함께 많은 프로젝트를 진행한 파티메이커는 다수의 파티 컨설팅과 대학 축제, 행사의 기획·진행을 맡고 있으며 한국은 물론 국내외 여러 클럽, 프로모터, 디제이들과의 연계를 하고 있는 파티·디제잉

컬처 전문기업이다.

주소 : 서울특별시 강남구 논현동 63-19 윤오빌딩 3층
대표번호 : 02-543-4387
사이트 : www.mixbysoul.com
www.youtube.com/mixbysoul

아웃컴 엔터테인먼트

삶의 이어지는 과정과 순간을 즐기며 우리 모두가 최고의 결과를 맞이하기 위해 모인 사람들이라는 모토를 가지고 활동하는 파티 전문 에이전시

대표번호 : 070-8613-2268
주소 : 서울특별시 용산구 한남동 568-166번지
사이트 : www.facebook.com/outcome.ent

쿠데타 파티

Global Party Brand&Entertainment "Coup D'etat"

2009년 뉴욕에서 런칭해 기존의 파티들과 차이를 두며 기발한 콘텐츠와 신선하게 즐길 수 있는 파티들을 선보이며 현재 수많은 클러버의 사랑을 받고 있다. 파티 브랜드 '쿠데타'에서 말하는 쿠데타의 의미는 '기존 파티 문화에 혁명을 일으켜 새로운 시도, 새로운 콘셉트 파티를 선보인다'는 의미를 담고 있다.
또한 글로벌행사(중국 투어), 광고 대행, 기업 행사, 공연 에이전시, 클럽 마케팅 등 여러 사업 분야의 경험을 토대로 글로벌 엔터테인먼트로서의 입지 또한 높여 나가고 있다.

대표번호 : 010-7379-2212
주소 : 강남구 신사동 539-5 B/1 쿠데타엔터테인먼트
사이트 : www.facebook.com/coupdetatentertainment
www.youtube.com/kwangmk

파티 애니멀

파티 애니멀은 파티와 마케팅을 동시에 이루어내는 멀티 파티 팀이다. 실력 있는 국내외 DJ들의 끼와 매력 넘치는 음악 스타일, 센스 있는 파티 콘셉트, 직접 참여하는 파티 애니멀의 퍼포먼스로 파티를 즐기는 모든 사람들이 주인공이 될 수 있는 파티를 기획하는 데에 중점을 둔다. 모두가 하나되어 즐길 수 있는 파티, 선정적이기보다는 인간미 넘치고 에너지를 느낄 수 있는 파티, 소통할 수 있는 파티를 추구하고 있다.

주소 : 광주광역시 동구 계림동 1746
대표번호 : 062-431-3349
사이트 : www.facebook.com/REAL.PartyAnimals

알파티 그룹(AL Party Group)

미주에서 정식 상호 등록이 된 회사로 파티 기획은 물론 행사 기획·타겟 광고 마케팅·프로모션까지 맡아서 하는 한인 에이전시 회사로 2012년 미주 한인 대학 축제인 KOREAN COLLEGE FESTIVAL 개최를 시작으로 현재 자체 파티인 알파티 놀이터(ALPARTY PLAYGROUND FRIDAYS)를 매달 주최 중이며 그 외 많은 행사들을 기획하고 있다.

주소 : 733 S. Manhattan Pl. Los Angeles, CA 90005 USA
대표번호 : +01 858.232.8976.
사이트 : www.ALPartyGroup.com,
www.facebook.com/alpartygrou

MOMENT
Book Official Party

책을 읽어도 아직 파티에 대해 감이 잘 잡히지 않나요? 파티를 직접 느껴보고 싶은데 막연한 두려움이 있지는 않나요? 수년간 파티를 진행하면서 많은 친구들과 지인들에게 저도 항상 듣는 말입니다. 첫 걸음은 항상 힘들고 어렵게 느껴지기 마련입니다. 하지만 그것이 정말로 어렵다는 뜻은 아닙니다. 잘 모르고 감이 안 잡히기 때문에 그런 것이죠!
그래서 책의 출간과 함께 파티를 즐기고 싶은 분, 파티를 피부로 느껴보고 싶으신 분들을 위한 파티를 꾸준히 진행합니다! 자세한 정보는 아래와 같습니다.

장소 : 이태원 러브 서퍼 라운지(LUV Super Lounge)
일자 : 매달 3째 주 주말(금, 토 중 1일. 매달 바뀌니 꼭 사이트를 통해 확인해주세요.)
시간 : 23:00~05:00
입장료 : 20,000원(저의 개인 사이트를 통해 오시면 무료 초대를 받을 수 있습니다.)

LUV
SUPER • LOUNGE

쿠폰 이용방법

1. 네이버,구글플레이 스토어, 앱스토에서 '마음씨' 검색 후 회원가입을 한다.
2. 가입승인후 웹에서는 메인 중간의 쿠폰등록 페이지에서 어플에서는 환경설정메뉴의 쿠폰등록에서 8자리 쿠폰번호를 입력한다.
3. 지급된 마음씨앗(5000원 상당)과 함께 내 진짜 이상형을 만난다.

* 본 쿠폰은 1인당 1개의 아이디로 1회 사용가능합니다.(www.maumsee.com)

쿠폰번호 : maum1111